WHOLE PERSON EDUCATION FOR A BETTER WORLD

HKBU

育全人 惠全民

1956 ————————————————————————

2016

香港浸會大學
六十年發展史

周佳榮

黃文江

麥勁生

著

目錄

香港浸會大學校董會暨諮議會主席獻詞

今年是香港浸會大學創校一甲子誌慶，在過去六十年，浸大在各方面均取得長足發展，其間雖經歷了不少困難和變化，但一直堅守「全人教育」的理念，致力為年輕人提供優質的高等教育，為社會的進步作出貢獻。

香港浸會學院於 1956 年創校時為小型的私立專上學院，跨越重重障礙後，於 1994 年正名為香港浸會大學。六十年來，在大學社群的共同努力下，浸大培育了不少社會精英，在教與學方面屢創佳績，同時也在創新研究和社區互聯方面取得豐碩成果，令浸大人引以為傲。我們將繼續努力，以臻至善，使浸大成為亞洲最優秀的高等教育學府之一。

大學以「育全人，惠全民」作為六十周年誌慶的主題，正正反映出我們一直致力培育同學的全人發展，並透過科研及匯聚大學師生的力量服務社會、造福社群。

《香港浸會大學六十年發展史》記錄了浸大如何從一所借用校舍的私立專上學院，逐漸茁壯成長，成為獲政府資助的大學。我們也藉此著作向浸大的創校先賢、歷任教職員、學生和校友、各界的支持者和持份者致敬，衷心感謝他們多年來對浸大的鼓勵和襄助。

最後，謹為校慶送上摯誠祝賀，祝願浸大在未來六十年更上層樓，再創高峰！

香港浸會大學
校董會暨諮議會主席

鄭恩基

2016 年 9 月

香港浸會大學校長獻詞

　　浸大於 1956 年創校，由一所私立專上學院開始，六十年來秉持創校先賢的辦學理念和使命，並在同學、同事、校友和社會各界友好同心協力下，不斷茁壯成長，奠下穩固根基，現已成為一所優秀的公立大學，在學術、創新研究及促進社會發展等範疇一直力臻至善，冀能成為一所蜚聲國際、文理兼備、教研相輔的博雅大學。

　　為慶祝浸大鑽禧誌慶而出版的《香港浸會大學六十年發展史》，記敘了浸大由創校至今跨越逾半個世紀的發展歷程，並闡述浸大在全人教育、教研文化、高等教育國際化、社會服務和學生校園生活方面所作的努力，讀者除可瞭解浸大的校史外，也可對本港近六十年來高等教育的發展加深認識。

　　本著作的出版，亦正好讓我們對以往的經驗作一總結，借古鑒今。全球化趨勢下，高等教育必須與世界接軌，為此浸大將在先賢奠下的堅實基礎上，繼續致力培育才德兼善、文理皆通的人才，為建造更美好世界作出貢獻。

　　本著作得以順利出版，全賴歷史系的周佳榮教授、黃文江博士和麥勁生教授，以及負責統籌的傳訊公關處同事的努力，我謹向他們衷心致謝。此外，我亦謹此向湯文亮校友致意，感謝他捐資支持本著作的印刷和出版。

香港浸會大學校長

計算機科學講座教授

錢大康

2016 年 9 月

iii

第一章

南天海角
先賢創校

書院時期的艱辛歷程（1956～1971）

香港浸會大學的前身是香港浸會學院，1956 年 3 月 5 日成立時稱為「香港浸會書院」[1]；1972 年 4 月獲香港政府認可，改名為「香港浸會學院」；1994 年 11 月 16 日，正名為「香港浸會大學」（簡稱「浸大」）。三個名稱，代表三個發展歷程。浸大於 2016 年隆重慶祝創校六十年，這是一個重大日子，因為對中國人來說，六十年就是一個甲子，一個甲子就是一個循環，是另一個新的開始。

1996 年，大學創立四十年的時候，出版了《香港浸會大學校史》[2]，記載由學院到大學艱苦奮鬥的經過。2006 年，大學金禧誌慶之際，出版了《篤信力行 —— 香港浸會大學五十年》[3]，重點綜述大學成立後各方面的發展。2016 年六十周年校慶時出版的這本校史，以較多篇幅著錄近十年來的進程、全人教育理念、師生活動情況，以及大學在教學、研究和社會服務各方面的成績，是一個甲子以來的回顧和對未來的展望。

孔子說：「吾十有五而志於學，三十而立，四十而不惑，五十而知天命，六十而耳順，七十而從心所欲，不逾矩。」[4] 香港浸會大學建基於悠久的基督教教育信念，以「篤信力行」為校訓，以「全人教育」為鵠的，創立一個甲子也就到了耳順之年了。所謂「耳順」，就是「耳聞其言，而知其微旨」，達到「視聽不衰」的境界。換句話說，就是本着創立初衷，採納群言，集合眾家之長，奉行大學的使命，向着另一個甲子邁進。浸會大學的使命和願景，對此有具體的說明。

使命 —— 香港浸會大學在教學、研究及社會服務等範疇力臻至善，秉承基督教高等教育的理念，推行全人教育。

願景 —— 香港浸會大學銳意提供啟發創意及多元化的高

等教育，透過學術與科研開拓知識新領域。[5]

「十年樹木，百年樹人」。大學教育是任重道遠的事業，雖因世代不同，各階段的表現容或有異，而其本質和精神，則一以貫之。近代中國著名的教育家、曾任北京大學校長的蔡元培先生，以「兼容並包」的胸襟領導文教界，強調大學是研究高深學問的地方，學者「尤當養成學問家之人格」。[6] 大家都認為這是至理明言，放諸四海而皆準。

香港浸會大學創辦人和首任校長林子豐博士說：「因為香港是中西文化接觸交流的地區，亦是中、英兩民族傳統文化交流與接觸匯點。香港的教育應該是文化教育，不是語言教育；而是人才教育，不是職業教育。在香港的中國人應先認識本國文化，才能領略英國文化，中西並學，才能成為通才。」[7] 香港浸會大學校歌中有兩句：「中西結合，昌明學術。」正正就是大學的百年圭臬。

香港浸會大學第二任校長謝志偉博士曾經提倡「浸會精神」[8]，作為「篤信力行」的註腳，而努力達成宗旨的精神勇氣，就是「在艱難中求進」。時至二十一世紀今日，浸大高舉「全人教育」的旗幟，林子豐博士和謝志偉博士兩位校長的見解，相信就是浸會大學向來倡導的全人教育的最好說明。述往事，思來者，要探索浸大今後的發展方向，必須從頭細說。

第一節　創校經過和早期進展

　　1945 年 8 月中旬，持續數載的第二次世界大戰結束後，世界各地百廢待舉，人類社會百業待興，香港幸能迅速復元，中小學生人數逐漸有所增加，但當時本地只有一間香港大學。為配合實際需要和社會發展，私立大專院校相繼成立。1950 年，林子豐博士出任香港培正中學校長，翌年擔任香港政府新成立的高校教育諮詢委員會委員；至 1954 年，又被委任為香港教育委員會委員。1955 年，香港浸信會聯會（以下簡稱「浸聯會」）議決通過創辦「香港浸會學院」。但當時是按照《1952 年教育條例》註冊，不能使用「學院」字樣，所以中文名稱是「香港浸信會書院」，英文則為 Hong Kong Baptist College，簡稱 HKBC。在習慣上，常稱為「香港浸會書院」；校方的通訊和出版物，有時也寫成「香港浸會學院」。

　　1956 年 3 月 5 日，香港浸會書院校董會成立，黃汝光博士為校董會主席，林子豐博士為校長，晏務理博士（Dr. Maurice J. Anderson）為副校長。9 月起開辦四年制課程，分設六個學系：中國語文學系、英國語文學系、社會學系、數理學系、土木工程學系、工商管理學系。中國語文學系因收生不足而暫停辦，實際上是五個學系，共有學生一百五十三名，借用九龍何文田的培正中學部分課室作為校舍。

　　林子豐校長在開學禮致詞中談到書院應該肩負起甚麼責任時，強調「除了重視本國固有文化以外，還須負起溝通中西文化責任。譬如我們的傳統精神，可用忠、孝、仁、愛、信、義、和、平八字來代表，這八個字，無異是我國文化的結晶，很多與基督教真義不

謀而合。所以我們應使本國文化發揚光大，遞送到外國，更希望同學們，組織各種研究會，把國外的有價值學術，努力學習，以貢獻國人」[9]。這既秉承了近代中國基督教高等院校的辦學精神，也照顧到香港本地的實際情況。

香港浸會學院的校訓「篤信力行」及校歌歌詞，均為謝扶雅教授所作，校歌歌詞涵蓋了創校使命和宗旨，全文如下：

> 南天海角，獅子山前，我校肇立輝煌；
> 中西結合，昌明學術，世界新發光芒；
> 盡心盡性，立己立人，基督榮名孔揚；
> 緬念前猷，任重道遠，相期澤普流長。

1984 年到訪學院的謝扶雅先生（右二）

至於校歌的曲譜，原為美國一位作曲家窩特（Samuel A. Ward）所作，原名為 Materna，中文譯作〈快樂的家庭〉，收入《普天頌讚》之中，一些教會大學的校友會，包括民國時期上海浸會大學（後來改稱滬江大學）[10]，均依照此譜作成校歌。香港浸會書院開辦之初，公決依據滬江大學沿用的校歌曲譜，而請謝扶雅教授撰寫歌詞，歌詞的英譯者 Christine Fall 女士，是美國德薩斯州貝勒大學（Baylor University）派來浸會書院任教的第一位教授。

1957 年，政府撥地給香港浸會書院興建永久校舍，這就是九龍窩打老道 224 號校址的大段地皮，準備分期建築。校歌中「南天海角，獅子山前，我校聳立輝煌」一段，首先敍述此事，意在使全校師生全人紀念篳路藍縷開拓經營的艱辛心血，奠此初基。但建校舍需款需時，林子豐博士身兼香港浸會書院及培正中學兩校校長，所以書院開辦之初，借用培正中學新校舍的一部分，作為課室及圖書館，其他設備如各種實驗室、體育館、禮堂等，亦由培正中學借用或兩校共用。

香港浸會書院開辦一年後，註冊入學的人數有所增加。1956年開校時為一百五十三人，1957 年為二百一十四人，1958 年為二百八十二人，1959 年為二百二十五人。每年有部分學生流失。1959 年全校學生共有六百二十三人。1960 年首屆畢業生有六十六人，在建築師樓或則師樓工作的有十五人，其餘多在商業、教會、社會福利機構工作，或擔任中學教師，或到師範學院進修，另有十餘人赴外國深造或申請繼續升學。1960 年秋，書院增設史地學系；1961 年度依照專上學校組織規程，設立文、理兩學院，王啟澍教授為文學院院長，容啟兆博士為理學院院長。1962 年增設宗教及哲學科目，原先停辦的中國語文學系亦於此年復設。

1950 年代九龍何文田培正中學全貌

培正中學宗教館用作學院的臨時校舍

1963 年，香港中文大學成立，有三所成員學院，包括崇基學院、新亞書院及聯合書院。這年 5 月，香港浸會書院董事會主席、行政人員及各系系主任舉行了一次特別會議，商討《富爾頓報告書》（*Report of Fulton Commission*）對書院的重要性，決定仍以基督教學院為基礎，致力提高學術水平。[11] 工商管理學系於 1965 年 9 月擴充成為商學院，至此全校共有三個學院。

另一方面，香港浸會書院自成立以來，即致力於籌建新校舍，在 1960 年代前期且加緊進行。1961 年 8 月，成立建校籌募委員會；1962 年 1 月開始第一期建校工程，屬平地工程，最高挖掘處有八九十呎高，至 1963 年 8 月完成。由於校舍建築工程浩大，費用甚巨，浸聯會於是定 1963 年為「募捐年」，並成立建築籌募委員會綜理其事，「浸會書院隊」為小組之一。然而至 1965 年為止，建築基金仍然不足，董事會遂議決由林子豐校長赴美國籌募校舍建築

費、設備費及永久基金，並派署理副校長韋理信博士（Dr. George R. Wilson）、訓導長劉光昇先生同行。同年，林子豐博士出席了世界浸聯會第十一屆大會，接受了貝勒大學的榮譽法學博士學位，並帶回二十餘萬美元，使書院校舍的興建工程得以繼續進行。

新校舍建築圖則由畫則師甘銘氏（Mr. Eric Cumine）設計繪製，第一座校舍於 1966 年 5 月 1 日落成，佔地一萬三千三百餘平方呎，共分五層，樓高八十五呎。香港浸會書院在艱苦中終於能夠聳立獅子山前，邁出了一大步。

1964 年林子豐校長簽署建校工程合約

聳立獅子山前的第一座永久校舍

第二節　在風雨飄搖中努力耕耘

　　1966 年 10 月 21 日，香港浸會書院舉行新校舍開幕典禮，由港督戴麟趾爵士（Sir David Trench）主持啟鑰禮，美南浸信會海外傳道部總幹事高恩賜博士（Dr. Baker James Cauthen）致詞證道。林子豐校長總結創校以來十年間所取得的成績時說：「前後畢業生七屆，共七百餘人，其中不少已從美國大學研究院或加拿大大學研究院獲得博士或碩士學位，服務於香港社會，有顯著之成就。」[12]

　　同年，香港浸會書院依照香港政府《專上學院條例》，向教育司署申請註冊。1967 年擴設「五年制」，招收預科生；又改良學系組織，文學院有四個學系，包括中國語言文學系、外國語言文學系、歷史地理學系、社會及社會工作學系；理學院有四個學系，包括數理學系、化學系、生物學系、土木工程學系；商學院有三個學系，包括商業管理學系、會計學系、秘書業務學系。1968 年又增設傳理學系，以培育報業、廣播、電視、公共關係與傳理專業人才，從新聞教育擴大到傳播教育，在香港高等院校實屬創舉。

　　1967 年間，香港由於受到內地「文化大革命」的影響，社會上出現騷亂，一般稱為「六七暴動」。這既動搖了香港的社會秩序，亦衝擊了校方的五年計劃。當時校內有人成立「浸會書院反對港英迫害鬥爭委員會」之類的組織，亦有人反對將宗教列為必修科。書院既在對外爭取認可其社會地位和學術資格時困難重重，校內又有學生不滿，正如後來繼任校長的謝志偉博士所說：「那時確有點風聲鶴唳的感覺，學校沒有足夠的老師上課，人事浮動情況十分嚴重。」[13] 最好的面對和解決方法，就是全力以赴辦好學校。1968 年，報考傳理學系

1966 年由港督戴麟趾爵士主持的大樓啟鑰禮

的新生為全校之冠，此後多年一直領先，成為香港的知名學系。

1970 年 3 月，香港浸會書院獲教育司署核准為香港第一間政府承認的私立四年制專上學院。為配合《專上學院條例》的要求，書院於 1970 年除加強各系原有課程外，增設經濟學系，原有的數理學系則分別獨立為數學系及物理學系。董事會通過聘請謝志偉博士和陳彥民博士為助理副校長，協助行政及教務工作。從 1956 至 1970 年的十四年間，書院有十屆畢業生，共一千三百餘人，其中已有一百多人在海外取得博士、碩士學位，畢業生在社會各界服務，獲得良好聲譽。

然而，浸會書院的收入來源以學費為主，在 1968 至 1969 年度已出現淨損的現象。1969 年 4 月初，即傳出增加學費的消息。此舉引起部分學生不滿，8 月 2 日，學生會與校方達成舊生每月只加費十元的協議，而新生則一律繳交學費和雜費每月共一百四十元。1970 年 4 月，校董會決定再增學費，1970 至 1971 年度的學費，一、二年級增至一百五十元，三、四年級維持不變。5 月 27 日，書院的三千名學生之中，大約有六百人在校內靜坐，反對增加學費。學生認為，學校經費不足的話，應該增加向外募捐；但輿論亦同情校方，説林子豐校長「已經用盡了渾身解數，到處奔走募捐」[14]。當時書院的實情確是如此，經費靠籌款並非上策。

1971 年 3 月 3 日，林子豐博士積勞成疾，中風入院，延至 4 月 17 日去世。4 月 30 日，追思大會在書院禮堂舉行，史地學系講師章群先生在追悼文中，突出林子豐博士在教育界中的地位，他說：「清末，馬相伯先生，世奉天主教，創震旦學院，旋別立復旦，二者其後同為滬上著名大學。天津則有張伯苓先生，虔信基督，初辦私塾，繼立小學，而中學，而南開大學。二君子因南北輝映，今得先

1970 年反對增加學費的校內靜坐

生，可謂華北、華中、華南，地有其人，鼎足而三，而先生踵繼前武，其垂不朽矣。」[15] 代校長謝志偉博士強調林子豐校長的生命是為浸會書院磨盡了，「但那激發出來的火花，已經在千百人心中點燃了明亮的火把。明亮的火把，繼續焚燒，繼續蔓延吧！因為要照亮的地方還多，當走的路尚遠」[16]。不久，謝博士就從校董會接過這明亮的火把，帶領浸會書院和一眾師生繼續前進。

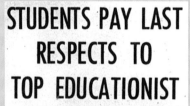

學院師生哀悼林子豐校長的新聞報導

註釋

1. 據 1963 年 12 月 11 日香港教育司簽發的《1952 年教育條例學校註冊證書》，註冊名稱為「香港浸信會書院」。正式的名稱是「香港浸會書院」，有時使用「香港浸會學院」之名。

2. 黃嫣梨編著的《香港浸會大學校史》（香港：香港浸會大學，1996 年）共有七章：一、在借來的校園播種（1956-66）；二、在獅子山前耕耘（1966-71）；三、透過國際評審作突破（1971-77）；四、危機下走出新道路（1978-81）；五、揭開學位課程的序幕（1981-86）；六、按時候結果子（1986-92）；七、踏上大學之路（1992-95）。

3. 黃嫣梨、黃文江編著的《篤信力行 —— 香港浸會大學五十年》（香港：香港浸會大學，2006 年）分為七章：一、理念與使命；二、建設與發展；三、文化與生活；四、教授與傳承；五、研究與開拓；六、服務與關懷；七、任重而道遠。

4. 《論語》，〈為政〉。

5. 《香港浸會大學年報》，2014-2015 年，封二。

6. 周佳榮：〈兼容並包和教授治校 —— 蔡元培辦學理念對香港的啟示〉，《浸大領域》2001-2002 年第 2 期，頁 9。

7. 林子豐：〈潮人與教育〉，載《香港潮州商會成立四十周年暨潮商學校新校舍落成紀念》（香港：香港潮州商會，1961 年）。

8. 《香港高等教育：共展所長、與時俱進》（香港：大學教育資助委員會，2004 年），頁 3。謝志偉博士在 1987-1988 年度《香港浸會學院校長年報》中，曾提出中國文化中的「思以求之，悉力赴之，無畏成之」的精神，便是「浸會精神」所在。

9. 林子豐：〈浸會學院開學禮致詞〉，載李景新編：《林子豐博士言論集》（香港：培正中學，1965 年），頁 196-197。

10. 上海浸會大學正式成立於 1911 年，其前身是 1906 年成立的浸會神學院；1914 年改稱滬江大學，至 1952 年中國高等學校進行院系調整，滬江大學各系分別併入華東師範大學、復旦大學等相關院校，原校址移歸上海機械學院（現為上海理工大學）。

11. 富爾頓是英國資深的教育家，曾出任幾所大學的校長之職。香港政府邀請他來香港為高等教育的發展提出意見。詳見 Fung, Pui-wing, "The Development of Higher Education in a Developing City: Hong Kong, 1900-1980" (PhD thesis, the University of Hull, 1988), pp. 241-258。

12. 〈校長林子豐博士新校舍開幕禮致詞〉，《浸會書院通訊》，1967 年 9 月，頁 3。

13. 黃嫣梨編著：《香港浸會大學校史》，頁 87-91。

14. 同上註，頁 103-109；並參見〈各報評述摘要〉，《浸會學生報》特刊，1970 年 6 月 5 日。

15. 章群：〈追思辭〉，《會訊》第 2 期（香港浸會學院學生會，1971 年 6 月 1 日）。

16. 謝志偉：〈學院頌〉，《大專會堂紀念特刊》，1978 年，頁 30。

第二章

獅子山前
聳立輝煌

學院時期的努力開拓（1971～1994）

1971 年 5 月 18 日，香港浸會書院董事會任命謝志偉博士、陳彥民博士為正、副校長；同年 12 月 19 日，舉行就職典禮。謝校長在就職演詞中說，已故校長兼創辦人林子豐博士為公忘私的精神和幹勁令人景仰，在他引導下，經過幾許艱辛，才達到今天的地步。「學院過去的道路實在充滿了困難，我們也可以肯定地說，今後的日子也絕非容易。浸會學院所遭遇的問題和困難往往是有其本身特質的，學院的背景和教育目標也是一樣。故此，我們無法抄襲別人的式樣，也難以有標準的答案。」[1]

　　不過謝校長同時也指出：「浸會學院並不是唯一遭遇困難的機構，所以我們雖然沒有現成的解決方法可以借用，卻可以從別人身上學得很好的教訓。事實上，就以香港而論，她那克服困難，把『負債狀態』變為『資產現實』的精神，就足夠我們學習和借鏡。」[2] 在一位年輕校長帶領下，校內顯得充滿朝氣。

　　在此之前傳來的一個喜訊，是畢業生的文憑資格得到承認，在向官方認可的地位上，邁進了一步。1970 年 3 月，浸會書院註冊為專上學院後，於 1971 年 2 月得到政府答覆，承認獲註冊後的畢業生，其所獲文憑與香港中文大學三所學院（崇基學院、新亞書院、聯合書院）的聯合文憑相同；任教私校的畢業生可享有政府津貼，畢業生亦可在政府或津貼中學任教。1971 年度開始，校方將原有各院系略為擴充及調整，分為四個學院，共有十五個學系及兩個課程（表 2.1）。

　　教師人數方面，也較前有所增加。1971 年 12 月，計有專任教授、高級講師、講師共一百九十六名（中國籍一百五十四名，外國籍四十二名），兼任教師三十七名（中國籍三十三名，外國籍四名），其中新聘的教學人員多達五十六名。[3] 這年浸會書院創立已

（上）1971 年 12 月第二任校長謝志偉博士的就職禮

（下）謝校長跟學生闡述校園的未來發展

表 2.1　香港浸會書院的院系結構（1971 年）

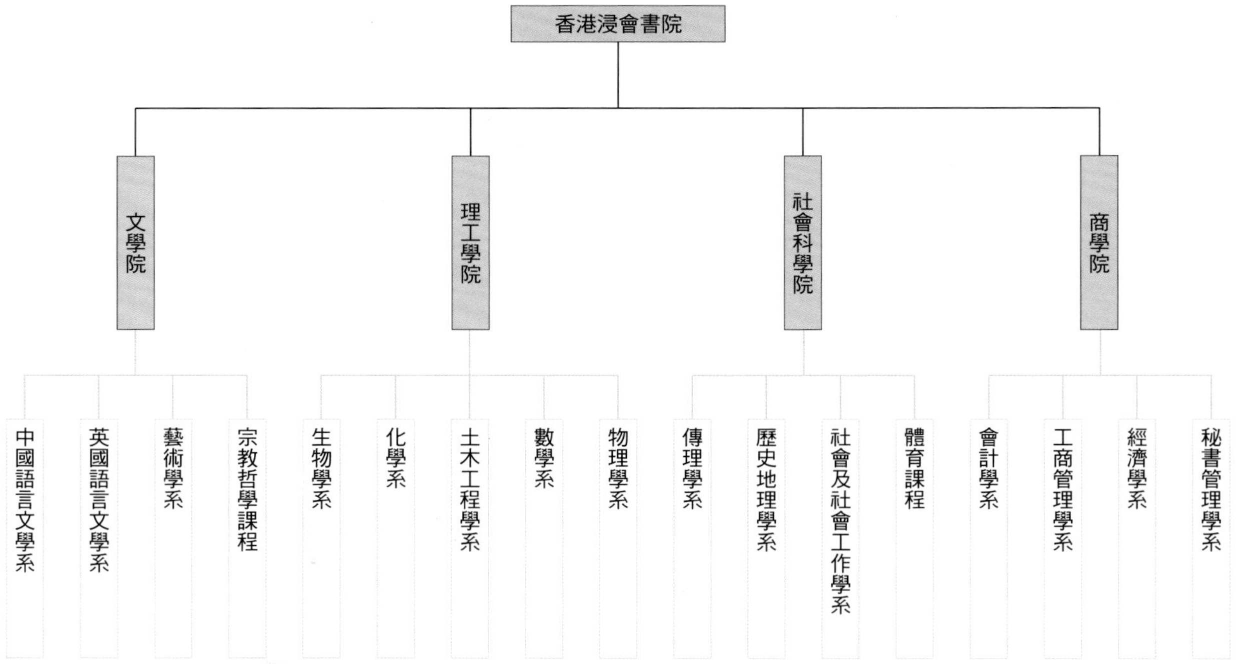

香港浸會書院
- 商學院
  - 秘書管理學系
  - 經濟學系
  - 工商管理學系
  - 會計學系
- 社會科學院
  - 體育課程
  - 社會及社會工作學系
  - 歷史地理學系
  - 傳理學系
- 理工學院
  - 物理學系
  - 數學系
  - 土木工程學系
  - 化學系
  - 生物學系
- 文學院
  - 宗教哲學課程
  - 藝術學系
  - 英國語言文學系
  - 中國語言文學系

十五載，正如孔子所說，已進入「有志於學」之年，致力於加強教研工作。謝志偉校長則以青春期的少年「局促而美麗」（awkwardly beautiful）來形容當時的浸會書院，「因為她雖有成人的身量，但四肢五官的發育並不均勻，並且因為生長太快，常常衣不稱身。這是第一個青春的煩惱，也是我們現在面臨的煩惱」[4]。又說：「我們必須常常察驗，目前的工作和今後的發展，是否能夠配合現時社會的需要和將來的要求。同時我們也要考慮組織問題、人力問題、經濟來源問題，這些問題的答案，不是我們可以關上大門自己找得出來的，我們必須倚靠社會人士的協助和反映，以及政府的鼓勵和合作。」[5]

謝校長也有自己的煩惱，他就任校長時只有三十六歲。對此，他在二十年後回憶說：「由於年齡關係，我無法即時贏得資深教職員的信任，所以要在重重屏障中打開局面，正是我當時面對的最大困難。」[6]令人鼓舞的是，1972年4月，港督會同行政局正式通過浸會書院使用「學院」名稱，名正言順地稱為「香港浸會學院」，有別於多用於中學的「書院」。學院在法定地位上再邁進一步，昂然進入校史的第二個階段。

第一節　國際評審與擴建校園

香港浸會學院自從 1970 年註冊為認可專上院校之後，雖然取得了法定的地位，但在學術地位方面，仍然沒有得到香港政府認可。作為一所私立院校，爭取承認的唯一方法，就是透過國際評審，藉此獲得學術界的認可。

1972 年 12 月，東南亞高等教育協會（Association of Southeast Asian Institutions of Higher Learning）經過對香港浸會學院的審定後，認為學院畢業生的學術水平與大學學士的學歷均等，接納浸會學院為當時香港兩所大學（香港大學、香港中文大學）以外的第三個成員，成為該協會第一所非頒發學士學位而取得正式會員資格的學術機構。

1973 年 8 月，國際教育協會（The Institute of International Education，簡稱 IIE）發表了證明香港浸會學院學術水平的《國際教育協會報告》（*IIE Report*），供海外大學參考之用。同年，美國浸信會高等教育協會（Education Commission of the Southern Baptist Convention, USA）總幹事傅斌博士（Dr. Ben C. Fisher）撰寫了《傅氏報告》（*A Special Report on Hong Kong Baptist College by Ben C. Fisher*），美南浸信會大學聯會一致通過對香港浸會學院的認可：香港浸會學院所發的文憑，與美南浸信會所有大學和學院的學士學位相等。

1974 年，美國南部大學教育檢定委員會（Commission on Colleges of the Southern Association of Colleges and Schools）總幹事史威特博士（Dr. Gordon Sweet）率領一個代表團，專程到浸會學院

訪問，並作詳細的考察。1975 年寫成的報告書認為，香港浸會學院已達到委員會所訂的檢定大學水平。1976 年 12 月，亞洲基督教大學協會（Association of Christian Universities and Colleges in Asia, 簡稱 ACUCA）成立，基本成員由亞洲七個地區的二十二間大學構成，謝志偉校長獲選為該會創會會長。總的來說，在爭取學術認可地位一事上，學院於 1972 至 1976 年間，已先後獲得國際間不少機構和學界人士的肯定。

1975 年，浸會學院成立校外課程部。翌年 3 月，學院在慶祝創立二十周年時，宣佈了此後五年的發展計劃，包括教學改良和校園建設兩方面。為了更為順利地推行學院的行政，校務委員會於 1977 年特別委任四位院長協助計劃及促進院務工作，他們是文學院院長徐訏先生、商學院院長姜貝薇娜女士（Mrs. J. Lovena Jenkins）、理工學院院長莫民雄博士、社會科學院院長張國興先生。

至於在擴建校園方面，學院鑒於學生人數增加，原有校舍不敷應用，於 1971 年展開第二個五年計劃。首先完成的，是浸會學院大樓西翼擴建的新昌閣，這兩層樓宇專供傳理學系和土木工程學系之用；1975 年，謝再生紀念館啟用，其中兩層作為多個院系的辦公室，並於頂樓天台開設學院餐廳。同年，為紀念溫仁才先生的捐贈，而將浸會學院第一座興建的學院大樓命名為溫仁才大樓，並於翌年在東翼加建兩層，作為富蘭明藝術中心。

1976 年，位於林子豐紀念大樓低層的呂明才圖書館啟用；原有位於學院大樓二樓的富蘭明圖書館，則改為參考圖書館。1977 年，基督教教育中心落成啟用，樓高七層，一樓是可容四百餘座位的禮拜堂。1978 年 5 月 19 日，大專會堂內部裝置完成，由港督麥理浩爵士（Sir Murray MacLehose）主持開幕典禮，學院並為此舉行了一個

1974 至 1976 年的學院大樓和謝再生紀念館

盛大晚會。在此後一段時間，大專會堂除了供學院使用之外，還開放予外界團體租用，成為香港一個重要的文娛表演場所。1980 年，紹邦樓（行政中心及校長寓所）、校園正門的牌樓及區樹洪花園相繼落成；翌年星島傳理中心啟用，學院自此更具規模。

港督麥理浩爵士主持大專會堂開幕典禮

第二節　學制變更和學歷評審

　　1977 年 11 月，香港政府發表了一份《高中及專上教育綠皮書》，以節省資源和增加學額為由，建議香港中文大學改為三年制；而對私立專上學院，則表現出消極和冷漠的態度。此舉在教育界引起激烈反應，出現了群眾大會和空前的請願抗議；在本地的報章上亦有大量嚴正的批評。香港浸會學院將 1977 年 12 月 19 日定為「《綠皮書》日」，全校停課一天，並於校內舉行集會，師生各就《綠皮書》作出批評。其後，香港中文大學學生會於 1978 年 2 月 15 日舉行師生集會，反對「四改三」，在社會上引起關注。

　　《綠皮書》將認可私立專上學院的地位，界定於中學六年級的高級程度與大學學位之間，而藉以作為論據的，是認可專上學院畢業生受聘於政府職位時所獲的起薪額和私人企業所評定的市場價值；又將香港浸會學院和樹仁學院兩間認可專上學院的辦學理想與香港理工學

1977 年 12 月 19 日的
「《綠皮書》」日」

院比擬，同時以香港理工學院的性質來衡量這兩間學院的學科是否適當及有無需要。這些建議把私立大專貶至可有可無的地位，又置大專學生的前途於不顧，既忽視了私立大專對社會的貢獻，又抹煞了民間辦學的努力，對在艱難環境下奮鬥的私立大專院校，實在是一大打擊。

由於輿論紛紛指責《綠皮書》中關於專上學院所作的建議，香港政府於是通過民政署深入調查；行政、立法兩局議員，亦成立專責研究小組。1978 年 10 月 18 日，港府發表《高中及專上教育發展白皮書》，建議認可專上學院修訂課程，以便開辦兩年中六課程及中六後的兩年專上課程，修業期滿的學生可取得與香港理工學院所頒授資格相等的專業或職業資格，而政府則按照攻讀這些課程的學生人數給予資助。這些學院亦可為修畢兩年專上課程而又有能力深造的學生，舉辦一年進修課程，政府不會對這些課程繼續給予經濟援助，但《白皮書》建議推行貸款計劃，資助修讀第五年課程的學生。修畢此課程的學生，如進入政府服務，政府會承認其資格和待遇，等同已修讀香港理工學院高級文憑以上一年程度的學生。這種計劃可使專上學院協助政府達成中六與專上教育的目標，各專上學院及其學生因而獲得經濟援助，同時仍可保留其私立教育機構地位，並在決定此課程及課程綱要方面有相當程度的自由。

這份《白皮書》發表之後，受到教育界的普遍歡迎。謝志偉校長在翌日召開一個記者招待會，表示浸會學院的師生對《白皮書》的反應是良好的，大都認為在相當程度上可以接受，他在會上並對「2+2+1」新制作了闡釋。然而學院內也有意見認為《白皮書》仍存在一些不合理的地方，學生會及各系會就這份《白皮書》的專上學院部分發表聯合聲明，指出「2+2+1」制缺乏連貫性，而畢業生的資格也未夠明確。[7]

1978 年謝志偉校長向記者及傳理學系學生解釋「2+2+1」制

其後，香港浸會學院和嶺南學院均接納了《白皮書》的建議，將課程改為「2+2+1」制；香港樹仁學院則決定保持其完全私立的地位，繼續推行四年制課程。香港浸會學院及嶺南學院將課程改組後，由 1979 年 9 月開始獲政府資助。「2+2+1」制其實是由「2+3」制蛻變出來的，而「2+3」制即兩年大學預科加三年大學課程，是當時大多數英聯邦大學制度的特色，實亦為應對專上學院亟需解決的問題的辦法。容許第五年的獨立存在，既滿足了專上學院保持學術現狀及專業水平的願望，政府又不必承認在第二階段中，兩年加一年的專上教育等於三年的大學學位教育，但也沒有否定其有達到大學學位水平的可能。

1978 年 8 月及 12 月，浸會學院各院系先後舉行了兩次教務會議，討論了如何在下一個年度開始接受政府經濟資助後，有關實現「2+2+1」新學制的各項措施，以及首兩年新課程的設立等問題。謝志偉校長在年報中稱 1978 年為「決定之年」，而 1979 年則為「實施之年」。當時校方所實行的新學制，包括兩年「院制基礎課程」，及以高級程度會考合格為入學基礎的兩年「系制文憑課程」及一年「榮譽文憑課程」，另外還開辦了一項實驗性質的國際初級大學課程。[8]

「系制文憑課程」按照原來的院系課程加以修訂，仍然保持四個學院十七個學系，學生在首兩年內須選修系制核心及有關科目，而第三年的科目內容則着重專門的學術或專業研究。各院系的分佈如下：

1. 文學院 —— 中國語言文學系、英國語言文學系、音樂藝術學系；

2. 理工學院 —— 生物學系、化學系、土木工程學系、物理學系、數學系；

3. 社會科學院 —— 傳理學系、歷史系、地理學系、社會學系、社會工作系；

4. 商學院 —— 會計學系、工商管理學系、經濟學系、秘書管理學系。

然而，「2+2+1」制尚未開始全面推行，學制又發生了變化，原因是英國國家學歷評審局（Council for National Academic Awards）於 1981 年對浸會學院進行了評審。結果顯示，浸會學院具備發展學位課程的潛力，因此香港政府在 1982 年正式接納浸會學院既不需再辦中六課程，也不需將大專課程分割為兩年加一年，可以直接開辦三年制文憑課程，再以這項課程為基礎，發展為學位課程。浸會學院自此可以在不虞資源嚴重匱乏的情況下，作出更大和更積極的發展。

第三節　開辦學位課程的經過

1981 年 1 月，英國國家學歷評審局應香港政府的邀請，到浸會學院評核商學院和理工學院的課程，以及全校的學術與行政組織架構。同年 6 月，香港政府接納英國國家學歷評審局的建議，增加對浸會學院及學生的財政資助，並着手草擬新法案，提升浸會學院的地位。與此同時，政府允諾在 1982 至 1983 年度對浸會學院的資助範圍擴大至文憑課程的第三年。為此，校董會議決成立學院秘書處，委任理工學院院長莫民雄博士為學院秘書長，協助建立和加強學院與外界學術審核團體及政府部門的工作關係。

同年 10 月，港督麥理浩爵士接受浸會學院的邀請，成為學院的首任監督。11 月，英國國家學歷評審局三十一位代表第二次訪問浸會學院，分別審核文學院及社會科學院屬下八個學系的課程。翌年 2 月，香港政府宣佈於 1983 至 1984 年度將浸會學院納入「大學及理工教育資助委員會（以下簡稱「教資會」）（University and Polytechnic Grants Committee）的資助範圍內。然而在 3 月間，教資會的浸會學院專責小組建議浸會學院停辦土木工程學系，並於 6 月發出明確書面通知；9 月，在倫敦會議上，教資會議決接納專責小組的建議，要求浸會學院停辦土木工程學系。

另一方面，1982 年 6 月，教資會正式委出「浸會學院專責小組」，與浸會學院共同商討將來發展的主要路向。學院方面有幾項主要的相應措施：一、成立「跨系課程」研究小組，負責統籌計劃和審閱跨系課程建議；二、積極推行教職員進修及培訓計劃；三、開始採用公務員薪級制。同年 12 月，浸會學院向教資會提交《1983-

1982 年土木工程學系師生靜坐

88 年學術發展計劃書》。

　　1983 年 8 月，立法局通過《香港浸會學院條例》（香港法例第
1126 章），使浸會學院成為獨立的高等教育機構，有開辦學位課程
和頒授學位的資格。[9] 9 月，學院將原有的「2+2+1」制轉為「2+3」
制。11 月，學院收到教資會的第一次撥款。香港政府正式指定 1984
年 1 月 1 日為《香港浸會學院條例》生效日期，教資會於同年 3 月
間訪問浸會學院後，認為學院可於 1987 年度開設三項學位課程。教
資會於 1985 年 3 月再訪浸會學院，同意學院可將學位發展進程提早
一年，並接受浸會學院提交的兩項學位課程建議，由英國國家學歷
評審局評審後於 1986 年度開辦。

　　1986 年，浸會學院到了「三十而立」之年，開辦首批學士學

1989 年首批學士學位畢業生結業

位課程，包括綜合科學理學士（榮譽）學位及社會工作學士學位。
1987 年，開辦第二批學士學位課程，包括工商管理學士（榮譽）學
位及傳理學社會科學學士（榮譽）學位。1988 年 6 月，立法局通過
《1988 年香港浸會學院（修訂）條例》，明確規定浸會學院頒授的學
術及榮譽學銜，包括學位及榮譽學位。同年，學院開辦第三批學士
學位課程，即文學及社會科學文學士（榮譽）學位。

　　1989 年 1 月，校務議會正式向教資會呈交一份名為《大學地
位及名稱》（*University Status and Title*）的建議書，徵詢該委員會對
浸會學院即時易名為「大學學院」（University College）及於 1994 至
1995 年度正名為「大學」（University）的意見。這年，理學院首先
開辦以研究為主的哲學碩士課程，學院開辦第四批學士學位課程，

計有音樂文學士（榮譽）學位、電腦學理學士（榮譽）學位、中國研究社會科學學士（榮譽）學位，又開辦學位轉換課程（Conversion Programme），讓持有學院文憑或榮譽文憑的畢業生在補修學分後取得學士學位。浸會學院在這年 12 月舉行的第三十屆畢業典禮中，首次頒授學士學位。

1990 年 9 月，學院開辦的新學士學位課程包括人文學科文學士（榮譽）學位及翻譯學文學士（榮譽）學位。同年 11 月，首次頒授榮譽博士銜予葛培理博士和邵逸夫爵士。校內最後一批榮譽文憑學生，於 1990 至 1991 年度結束時畢業，浸會學院的「非學位課程時代」至此亦宣告結束。1992 年，學院首次頒授哲學碩士學位。

1993 年 1 月，教資會委出評審小組到浸會學院進行評審工作，以決定學院是否有能力自行審核新的學位課程及覆核已開辦的學位課程。同年 7 月，香港政府宣佈授權浸會學院自行評審學位課程，無須再接受校外評審。此後一兩年，學院相繼開辦新的碩士課程及增設各個領域的學士（榮譽）學位課程，而最重要的大事，就是準備迎接正名為大學的日子到來。

第四節　闢新校園及發展校務

　　1980 年代初，浸會學院在校園建設方面續有進展。1982 年 1 月，楊振寧教授及方樹泉先生主持方樹泉圖書館奠基儀式；翌年 9 月，圖書館落成；12 月，由總督尤德爵士主持啟用典禮。方樹泉圖書館的設備和藏書，都較此前完備。這年年底，政府將金城道一塊面積為二千二百七十五平方米的土地授予學院作為臨時運動場。

　　1985 年間，香港政府原則上同意撥款支持浸會學院的五年校園重建計劃，共興建五座新建築物。1987 年，文學院和社會科學院遷往聯福道的臨時校舍。1988 年，浸會學院計劃與香港兩間理工學院合作，在聯福道興建運動場；同年，楊瑞生紀念館和區樹洪影視教育中心落成啟用。1989 年，學院舉行邵逸夫大樓及查濟民科學大樓啟用典禮。1990 年 5 月，位於金城道的偉衡體育中心落成啟用；9 月溫仁才大樓翻新工程完成，文學院和社會科學院從聯福道臨時校舍遷回窩打老道校園。同年，政府同意撥出聯福道及鄰近土地，作為浸會學院擴建校舍之用。浸會學院窩打老道校園重建計劃的建築設計，贏得「九〇年香港建築師學會優異建築設計獎」。[10]

　　1992 年 3 月，香港政府通過撥款四億四千萬元，作為浸會學院聯福道校舍第一期工程的建築費用。1993 年 5 月，宣佈浸會學院聯福道校園命名為「逸夫校園」，並由港督彭定康先生及邵逸夫爵士聯合主持奠基禮。9 月，毗鄰逸夫校園的低座校舍落成啟用。

　　至於在教學方面，1984 年 9 月，設立隸屬文學院的宗教哲學系；1985 年，停辦土木工程學系。1988 年 7 月，重組商學院，更名為工商管理學院，屬下四個學系改為六個。至 1990 年 7 月，重整工

1980 年代中期校園擴建的模型

1993 年逸夫校園奠基禮

商管理學院的學系結構，設會計及法律學系、財務及決策學系、經濟學系、市場學系、管理學系，原有的人力及資源管理學系歸納於管理學系之內。社會科學院則於 1989 年 9 月設立教育學系。1991 年 9 月，傳理學系升格為傳理學院，成為浸會學院的第六個學院，包括電影電視系、新聞系和傳播系。1992 年 7 月及 1994 年 9 月，先後成立隸屬社會科學院的體育學系、政治及國際關係學系。

　　學系以外，還成立了一些專業課程，例如：1989 年新設的中國研究社會科學學士（榮譽）學位，分為歷史、地理、社會、經濟四個專業；1991 年，開辦兩項新的專業主修課程，其一是工商管理學學士課程中的資訊管理系統學專業，其二是綜合科學理學士課程中的應用電腦學專業。1992 年，人文學科文學士（榮譽）學位課程增加一項名為文學與專業寫作的專業主修。傳理學社會科學學士（榮譽）學位課程於 1993 年增設傳播學專業，又於 1994 年增設電子設

計藝術專業。

　　行政方面，浸會學院於 1984 年委任何守敦博士（Dr. H. Stewart Houston）為學務副校長，盧維德先生（Mr. David Lovatt）為行政副校長。1985 年 10 月，委任亨特教授（Professor Norman Hunt）為浸會學院行政架構檢討顧問；翌年根據行政架構的檢討報告，設立高級行政人員委員會。1987 年 7 月起更改行政架構，使運作上更具大學的模式。1988 年委任理學院院長白智理教授（Professor Jerry Barrett）為學務副校長，接替於 7 月杪退休的何守敦博士。1990 年 4 月，莫民雄博士升為行政副校長，原行政副校長盧維德先生的職銜改為副校長（策劃）；同年 9 月聘任曾憲博教授為副校長（研究及輔助設施），三位副校長的工作重新調配。

　　另一方面，浸會學院於 1989 年 7 月重整秘書處，原人事部、新聞及公共關係部併入秘書處。1992 年 9 月起，原隸屬秘書處的新聞及公共關係組改為直接向校長負責，並易名為新聞及公共事務處。

註釋

1　謝志偉：〈就職演詞〉，1971 年 12 月 19 日；並參見黃嬌梨編著：《香港浸會大學校史》，頁 139-140。

2　同上註。

3　《香港浸信會聯會年刊》，1971 年，頁 70。

4　〈新任校長謝志偉博士講浸會學院未來展望〉，《華僑日報》，1971 年 5 月 10 日。

5　同上註。

6　〈廿載往事堪回首：謝志偉校長今昔點滴〉，《校園天地》1991 年第 1 期「35 周年校慶專號」，頁 42。

7　〈大專學生評高等教育白皮書〉，《星島日報》，1978 年 11 月 12 日。

8　黃嬌梨編著：《香港浸會大學校史》，頁 219-225。

9　*Hong Kong Baptist College Ordinance*, Laws of Hong Kong, Chapter 1126；並參見《香港 1984 年》（香港：香港政府印務局，1984 年），頁 66。

10　黃嬌梨編著：《香港浸會大學校史》，頁 441-444。

第三章

中西結合
昌明學術

正名大學以來的發展（1994 年至現在）

1994 年 10 月 21 日，《香港政府憲報》刊登《1994 年香港浸會學院（修訂）條例草案》；條例於 11 月 16 日於立法局三讀通過，香港浸會學院的名稱改為香港浸會大學（Hong Kong Baptist University, 簡稱 HKBU）。校監（Chancellor）由港督擔任，校長的英文職稱由原來的 President 改為 President and Vice-Chancellor；原先的校董會（Board of Governors）改名諮議會（Court），成為大學的最高諮詢機構；大學的最高行政機構是校董會（Council）；教務議會的英文名稱，由 Academic Board 改為 Senate。

香港浸會學院於 11 月 16 日晚舉行「萬眾齊心賀正名」活動，慶祝正名為香港浸會大學，採用新校徽、新設計的大學標誌和新校歌。

浸會大學校徽由學院舊校徽演變而來，「書本」表現大學「全人教育」的理想，即培養學生身、心、靈的均衡發展；「波浪」反映香港的地理環境，並含有孔子所說「智者樂水」及大學培養人才、後浪推前浪的意義；外圍的繩結交織成圓形，象徵大學內外和諧團結的基督教精神與國際關係。顏色方面依循舊校徽，採用金、藍二色。至於浸會大學的標誌，則由校徽中的「書本」和「波浪」演變出來，書頁上有浸會大學的英文簡寫 BU，而整個設計像歡迎的「迎」字或進取的「進」字，糅合了中西文化的精神。顏色亦為藍色。大學校徽主要用於正式場合，如畢業證書、印鑒、校旗、年報等；標誌則在一般場合使用，例如宣傳物品、名片、文具等。

香港浸會大學新校歌的歌詞，第一節沿用謝扶雅教授於 1957 年撰寫的香港浸會學院校歌歌詞，第二節採用校長謝志偉博士於 1993 年的填詞；謝志偉博士並為校歌作曲，而由音樂及藝術系高級講師卓仁祥博士（Dr. Gene Cho）編曲。香港浸會大學校歌第二節歌詞全文如下：

成功道上，披荊斬棘，師生奮發圖強；

大學得成，秉肩昂首，先賢宿願得償；

學海無涯，博大精微，永恆真理導航；

敦厚崇禮，關懷社稷，桃李古道熱腸。

內容充分反映了自 1970 年代以來，浸會學院師生在謝志偉校長帶領下，大家一同努力奮鬥，終於成為名副其實的大學，先賢宿願終於得償，今後還要再接再厲。1994 年 12 月，大學在《明報》及《南華早報》（*South China Morning Post*）出版特輯，並舉行正名為大學後的首次畢業禮。

1995 年中，位於聯福道的「逸夫校園」工程完成，包括逸夫行政樓、永隆銀行商學大樓、思齊樓、區樹洪紀念圖書館（Au Shue Hung Memorial Library）、林護國際會議中心及李作權大道等設施，聯校運動中心亦正式啟用。另一方面，為表揚何善衡博士長期以來的支持，校董會通過將窩打老道校園命名為「善衡校園」；10 月 25 日，大專會堂易名為大學會堂。浸會大學自此進入兩個校園並用的「雙校園」時代，師生往來於聯合道兩邊，絡繹於途，為九龍塘帶來一番新氣象。

第一節　加強教學與促進研究

　　1994 至 1995 年度，香港浸會大學全職教學人員有二百八十四人。校董會通過，由 1995 至 1996 年度起，教學人員改用新職稱，包括助理教授、副教授、教授、講座教授。課程方面，浸會大學由 1996 年起設立「大學生活」，作為一年級新生必須參與的科目。又加強交流生計劃，1998 年招收外地交流生三十三人，他們分別來自二十二間夥伴大學，浸會大學為此並成立國際學生中心；翌年，浸會大學招收首批來自清華大學的中國內地交流生，有十一人。

首批海外和中國內地留學生

1998 年首屆中醫本科生課程的師生合照

1997 年 1 月，教資會正式批准浸會大學開辦中醫學學位課程；3 月，中醫藥研究所成立，並於 10 月與清華大學、北京中醫藥大學簽訂五年合作協議，共同推行多項研究計劃。同年 11 月，浸會大學與香港浸信會醫院（以下簡稱「浸會醫院」）合作，開辦中醫藥診所，設於浸會醫院區樹洪健康中心。浸會大學的中醫藥專業教育中心，亦於是年成立。

1998 年 9 月，第一屆全日制中醫學學士及生物醫學理學士（榮譽）雙學位課程正式開課。該年起，中醫藥研究所獲邀參與國家級的中醫藥研究計劃；翌年 3 月，中醫藥研究所在九龍開辦風濕病臨床研究處，又與清華大學合作，於 7 月間開設中藥現代化開放實驗室。1999 年，中醫藥學院成立，下設臨床、研究及發展、教學三部。2000 年，中美中醫藥協作組成立，由香港浸會大學和其他十間中美著名院校組成。

正名為浸會大學後，校內各學院均相繼加強教研工作。1995 年，社會科學院開辦教育碩士課程、文學及社會科學文學士（榮譽）學位課程政治及國際研究專業。1996 年成立非線性研究中心（Centre for Non-linear Studies），是全港首個有關研究的中心；同年，許士芬博士體康研究中心（Dr. Stephen Hui Research Centre for Physical Recreation and Wellness）成立。2000 年，工商管理學院成立對策研究中心（Centre of Game Theory），是香港第一個這類型的研究中心。

配合大學發展的步伐，校園建設也有可觀。1996 年 9 月 30 日正式開幕啟用的區樹洪紀念圖書館，樓高六層，足夠供五千名學生使用。社會科學院院長辦公室和教育學系、體育學系、社會學系、社會工作系辦公室，於同年分別從善衡校園或逸夫校園遷入新增的各幢低座校舍；至於歷史系和地理學系的辦公室，則仍設於善衡校

園溫仁才大樓的東翼和西翼。

　　1997 年 6 月，吳多泰博士國際中心（Dr. Ng Tor Tai International House）投入服務。該國際中心樓高十二層，設有一百七十六個房間，提供酒店式住房及膳食服務。同年，因政府將逸夫校園與七幢低座校舍之間的一條馬路命名為「浸會大學道」（Baptist University Road），新校區因而命名為「浸會大學道校園」。至此，浸會大學共有三個校區，如何將三個校區更加緊密地連接起來，方便校內教職員和學生往來，是一個迫切的需要，有待進一步改善。1999 年 9 月 8 日，貫通善衡校園和逸夫校園的馬路天橋落成啟用，命名為「浸會橋」（BU Bridge）。

1999 年「浸大橋」啟用禮

另一個重大的課題，是校內外課程的重新整合和分工。1995年，香港浸會大學校外進修學院易名為持續教育學院。1999年，持續教育學院開設香港首個幼兒教育學學位課程；浸會大學道校園的持續教育大樓，於同年年底開始啟用。2000年9月，香港浸會大學附屬幼稚園正式開課，設於持續教育大樓三、四樓，是全港首間大學附屬幼稚園。同年，持續教育學院成立國際學院，是香港首間開辦副學士課程的院校。

　　謝志偉校長於2001年中退休，在他任內另一件值得注意的事，是於1999年重新訂定香港浸會大學的使命，強調大學對學術自由、自主及對德性修養的追求。謝志偉博士由1971年起擔任校長，三十年間為大學勞心勞力，包括爭取學院地位和正名為大學等，建樹良多。如果說，林子豐校長任內是浸會大學的開創期，那麼謝志偉校長任內，就是浸會大學的成長期。其後吳清輝校長任內的九年，可以說是浸會大學在林校長和謝校長時代奠下的基礎上繼續深化、扎根及開拓的發展期。

2000年香港浸會大學
附屬幼稚園開幕典禮

第二節　二十一世紀的新氣象

　　2001 年 7 月 1 日，吳清輝教授出任香港浸會大學第三任校長。翌年 7 月，曾憲博教授履任學務副校長；同年，副校長（研究及輔助設施）改為副校長（拓展），專責大學拓展計劃，包括制訂策略、促進國際化、籌募經費及與工商界締結合作夥伴等。2003 年上旬，范耀鈞教授獲委任為副校長（拓展）。大學又於 2004 年間增設兼任的協理副校長，協助參與管理大學的校園建設計劃、基建計劃和校舍資源調配。

2001 年吳清輝教授（右）成為
第三任校長

吳清輝校長上任後，首先是加強校內各學科的研究規劃。2001年下半年，中華基督教宗教研究中心、媒介與傳播研究中心、中國城市與區域研究中心成立；同年，浸會大學與清華大學、北京中醫藥大學組成京港三校中醫藥聯合研究中心。2002年，北京大學—浸會大學應用數學聯合研究所成立，又與中國科學院生態環境研究中心共同設立環境科學聯合研究所；近代史研究中心亦於是年成立，是全港大學首個歷史學研究中心。

　　其次是開辦各個專業的碩士課程，2001年開辦的環境及公共衞生管理理學碩士，為香港同類課程的先驅，是浸會大學首個自負盈虧的碩士課程。2002年成立研究院，管理校內開設的研究式博士、碩士課程，並統籌授課式課程的發展工作；同年開辦教育碩士課程。翌年開辦電影電視與數碼媒體藝術製作碩士學位課程、社會科學碩士（當代中國研究）課程，後者分為歷史學、地理學、社會學、經濟學四個研究範疇，強調跨學科研究。2005年1月，工商管理學院開辦全球首個授課式公司管治與董事學理學碩士課程。至該年9月，浸會大學開辦授課式的深造碩士課程已增至十九個。

　　大學本科的擴充，在二十一世紀初也有可觀的成績。2001年，開辦四年全日制中藥學學位課程；同年教育學系獲教資會撥款，開設「2+2」職前學位兼教育文憑課程。2003年9月，開展課程改革，調整主修科和通識科的比例，主修科目由佔80%降至65%，其餘35%為通識科目。2003至2004年度，教資會通過由浸會大學開辦視覺藝術文學士（榮譽）課程；大學於是成立視覺藝術院，統籌2005年9月開辦的學位課程。

　　配合教研工作的發展，校園建設亦日見改善。2002年3月，賽馬會中醫藥學院大樓（Jockey Club School of Chinese Medicine

（上）用作視覺藝術院的啟德校園

（下）香港浸會大學附屬學校王錦輝中小學及石門校園

Building）正式啟用，樓高九層，建築面積八千五百平方米；隨後四幢學生宿舍入伙，為本地和海內外學生提供約一千六百個宿位，宿舍內分設蔡元培堂、宋慶齡堂、周樹人堂和楊振寧堂，藉此希望宿生以近代中國文教科學名人為楷模。2003 年 10 月，中醫藥學院大樓閣樓的浸會大學中國銀行（香港）中藥標本中心開幕，佔地二百多平方米，展示礦物藥、動物藥、植物藥標本逾千件。

浸會大學在發展高等教育的同時，亦注重與中小學和幼教界的聯繫。2001 年起，每年舉行「中學校長日」；2002 年起，文學院及數學系分別舉辦以中學生為對象的暑期生活營，推廣人文創意及數學知識。社會科學院、理學院等各個院系，每年均有同類型的活動。2004 年 12 月 13 日，香港浸會大學附屬學校王錦輝中小學舉行奠基典禮，是全港首間大學附屬中小學。

此外，文學院在 2004 年有兩項值得注意的活動：其一，是首創「駐校作家計劃」，推動校園創作風氣，提升學生的創作水平和文化素養；其二，是成立「國際作家工作坊」，每年邀請訪問作家到訪，與校內師生及香港作家舉行課堂討論會和作品交流會。同年，浸會大學設「駐校總領事計劃」，也在促進校內外交流方面發揮了積極作用。上述活動按年舉行，至今已成校內的傳統。

第三節　從金禧年整裝出發

2006 年 2 月 28 日，香港浸會大學五十周年校慶全年慶祝活動啟動禮暨感恩崇拜隆重舉行，同場並有《篤信力行 —— 香港浸會大學五十年》發佈儀式，以及頒發教職員長期服務獎及教學人員傑出表現獎。吳清輝校長在該書的〈序〉中指出：「踏入二十一世紀，在中國人眼前的是前所未有的機遇和挑戰，因此，今日的青少年更必需具備謙誠堅忍的性格、取精用弘的國際視野、仁愛寬厚的襟懷以及多方面的精煉技能，才能把握當前的時勢和境遇，為祖國和香港的社群作出莫大的貢獻。」[1] 3 月 25 日，舉辦「光輝五十浸大情」校友慶祝活動，邀請歷屆校友、學生、教職員及親友參加，「半世紀盆菜盛宴」筵開五十席。3 月 28 日，舉行蒙民偉廣場（William M. W. Meng Courtyard）命名儀式，表揚信興教育及慈善基金捐款推進大學發展及教研工作。蒙民偉廣場位於善衡校園五樓平台，是大學師生經常舉辦戶外活動的地方。6 月 5 日，舉行伍宜孫博士演講廳命名典禮，表揚已故永隆銀行創辦人伍宜孫博士及其創立的伍宜孫慈善基金會有限公司三十多年來對大學發展的支持。

6 月 17 日，校牧處舉行校牧事工金禧感恩獻禮「半百恩情音樂會」；6 月 23 日，舉行「『星』夜情牽五十載」綜合晚會。9 月至年底，歷史系舉辦一連串金禧學術講座，理學院主辦桂冠學人講座；10 月 8 日在香港會議展覽中心舉行「金禧論壇：創意之道」，當晚並舉行五十周年校慶晚宴，筵開一百七十席，二千多位賓客濟濟一堂，金禧校慶至此達到高潮。其後，又於 12 月 1 日在香港文化中心舉辦五十周年校慶特別慶祝活動「金禧校慶音樂會」。

2006 年間，浸會大學高層也有一些人事更替。12 月 5 日，香港特區行政長官委任王英偉先生、鄭恩基先生和梁永祥先生分別擔任大學校董會暨諮議會主席、副主席和司庫，任期三年，由翌年 1 月 1 日起生效。2006 年 12 月 15 日，大學宣佈委任陸大章教授為副校長（學術）、蔡亞從教授為副校長（研究及拓展），分別接替榮休的學務副校長曾憲博教授及副校長（拓展）范耀鈞教授。

2007 年 3 月 19 日，浸會大學公佈為期五年的大學擴展計劃，主題是「創意校園·培育全人」，致力配合大學的長遠發展和落實大學四年制。計劃於 7 月展開，共分四期：

一、在浸會大學道與禧福道交界，興建樓高十一層的傳理學院暨視覺藝術院大樓；

二、在逸夫校園的永隆銀行商學大樓和思齊樓頂樓各加建一層，李作權大道向聯福道的兩個平台花園改建為課室；

三、在聯校運動中心停車場加建樓高四層的附翼大樓，並拆卸浸會大學道校園的第三至七座低座校舍，改建為樓高十三層的教學及行政大樓；

四、拆卸浸會大學道校園的第一、二座低座校舍，改建為園林休憩花園，作為浸會大學道校園的入口。

2007 年 12 月 14 日，中醫藥學院設立的孔憲紹博士伉儷中醫藥博物館開幕，博物館佔地二百五十平方米，分為六區，藏品百餘件，是繼香港大學美術博物館、香港中文大學文物館之後香港第三間大學博物館。事實上，浸大在文物保育和文博事業方面屢有貢獻。2005 年，浸大獲政府批准使用位於觀塘道的一級歷史建築——前皇家空軍軍官俱樂部為視覺藝術院本部，成為浸大的啟德校園。2008 年 9 月 26 日，由浸大策劃、香港藝術發展局和香港藝術

孔憲紹博士伉儷中醫藥博物館

中心為策略夥伴的賽馬會創意藝術中心開幕，是全港首個由舊工廠大廈改建而成、匯聚創意藝術及文化交流的藝術中心，該中心位於深水埗前石硤尾工廠大廈，獲香港賽馬會慈善信託基金捐助改建費用而成。2009 年 2 月 17 日，香港特區政府公佈活化歷史建築夥伴計劃，浸會大學成功獲選參與活化雷生春計劃，把有逾八十年歷史的一級歷史建築雷生春活化為中醫診所「香港浸會大學中醫藥學院—雷生春堂」，並於 2012 年 4 月 25 日正式開幕。

賽馬會創意藝術中心和香港浸會大學中醫藥學院—雷生春堂
成為大學第二及第三個活化計劃

吳清輝校長開拓在中國內地的發展空間，其中一項重大發展計劃是創辦北京師範大學—香港浸會大學聯合國際學院。位於珠海市唐家灣的聯合國際學院成立於 2005 年，由北京師範大學和香港浸會大學共同創辦，是全國首家獲教育部批准的香港與內地合辦的高等院校，畢業生學成後獲頒聯合國際學院畢業證書和香港浸會大學學士學位。學院以體驗式學習方式貫徹浸大全人教育理念，而其全英文教學、接軌全球的國際化課程設置和教學標準，深受國內學子歡迎。聯合國際學院校舍於 2008 年 1 月 15 日落成啟用，佔地十三萬三千平方米，可容納四千多名學生。此外，大學於 2009 年和 2010 年分別成立北京辦事處和上海辦事處，推動浸大在內地的招生工作，並加強與內地高校的聯繫和交流。

　　2008 年 3 月 20 日，大學舉行五十二周年校慶酒會，並宣佈成立三個新的研究機構，分別是當代中國研究所、計算數學研究所、嘉漢林業珠三角環境應用研究中心。當代中國研究所於 2009 年 4 月 28 日舉行開幕禮，其宗旨是加強浸大各個院系之間的互動和跨學科探索，為專家學者提供研究當代中國的平台，促進校內師生與中國內地和海外各國學者的跨境合作。計算數學研究所於 2008 年 12 月 10 日成立，其宗旨是匯聚數學家、科學家和工程師作跨學科研究，促進數學系、香港和國際業界及其他大學研究員之間的交流。嘉漢林業珠三角環境應用研究中心則為省港澳三地學者、政府官員、工商業界和非政府組織提供首個跨境跨界別的專業交流平台。

　　在此前後，大學還有不少值得一提的事項。首先，是 2006 年 9 至 12 月，大學圖書館慶祝藏書量達一百萬冊；2007 年 9 月，錄取九歲申請人沈詩鈞同學入讀數學課程，成為創校以來最年幼的學生；2008 年 5 月 2 日，大學六名師生參與在香港舉行的 2008 年北京奧運

聖火傳送活動，這六名火炬手是：校長吳清輝教授、體育學系碩士
生李靜和高禮澤（香港乒乓球代表隊成員）、學位教師教育文憑生
兼體育學系畢業生譚偉洋（香港籃球代表隊成員）、體育學系本科
生楊翠玲和鄭玉嫻（香港劍擊代表隊成員）；同年 6 月 12 日，舉行
「紅樓夢獎：世界華文長篇小說獎張大朋基金」成立儀式，張大朋先
生捐資支持文學院於 2006 年創辦的「紅樓夢獎」得以持續舉行。凡
此，都反映出浸會大學多元化發展所取得的一些成績。

2008 年校長吳清輝教授與五位學生參與北京奧運聖火傳送活動

2009 年 3 月 25 日，舉行香港浸會大學基金成立典禮。2010 年 1 月 5 日，隸屬傳理學院的電影學院在電影電視系的基礎上正式成立，提供高級文憑、本科學位和高級學位的電影專業培訓課程。該年初，環境健康及安全委員會獲大學策略發展基金撥款進行低碳校園計劃，並成立校園可持續發展工作小組。同年 5 月 13 日，國際高等教育研究機構 Quacquarelli Symonds 公佈「亞洲大學排名榜」，浸會大學名列第四十五位，較上一年的第七十三位躍升了二十八位。

　　2010 年 6 月 11 日，浸會大學在香港會議展覽中心舉行「敦學崇禮・圖強惟新・吳清輝校長榮休晚宴」，歡送服務浸大二十五年、出任校長九年的吳清輝教授。稍後，吳校長於 6 月 18 日主持傳理視藝大樓及顧明均展覽廳的命名典禮，該大樓是「校園總體發展規劃」的第一部分，展覽廳位於大樓的地下及一樓，主要供視藝學院師生展覽作品之用。

2010 年電影學院成立典禮

傳理視藝大樓及顧明均展覽廳

第四節　變動中的創新時期

　　2010 年 7 月 1 日，陳新滋教授出任香港浸會大學第四任校長。同年 10 月 27 日，公佈以「優質教與學」、「創新研究」和「致力服務社會」為主題的《2020 年願景》十年策略發展計劃，目標是要使浸會大學於 2020 年成為亞洲區提供全人教育的最佳學府。2011 年 3 月 28 日，舉行五十五周年校慶活動啟動典禮暨創意研究院成立典禮，宣佈成立香港首個創意研究院，而校慶的主題，是「卓越・創新・培育全人」；為配合大學四年新學制的實施，大學於同年 10 月成立通識教育處。與此同時，文學院推出創意及專業寫作文學士（榮譽）課程，理學院推出分析和檢測科學理學士（榮譽）課程。11 月 30 日，創辦孫少文伉儷人文中國研究所。2013 年 1 月 21 日，創辦饒宗頤國學院，是香港首所國學院，由國學大師饒宗頤教授出任永遠榮譽院長，藉以傳承國學、弘揚中國文化。

2010 年第四任校長陳新滋教授（右）就職典禮

2013 年大學創立饒宗頤國學院

在強調創新、創意的同時，浸會大學也處於新舊交替的急遽變動之中。2010 年下半年，黃偉國教授履任副校長（研究及拓展），貝力行教授（Professor Adrian Bailey）履任社會科學院院長；2011 年，湯濤教授履任理學院院長，蘇國生博士履任教務長，賀書孟教授（Professor A. Reza Hoshmand）履任通識教育處總監。

校園建設方面，2011 年 11 月 2 日，新建成的教學及行政大樓和郭鍾寶芬女士康體文娛中心，同時舉行命名典禮，標誌着校園擴建計劃第三期圓滿結束。

2012 年間，浸大有幾件事引起外界注意。2 月 6 日，浸大公佈傳理調查特首參選人民調事件調查小組報告，陳新滋校長匯報他已接納傳理學院院長趙心樹教授辭任院長一職；7 月，當代中國研究所就坊間對《「中國模式」國情專題教學手冊》的關注作出回應；11 月，就當代中國研究所出版的《香港藍皮書 —— 香港發展報告（2012）香港回歸 15 周年專輯》中通識教育部分的內容失實投訴，大學成立調查小組作深入瞭解和跟進；12 月，調查小組確認香港中文大學大學通識教育部的投訴成立，陳新滋校長根據報告的建議，免除薛鳳旋教授的所長職務。

另一方面，浸大在社會上和國際間獲得幾項殊榮。其一，浸大憑低碳綠色校園在「2011 香港環保卓越計劃」中獲頒公營機構及公用事業界別的「界別卓越獎」銀獎；其二，浸大圖書館的中醫藥數字化項目獲美國圖書館協會頒發「2012 年國際圖書館創新大獎」，是該年度全球四所獲獎圖書館之一；其三，浸大工商管理學院的工商管理碩士（MBA）及商業管理理學碩士（MScBM）課程獲工商管理碩士課程協會頒發認證，標誌着該學院的優質工商管理教育得到國際認許；其四，浸大獲新聞網站 Asia Correspondent 列為亞洲學生

首選的新聞及媒體大學之一，是亞洲唯一獲此殊榮的高等學府。

　　陳新滋校長在任期間，加強大學與中國內地的科研合作，成績有目共睹。2012 年 2 月 29 日，大學創辦香港浸會大學深圳研究中心，中心位於深圳市高新區虛擬大學園。2013 年 4 月 16 日，創辦香港浸會大學常熟研究院，並與常熟理工學院簽署合作備忘錄，共同培養研究生及開辦分析化學理學碩士課程。同年 7 月，獲國家科學技術部批准成立環境與生物分析國家重點實驗室夥伴實驗室（香港浸會大學），是浸大首所國家重點實驗室夥伴實驗室。這年 10 月，浸大與湖南大學簽署合作協議，成立化學生物傳感與計量學國家重點實驗室（湖南大學）香港浸會大學分室，成為該國家重點實驗室的香港分室。

　　2012 年 12 月，政府公佈建議把毗鄰浸會大學道校園的香港專業教育學院前李惠利分校校舍南部用地由「政府、機構或社區」用途更改為「住宅」用途。由於浸大校園佔地面積細小，李惠利分校用地是校園附近最後一幅可供浸大持續發展的用地。事實上，浸大早於 2005 年已向政府爭取把用地撥歸浸大作長遠發展。因此，浸會大學強烈反對政府把有關土地更改用途的建議，浸大社群於是發起一連串行動，表達反對意見，包括呼籲大學社群成員及公眾人士以「一人一信」方式於城市規劃委員會公眾諮詢期內表達反對政府建議更改土地用途的意見。結果，城規會在公眾諮詢期間收到超過二萬五千份意見書，當中 99.95% 反對改變土地用途。2014 年 3 月 26 日，城規會通過保留前李惠利南部用地為「政府、機構或社區」用地，而政府表示教育局將會研究把前李惠利南部用地作為特殊教育用途。其後浸大收到教育局通知，表示政府將前李惠利用地北部預留給浸會大學發展約一千六百個政府資助學生宿位和五千平方米教學空間。

教學及行政大樓和郭鍾寶芬女士康體文娛中心

浸會大學道校園入口廣場

2014 年 6 月，浸大校董會宣佈接納陳新滋校長於 2015 年 6 月 30 日五年任期屆滿後退休的決定，並將成立聘任委員會，全球招聘新校長。同年，大學修訂了於 2010 年制訂的《2020 年願景》：使命是「香港浸會大學在教學、研究及社會服務等範疇力臻至善，秉承基督教高等教育的理念，推行全人教育」；願景是大學將於 2020 年成為區內全人教育的領袖學府，於學術上表現卓越，力求創新；至於策略發展重點方面，浸大將充分結合「高質素教與學」、「創新研究」及「社區互連」三大策略發展重點，以達致大學願景。為配合大學的未來發展，校方制訂了「校園總體發展規劃（二）」，當中包括四個主要元素：第一，建議基本工程項目；第二，重新規劃空間；第三，改善／提升設施；第四，具發展潛力的項目。從《2020 年願景》和相應的校園總體發展規劃，可以預見浸會大學進入第二個甲子之後的趨向。

2014 年「爭取李惠利用地行動組」向城規會遞交四千多張願望心意咭

第五節　博雅教育和服務社會

　　2015 年 9 月，錢大康教授出任香港浸會大學第五任校長。他在海外和香港均服務多年，在高等教育方面有豐富的經驗。錢大康校長履任之初，適逢大學創校六十周年慶典。回顧過去的發展，前瞻未來，他提出了新方向，以應對新時代的挑戰。

　　首先，錢大康校長認為現今的高等教育的趨勢與全球化的發展不可劃分，全球經濟及文化活動頻繁，各地之間出現互相倚賴的情況。他指出：「世界是平的，教育亦再無國界，加上大學生的職場不再局限於本地或鄰近地區，因此高等教育必須向世界接軌的道路邁進。」[2] 錢校長認為浸大不單要成為中國一所具良好聲望的大學，更

2015 年第五任校長錢大康教授（右）就職典禮

要成為中國境內的國際大學。因此，浸大不但為本地社會提供高等教育，所培養人才還必須具備走向世界的視野和能力，大學必須為周邊地區以至全球輸出優質的高等教育。錢校長期望學生具有廣闊的國際視野和優良的語文能力，能夠認識中國、擁有海外體驗、富有創新探知精神，鞏固寓學習於生活、寓生活於學習的積極心態。[3]

錢大康校長認為浸大的優勢在於博雅教育的基礎，希望打造浸大為博雅教育與學術研究兼重的大學（research-led liberal arts university），致力發展成為亞洲區內卓越的世界級博雅大學。2015 年12 月14 日，浸大組織了一個集思會，參與的有八十多位教職員，共同的目標是為浸大發展成一所「具國際領導地位、文理兼備的研究型博雅大學」訂下策略方案。大學成立了三個工作小組，專責探討達成三個方面的發展策略：大學的定位、國際化以及學術研究。[4]

為了香港浸會大學未來的發展，有需要在現有硬體的建設上多加着力。現時浸大有五個校園，依成立次序是善衡校園、逸夫校園、浸會大學道校園、啟德校園（供視覺藝術院使用）和石門校園（供國際學院使用）（見頁 74 表 3.1）。如要推動更大型的教學及研發工作，校舍空間是十分重要的。因為在不同的發展階段受到各種條件不足的影響，善衡校園整體的設計以及可用於教研工作的空間的確存在一定的限制。有見及此，2016 年 3 月，大學通過聘請顧問公司進行研究，探討重新規劃善衡校園及重建大學會堂和理學院的方案。大學積極爭取教育當局撥款及社會賢達的捐助，為未來校園的發展創造條件。

博雅教育亦包括群育教育的舍堂生活。由於浸大學生宿位不足，因此未能達到提供「全宿」的條件。現時，政府批出前李惠利校舍北面用地，浸大將以此用作興建教學大樓及可提供一千七百個

宿位的學生宿舍。除了提高本地同學參與舍堂生活的機會，宿位增加還有兩大好處。其一，可以吸收更多外地同學和交換生到浸大就讀，使得整體浸大同學的學習經驗添加國際化的元素。其二，有利於更多本地同學參與海外大學生的交流，因為大學之間的交換計劃大多以「數目對等」的原則運作，能多接納海外交換生就意味着本校學生有更多到海外大學作交換生的機會。錢校長尤其重視宿舍內學習空間的設計，着意為創意學習營造更理想的條件。

前李惠利校舍北面用地將會興建學生宿舍及教學綜合大樓

表 3.1 香港浸會大學的校園設施（2016 年 8 月）

善衡校園	**地標和景點** 正門牌樓、區樹洪平台花園、大學廣場、六樓平台、校園入口、蒙民偉廣場、文農學圃 **主要建築** 溫仁才大樓、林子豐博士紀念大樓、大學會堂、呂明才中心、音樂室、區樹洪樓、星島樓、基督教教育中心、大學禮拜堂、查濟民科學大樓、方樹泉圖書館／方樹泉停車場、楊瑞生紀念館、邵逸夫大樓 **外圍建築** 紹邦樓、偉衡體育中心
逸夫校園	**地標和景點** 逸夫校園入口及浸大橋、林護國際會議中心正門、貫通校園建築的李作權大道、逸夫校園內的「秘密花園」、許士芬博士體育館、浸大校史展覽廳 **主要建築** 逸夫行政樓、區樹洪紀念圖書館、永隆銀行商學大樓、林護國際會議中心、思齊樓、郭鍾寶芬女士康體文娛中心
浸會大學道校園	**地標和景點** 校園入口、孫中山像、孔憲紹博士伉儷中醫藥博物館、顧明均展覽廳 **主要建築** 教學及行政大樓、賽馬會師生活動中心、陳瑞槐夫人胡尹桂女士持續教育大樓、賽馬會中醫藥學院大樓、學生宿舍、吳多泰博士國際中心、傳理視藝大樓
啟德校園	視覺藝術院教學設施
石門校園	國際學院自資本科和副學士課程設施

2015 年 10 月，大學校董會通過增設一名常務副校長（Provost），其職責是「統領大學的策略發展、學術預算、學術人事管理（例如升遷和招聘），以及各院系的學術事務」。至於副校長（教與學）一職，其職責為「負責本科教育、全人發展、體驗學習（例如交流和實習）、網上學習，以及課程事務（例如質素保證）」。副校長（研

究及拓展）、行政副校長暨秘書長，職能則大致與現時相若。[5] 現時，本地有五所大學均先後加設常務副校長（或稱為首席副校長）一職，足見十多年來香港高等教育界面對繁複的挑戰，重整領導團隊的工作實在是大勢所趨。

錢大康校長十分關注同學的素質，冀望同學持續地關心社會，成為具有責任感的公民。他以往在美國和香港目睹以及親自處理各種示威抗議，他欣賞大學生挑戰權威的精神，因為這是進步的原動力。他經常強調的是兩個重大原則。其一，「我希望大家的討論要建基於事實和證據，不能為了反對而反對，空口説大話」。其二，「尊重他人……不能因為別人不認同你的觀點，你就叫別人閉嘴。你可以不贊成他人的論述，但不能用言語或暴力進行人身攻擊。我跟學生説，如果你們破壞校園設施，或校方接到誹謗投訴，我就要展開

錢校長上任後不久，為參與開放日的師生打氣。

表 3.2　香港浸會大學的院系結構（2016 年）

香港浸會大學
- 持續教育學院
  - 國際學院
- 視覺藝術院
- 中醫藥學院
- 傳理學院
  - 新聞系
  - 傳播系
  - 電影學院
- 社會科學院
  - 社會學系
  - 社會工作系
  - 體育學系
  - 歷史系
  - 政治及國際關係學系
  - 地理系
  - 教育學系
- 工商管理學院
  - 市場學系
  - 管理學系
  - 財務及決策學系
  - 經濟系
  - 會計及法律系
- 理學院
  - 物理學系
  - 數學系
  - 計算機科學系
  - 化學系
  - 生物系
- 文學院
  - 宗教及哲學系
  - 音樂系
  - 語文中心
  - 人文及創作系
  - 英國語言文學系
  - 中國語言文學系

歷史系於 2016 年 10 月 5 日舉行「百年時間囊封存典禮」,以慶祝浸大六十周年校慶暨社會科學院成立四十五周年。

調查,如情況屬實我就要作出懲罰」。[6]

現時,浸會大學是文、理、社科兼有,理論與應用並重的學府,包括文學院、理學院、工商管理學院、社會科學院、傳理學院、中醫藥學院、視覺藝術院,以及持續教育學院和國際學院(表3.2)。作為博雅大學是規模宏備的,如何保持固有的優勢和發展本身的特色,則有待校方策劃和領導,以及全校師生的共同努力,相信在不久的將來,即可走出浸大自己的康莊大道。

浸大八十周年校慶晚宴於 2016 年 10 月 4 日舉行，出席賓客達兩千多位，盛況空前，為全年的校慶活動掀起高潮。

參與浸大六十周年校慶開幕典禮的主禮嘉賓、浸大前任及現任校
長、學生、教職員及校友等三百多人砌出六十周年校慶標誌。

註釋

1 黃嫣梨、黃文江編著：《篤信力行 —— 香港浸會大學五十年》，頁 i。

2 〈浸大中學校長日逾百校參與〉，《大公報》，2016 年 2 月 22 日，頁 A21。

3 「錢大康校長口述歷史」（訪問日期：2015 年 11 月 26 日）；〈放眼世界　共創未來〉，《浸大領域》2015-2016 年第一期，頁 23-24。

4 錢大康：〈校長的農曆新年賀語〉，致全校師生的電郵函件（2016 年 2 月 11 日）。

5 錢大康：〈優化大學領導層架構〉，致全校師生的電郵函件（2015 年 10 月 26 日）。

6 〈錢大康：大學非片場，勿設政治防火牆〉，《信報月刊》第 466 期（2016 年 2 月），頁 44-48。

第四章

盡心盡性
立己立人

香港浸會大學的全人教育

第一節　全人教育的發軔和傳承

在 2015 年 6 月 27 日的榮休晚宴上，陳新滋校長賦詞與一眾浸大人共勉：「浸大好，大愛育全人，立業立言先立德，求真求美更求仁，興學是榮神。」既表述了他領導香港浸會大學的方針，更反映他傳承全人教育的歷史使命與實踐教育理念的抱負。陳校長任內，浸大順利落實新學制，進一步推展全人教育，以七大畢業生特質為鵠的，充實同學的學習和生活。[1] 為了更廣泛地推展畢業生七大特質，大學邀得饒宗頤教授惠賜墨寶，寫下「浸大願景育全人，民知學技創通群」十四個字；這七大特質分別為：公民、知識、學習、技能、創意、溝通及群體。具體而言，各特質的意涵如下：

表 4.1　浸大全人教育的七大特質

特質	意涵
1. 公民	成為具國際視野、品行高尚、有責任感的社會公民。
2. 知識	掌握學術專業當前最新學問，並有深厚認識，亦有廣闊的文化知識和通識基礎。
3. 學習	以開放接納、獨立探求知識的精神，貫徹終身學習。
4. 技能	擁有資訊科技、數字處理和解難能力，在生活及工作上發揮所長。
5. 創意	具備批判思考以及創意思維。
6. 溝通	精通兩文三語、能清晰表達有條理的想法。
7. 群體	具備領導和服務團隊的精神，實踐健康生活模式。

現時，「全人教育」成為香港浸會大學使命宣言中的重要部分 ——「香港浸會大學在教學、研究及社會服務等範疇力臻至善，

秉承基督教高等教育的理念，推行全人教育」。[2]

全人教育向來都是香港浸會大學辦學理念的一個核心元素，其歷史源頭可追溯至創校的階段。首任校長林子豐博士在 1956 年學院首個開學禮致詞中，道出擁抱中西文化及關懷社會的辦學方針：[3]

一、我們要辦的高等教育是甚麼性質和目的；本院既以浸會命名，顧名思義，自可明白創辦宗旨。近來辦教育者，多重視智〔知〕識灌輸，而忽略品德修養。尤其是對靈性訓練更付闕如，這種教育，我們說他僅能達到教育之一半任務，若在智力訓練以外，又把基督觀念，充滿青年心中，使他們把觀念做成行為，以行為表現品格，這才能稱為完備的高等教育……

二、我們要負的是甚麼教育責任：……除了重視本國固有文化以外，還須負起溝通中西文化責任。譬如我們的傳統精神，可用忠、孝、仁、愛、信、義、和、平八字來代表，這八

個字，無異是我國文化的結晶，很多與基督教真義不謀而合。所以我們應使本國文化發揚光大，遞送到外國，更希望同學們，組織各種研究會，把國外的有價值學術，努力學習，以貢獻國人……這種保存國粹和中西文化溝通之責任，便是本院的教育責任。

三、我們要怎樣適應香港的需要：自一九五〇年以後，中國教會事業重心，已移到香港來，本港每年中英文高中畢業生人數，不下三千人，其中大部分因家庭經濟所限，未能升學，尤其是教會內子弟，希望有一個高深學府，以供深造，單以浸會所屬的培正、培道及顯理中學而言，每年即有三百餘高中畢業生，這都是為適應目前的需要而創設本院的理由，本院成立了六系，也純為適應本港需要。而六系中，以外文系和土木工程系學生最多，因本港正在日趨繁榮時期，而需要此項極切啊！

創校時期的辦學理念已經強調學術的追尋以及人格的培育。基督教信仰的重要內容及中國文化的要義既成為辦學目標，同時也是教育手段，這是結合基督宗教傳統為基礎的博雅教育（liberal education）以及中國文化培育君子和通儒的理想。在新的時代意義之下，即是培育人才、創新知識和傳遞知識三大具體理念。從吸收新知識到鑽研新學問，早年學院的發展已顯示出強調知識與生命兩者不可分割的聯繫，學術研究的終極指向，與尋求人生的真善美是目標一致的。

當時，課程組合因應上述的教育理念，要求所有一年級學生必須修讀中文、英文、中國通史、自然科學、聖經等學科。此外，

數理學系和土木工程學系的學生也規定修讀兩個學期的科目「社會學」，工商管理學系的學生修讀兩個學期的「社會科學」，中國語文學系的課程規定「世界通史」和「英國文學」為必修科，使學生的知識層面和思維視野超越學系的藩籬，鼓勵學生追求真理及實現個人理想。強調致用及專業技能，如英國語文學系的課程有「兒童心理學」、「青年心理學」和「教育心理學」三個必修科目，為畢業生從事教育工作提供重要的裝備。1970 年代，學校有「大學倫理」、「校園生活」等科目，兼有戲劇、演講、書法、國畫、舞蹈、運動等陶冶性情的選修科目。除提供正規的主、副修科目外，學院還給予學生參與多項興趣班及課外活動的機會，讓學生積極發掘各自的潛能。[4]

1970 年代音樂藝術系開辦書法課程

踏入 1970 年代，謝志偉校長在〈時代的挑戰〉一文中指出，基督教高等學府要定期檢討它的基本哲學和設立宗旨，並且盡量清楚地說明它的教育目標。[5] 校長和老師經多番討論及思考，首次提出「全人教育」的字眼，並就其內容加以說明，即注重學問思想、專業技能及人格修養三者取其平衡。[6] 全人教育的理念乃是強調瞭解人人各有稟受之秉彝，其性格、能力與環境各異，所以只要充分發揮個人的潛力就是成功大道；全人教育理念認為教育不僅是探索知識與技能的途徑，也是塑造人格和追尋自我生命意義過程中的教育理念。

為何在 1975 年向外提出全人教育的理念？首先，自 1960 年以來，由於平等主義哲學思潮的影響，要求大學採取開放的措施。此種風潮，由美國吹向西歐，促成許多新興大學的成立，大學的精英主義角色開始式微，漸漸脫離象牙塔的形象，成為社會大眾普遍受教的場所。[7] 除了有關高等教育性質的思潮改變，1970 年代初學院的地位開始變化，教學素質需要向外作出一定的保證，就必須具備鮮明的教育理念和目標。自 1972 年後，謝校長多次到各國考察大學教育工作，並希望透過國際評審獲得學術的認可。於是，學院為改善教學功效，各院系成立教育檢討委員會，亦需提出清晰的教育總目標。[8]

為了畢業生的工作前途，學院一直致力尋求政府對本校教育成效的肯定，從而有助改善畢業生在政府及公營機構的待遇。在多方的努力下，政府於 1974 年調高學院畢業生的入職起薪點。翌年，政府為經濟拮据的學院學生提供免息貸款。這些都表明政府對學院的貢獻以及教育成效有所認定。[9] 經過教育《綠皮書》的爭議，1979 年 9 月學院開始接受政府的經濟資助，並且將學制改為「2+2+1」制。

1982 年 8 月 18 日，學院向大學及理工教育資助委員會提交《香港浸會學院教育哲學與學術展望》，開宗明義說明全人教育的意涵：[10]

一、學院作為學習的社區，個人整全發展應包涵個人、群體及社區三層面，發展的方向包括德、智、體、群、美、靈這六項；

二、博雅教育（即通識教育）及職業訓練並重，注意學生的傳意技能。博雅教育的範疇為思考技巧、解決問題的能力、中英雙語的傳意、電腦資訊、科技與人文關懷、文化認同、倫理道德意識的建立。職業訓練方面，認識自己的職業性向及終生學習的能力等等。

謝志偉校長在 1983 年發表了〈萬變社會中的不變目標 —— 全人教育〉一文，再次演繹基督教化全人教育的內涵和實踐模式，並在這種模式下進行全面的改革，以迎接同年 11 月開始接受撥款資助、晉身為政府全資的公立高等教育機構這一重大轉變。[11] 在發展的關鍵時刻，學院再一次明確指出博雅教育的意義為本校的重要方針，其精髓源於基督教的全人觀念，乃是按照基督教理想的全人模式去培養學生的教育，也可以視為高等程度的全人教育以基督教觀點去培養個人應付實際處境中的整體需要。就教與學、課程設計和校園生活等方面發展了六項方針：[12]

一、按部就班地切合學生的整全發展需要，在通識教育下着重個人學習需要及成就，所以在課程設計上，不再受傳統的學系藩籬所限制，因為在現代的複雜社會中，事業的範圍並不

一定按照傳統的學系來界定。學院的新課程中，將會有跨系和綜合性的課程出現，以補傳統單系課程在事業或專業要求上的不足。

二、重視自學的能力和終生學習的精神，培養學生獨立思考的精神和明辨的能力。所有學位課程規定學生必須撰寫畢業論文，訓練學生解決問題的能力和處理項目的管理能力，而不止於資料的複述。此外，成立教學發展中心，擴展圖書館藏書資源及建立快捷的搜尋方法，給學生講解學習方法和正確使用圖書館的方法。

三、在生活環境能夠深入瞭解和使用當地的語言，並能通過語言和文字，把自己的思想，不論是抽象還是實際的，有條有理地表達出來，又建立分享生命的性情。中英雙語的訓練和電腦資訊技能更不可忽視。

四、人不能離群獨居，必須常與別人接觸，在社交如是，文化也如此。人越能與周圍的世界溝通，互相瞭解，就越容易找到內心生活的滿足和力量。把文、理、宗、哲和社會科學的基本概念引進課程中，讓學生的思想範疇擴闊到個人生存以外的境界。而與人處世的情操也透過校園內學生活動及宗教活動得以薰陶出來。

五、培育富責任感的成年人。學校必須提供訓練機會，通過正規和非正規的學生組織活動，來培養學生的領導才幹、自理能力、適應社交能力和關懷社會的心。這是源於基督教信仰在全人教育的引申，肯定人有永恆價值，生存也有永恆意義，活出有責任感和工作上的使命感的人生，服務社會的精神。

六、使學生無論修讀任何學系課程，在修讀完畢之後，都

能夠在事業上學有所用。每個專業或學系的課程組合和內容都花了心思設計，如不論哪個專業的學生，需要最少修畢佔總學分百分之二十的輔助科目（Complementary Studies），而且新的學位課程滲入不少應用層面較強的課題。

以全人教育的理念為座標，學院在 1980 年代開始發展出各項學位課程，其設計均務求配合全人教育的理念，其中不少學位課程更注重科際整合和跨系合作，以利於文化交流和拓寬研究的視野，表現出博雅學科的特質。這些發展亦切合當時教資會對學院學術發展的定位，並提出在學士課程的設計上強調整合的概念。[13] 1986 年，除了以推動合作為大前提進行行政改革與重組外，工商管理學院發展出兼顧專業及跨學科的工商管理學士課程；又例如 1989 年推出的

1987 年工商管理學士學位課程展覽會

092

中國研究學位課程以及其後的人文學科學位課程等，均是跨學科以至跨學院的課程。

由於專才培育可能陷入「隧道視線」的迷思，容易產生以管窺天的偏狹，加上人際互動的綿密，社會價值的多元化，大學教育除了應該傳授專業縱向方面的垂直學識，保持一定的專業素質，更應包含橫向方面的開闊見識。所以，每個學位課程內約三成左右的學分設定為「輔助科目」，這正表現出教資會強調大學所擔當的教學角色，就是着眼於提供「範圍廣泛的通識教育，為學生投身需要廣泛知識的事業作準備」[14]。1990 至 1991 年訂定輔助科目的教育目標主要包括：語文能力及運用電腦的技能、分析能力及獨立思考、終生學習的能力及自覺、道德觸覺及生命的意義、文化認同及共融、認識科技、體能關注及健康生活等，這些都是博雅教育所追求的。在具體的科目組合上，語文能力及運用電腦的技能以必修科目傳授；培養同學具道德觸覺、認識價值觀或尋找生命的意義，就有哲學及宗教科；有關認識科技，學生可從電腦科裏涉獵之餘，也可以在非主修的選修學分中選擇相關的科目，文化認同的修養也如是；體育及健康生活則有兩科必修的體育科；「大學生活」主要藉「校園生活」、「師友聚」及「大學論壇」達成上述的目標。[15] 1991 年香港學術評審局（Hong Kong Council for Academic Accreditation）的報告，讚揚選修科目的工作及課程設計，又指出學生及畢業生正面的回應，肯定了全人教育的成效。[16] 學院新制定的學位課程陸續獲得政府認可而成功開辦，亦可以見到全人教育的實踐漸受政府及教育界的認同。

第二節　全人教育的確立和推廣

1994 年香港浸會學院正名為香港浸會大學後，並沒有故步自封，仍不斷為未來的發展努力尋求適當的路向。在這種不斷求新求變的思維下，大學諮議會在 1996 年討論並通過下列兩點為浸大的核心價值：[17]

（1）香港浸會大學是聲譽昭著的高等學府，以基督教精神為本，並致力予以發揚，同時又服務香港這個多元化的社會。大學對基督教精神的整體體現有多種途徑，以全人教育為宗旨並努力推行就是最佳的闡釋。在香港這個高速發展的社會，甚至整個瞬息萬變的世界，上述的全面學習和認知態度，能為個人開展人生、服務社群作最佳準備。浸會大學致力推行全人教育，務求學業、品格並重。

（2）香港浸會大學除了重視學術水平，還致力造就理想的環境，培育個人建立以下列四點為本的價值取向：（a）重視品格；（b）人人平等，互相尊重；（c）互助互愛；（d）關心社會。身為大學一份子，學生及教職員都有機會發展才智、訓練獨立能力、建立責任感、憑着個人信念和道德價值觀肯定自我。浸會大學冀使每位成員對彼此在社會、經濟、政治、文化上的異同都有敏銳的觸覺，從而瞭解到在全球社群整體內各成員彼此依靠、息息相關。如此，便可培訓出身心健康、責任感強、見聞廣博的人才，並為社會作出貢獻。

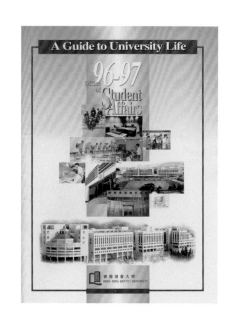

一年級新生必須參與的科目「大學生活」

　　一如以往，大學各個教學部門對於落實全人教育是不遺餘力的。在貫徹大學核心價值的層面上，學生事務處輔導中心、教務處等部門為一年級新生設立「大學生活」科，包括工作坊、輔導性質的師友聚和大型集會。[18] 其實大學着眼於如何在校園生活中融入通識教育，尤以「多元主體並立」的新精神為主，目的是培養人的充分自覺的主體意識，這種主體意識，不能靠課堂上單向的傳授，而是需要學生從師生互動與團體互動中逐步體驗得來。[19] 另外，逢星期二下午舉行的「大學論壇」，學生可依興趣選擇出席指定次數，論壇有不同的主題，目標在於鼓勵學生擴大思想領域，同樣培養了「多元主體並立」的精神。近年，大學的舍堂教育更深刻地落實了這種精神，2002 年學生宿舍的啟用標誌着大學邁向更完備的全人教育。[20]

第三節　新學制與全人教育的新機遇

（一）　通識教育課程的設計和實施

1999 年下旬，香港教育統籌委員會發出《教育制度檢討：教育改革建議》的諮詢小冊子，引發社會廣泛的討論。社會各界漸漸形成共識，那就是香港的教育制度必須作出重大的改革，以迎接全球化的來臨，適應知識轉型經濟的新格局。

有見及此，浸大為同學創造空間，擴闊他們的學習領域。大學獲得教資會的支持，發展多項新穎又富彈性的項目，如 2002 年創辦的「人文素質教育計劃」和「社區為本教學法計劃」（Community Based Instruction Program）等項目，更是全人教育進一步發展的最佳例證，強調學生自發追尋學習的體驗。尤其是「社區為本教學法計劃」，透過發展一套廣泛全面的「社區為本教學法」及其教材資源，來加強大學一貫以來對全人教育的承擔。教學法主要包含兩個教育理念：一、「問題為本學習」，以討論及發問等學習方式，促進師生合力解決難題，以達致教學相長；二、「服務學習」，讓學生在服務社區和機構時實踐自己的知識，協助完成具社會意義的研習。[21] 多年來同學熱切投入參與，是校內全人教育的關鍵環節。計劃內容跨越文藝、經濟、社會、新聞及現代傳媒等領域，而且在設計上都與同學的人生追求及社會百態遙相呼應。課程導師均為來自不同領域的專業人士，他們會因應最新時事議題編制教材，讓同學瞭解社會脈搏之餘，亦促進他們深刻反思。課程另一特色是提供機會讓同

中醫藥學院的學生參與
「社區為本教學法計劃」

學組成小組，參與香港社會專題考察。這些專題不再關注人們熟悉的香港風光的一面，帶領同學探討社會底層及非主流的另類生活形態，包括少數族裔、綜合援助家庭、街頭露宿者、邊緣青少年等。通過考察，鍛煉同學的能力，為大學的學習打好基礎。[22] 這些都充分回應全人教育中「多元主體並立」和「寓學習於行動」的精神。同時，說明大學如何提供既具啟發性又富創意的本科生教育，培養學生的人文價值觀。這一點在教資會於 2004 年釐定本校的角色時得到肯定。

2004 年，大學開始改革本科課程，把主修課程比例由八成降至六成，即由八十個學分減至六十個學分，除十五個學分屬於「核心要求」科目外，十二個學分作為其他院系課程，另外九個學分供學生自行選修，用以鼓勵學生修讀其他科目，擴闊知識面，達到文理互通，在配合全人教育的方針下，使學生能夠駕馭這個資訊爆炸的年代。四年學制本科課程推行後，「輔助科目」遂為通識教育課程所取代，完成了其全人教育的使命。

通識教育的課程設計以博雅傳統價值為念，為 2012 年實施四年學制課程而設，配合主修課程培育每位畢業生應有的七大特質，以完善全人教育。課程以「輔助科目」的理念及其內容設計為基礎，提供廣闊的知識層面，除了幫助學生掌握多元化的知識和實用技能外，亦能鞏固他們的普世價值觀和處世原則，有利他們將來的個人和專業發展。通識教育課程分為兩部分：核心必修課及分類選修課。其中核心必修課的知識範疇較以前「輔助科目」的「核心要求」部分略有增加，保留體育、價值與人生等浸大固有特色課程。在 2008 至 2010 年新課程擬訂期間，先後加入歷史與文明、數理思維及演說技巧作為必修範疇，演說技巧科目更是唯一本地大學所開辦的通識科目。[23]

總的來說，通識教育課程核心必修課的目的是讓學生掌握可轉移技能，培養適當的生活態度及價值觀。必修課包括大學中文、大學英文、數理思維、演說技巧、資訊科技、歷史與文明、價值與人生、體育以及大學生活，內容選材盡量貼近生活，誘導學生重視知識的應用層面。[24] 分類選修課的目的是透過本科範疇以外的學習，擴闊學生的知識領域。分類選修課有五大學習範疇，包括文學、商學、傳理／視覺藝術、理學／醫學，以及社會科學。學生須於其專業範疇以外的四個學習範疇中，各選修一科，其中一科可為跨學科科目，例如宗教與科學、能源與環保、新媒體與道德等，以拓闊同學的知識範疇，加強思維訓練，瞭解不同學科之間的相互關係。

由於通識課程是與全校各院系合作開辦，2011 年大學成立通識教育處，主要負責跟開辦通識課程的各學術部門保持聯繫，又在專家小組通識教育委員會審批後，協助各課程的推行，確保其教與學的質素。此外，該處另增設服務領袖教育課計劃，每年逐步推出

通識教育處的開幕儀式

三至四個與服務領袖相關的科目,透過一些融合領袖訓練元素的通識教育跨學科科目,培育學生成為才能、品格與關懷兼備的服務領袖。該處跟中醫藥學院與社會工作系共同開設服務領袖教育課計劃的科目,名為「行動中的服務領袖(健康服務)」。[25]

（二） 新學制的本科課程與全人教育

2012 年新學制肇始，除了上述的通識教育，全人教育的推行和實踐還有賴於屢創新猷的本科主修課程，現在試從部分課程枚舉一二，略加説明。

工商管理學院的四年制課程容許同學選擇雙主修專業，但仍堅持本港同類課程中唯一要求同學提交畢業論文的傳統，延續教學相長的果效。課程內容上，不是一味強調領導素質，亦着眼於學生的商業道德建設，將「商業倫理及企業社會責任」列入必修科，以糅合商業倫理及企業社會責任等元素，配合學院目標、使命及策略教研主題——企業可持續發展。此外，課程融合服務學習元素，鼓勵學生回饋社會。

理學院的四年制課程中，首年通過必修科目讓學生廣泛涉獵生物、化學、計算機科學、微積分和物理，在知識上拓闊其學術視野。新課程分析和檢測科學理學士（榮譽）的核心課程除了有機、無機、分析化學和儀器分析的知識外，學生還須修讀生物和物理課，加強跨學科的知識和技巧。除了鞏固跨學科的學術能力，為了裝備學生知識應用能力，新開辦的必修科「綜合科學實驗」就有別於一向只進行個別學科實驗的學習方法，它包括四大教學主題，即綠色能源、環境科學、鑒證科學和科學應用於娛樂，可讓學生認識不同科學範疇的實際應用，為他們提供實驗的入門技巧之外，亦着重跨學科知識和批判思維，以訓練同學把不同的科學知識融會貫通以解決實際問題。[26]

視覺藝術院的本科課程始於 2005 年，向來重視跨領域學習，並以「實踐為本」為教育理念，因而編制了三個專修領域，即藝術

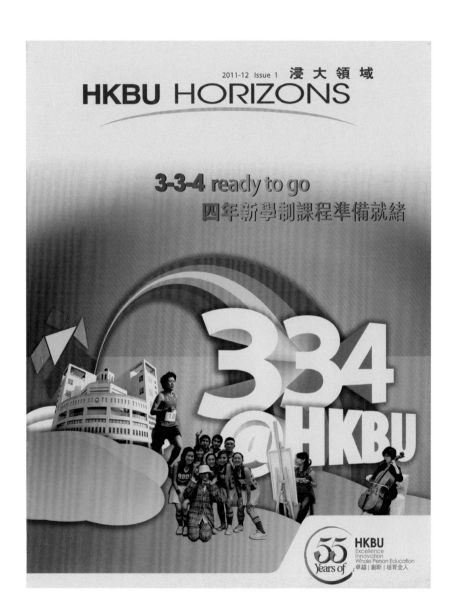

2011-12 Issue 1　浸大領域

HKBU HORIZONS

3-3-4 ready to go
四年新學制課程準備就緒

334
@HKBU

55 Years of

HKBU
Excellence
Innovation
Whole Person Education
卓越 | 創新 | 培育全人

及媒體藝術、工藝及設計和視覺藝術研究，培訓學生掌握跨領域的視覺藝術專業技巧和學術知識。推行四年制課程下，更特別加強了不同視覺藝術媒介、創意領域和創作方式的糅合，突破藝術與設計的界限，而非訓練學生精通單一、狹窄的學科領域或特定媒體。因此，在三個專修領域轄下設有合共十二個不同主題的「科目群組」，包括素描及繪畫、中國藝術、鏡頭媒體及聲音藝術、雕塑、身體、平面藝術、實驗影像、玻璃與陶藝製作、穿戴物、物體與環境、藝術史與理論和視覺與物質文化，為學生提供綜合教育，注重開發他們的創造力和智力潛質，鼓勵他們按個人興趣和能力建立自己的特色，讓他們在整個藝術與文化領域中追求自己的事業。[27]

其他學院方面，新學制的中醫和中藥學生須修讀的通識課程學分將由以往的九個增至三十八個，以培育才德兼備且具國際視野的新一代中醫藥專才。社會科學院則強調跨學科學習、跨文化素質和服務社群，以建立學生的環球視野，並且在新課程中也有更多選擇，例如雙主修、新副修。文學院在新學制下開辦首個以深入學習中英文創意及專業寫作為宗旨的學士課程。除了重視中英雙語教與學，課程還強調跨學科的特色，所有創意及專業寫作課程的必修科都涉及不同的學科，課程涵蓋藝術評論、語言、文學、歷史、哲學、傳媒研究、商科及科學等。

（三） 勵行體驗學習和服務學習

全人發展是一個持續發展過程，能夠全面提升個人在知性、體能、專業、心理、社群和靈性範疇中的能量。除了學術課程和通識教育，還需通過課堂內外的活動互相配合，方能全面培育全人發

展。踏入第二個千禧年後不久，大學率先推行「拉闊文化」和人文素質教育課程，並且逐步在校園樹立服務學習的模式。藉着這些體驗式學習活動，讓學生不但受着文化的陶冶，啟發自主學習的動力，更培育公民責任，以及領導和服務的團隊精神。

文化藝術推廣計劃秉承全人教育的教學宗旨。「拉闊文化課程」於 2002 年 9 月開始推行，由當時的電影電視系和人文學課程合辦，藉着贊助學生觀賞香港各式各樣的演藝節目、安排參觀博物館、開展城鄉考察等活動，讓他們認識社會、發掘自己之餘，更能啟發個人在文化藝術方面的思維和創意，拓闊文藝觀賞的視野，培養審美態度。計劃先後得到教資會、浸大策略發展基金等的資助。2009年，更結合服務學習理念，建立「文化同行計劃」，讓學生到中學推廣文化藝術。2010 年 3 月計劃暫停後，旋於 2014 年由電影學院及視覺藝術院繼續籌辦。計劃強調學生自發探索文化藝術，鼓勵學生分享個人的體驗，深化學習交流的互動果效。[28]

人文素質教育課程發軔於 2002 年，為廣大學生提供不計學分的學習空間，透過不同的內容、主題和形式，誘發他們的內發學習動力。多年來同學熱切投入參與，是校內全人教育的關鍵環節。課程內容跨越不同的知識和生活領域，導師均為來自不同領域的專業人士，並在設計上強調同學應不停地思考人生追求及社會百態，如〈社會考察〉、〈服務學習計劃〉、〈按快門扣應社會人生〉、〈香港繪本之旅——尋找正在消失的本土文化〉等；又藉着小組學習和本地社區專題考察，鍛煉同學的終身學習能力，培養對社會時事的觸覺。

大學引進「服務社區」的學習模式，務求將學科的知識靈活應用於教室之外。2009 年 1 至 5 月，全人教育教與學中心和東華三院賽馬會天水圍綜合服務中心合辦「天水驕陽」活動，由二十一名來自不

2009 年「天水驕陽」活動大合照

同學系的學生參與，為來自天水圍三所中學和一所青年中心共七十名學生擔任體育導師，帶領中學生從體育活動中建立團隊精神和領導才能。學生可從中汲取教學經驗，達致教學相長。新學制推行以來，除了通識教育處提供的服務領袖教育課計劃，一些教研單位也推動這樣的學習模式，甚至滲透於所開辦的課程中。[29]

自 2009 年起至 2016 年，歷史系進行了十五個「社區口述歷史」項目，部分項目與近二十所中學合作，曾參與的大學生及中學生已超過五百名，他們一同記錄和活化地區的發展歷史。2015 年，體育學系和歷史系合作進行「香港奧運與運動口述歷史研究計劃」，並邀請中學生參與訪問二十七位香港精英運動員。對於大學生而言，參與這些項目使他們瞭解到團體合作的重要性，並應用在待人接物之上，讓他們在投入社會工作之前得到自我充實的機會。這些項目都有助建立身分認同及以行動關懷社區。[30]部分社區口述歷史項目更能

訪問 2004 年雅典奧運會男子乒乓球雙打銀牌得主李靜校友﹝右三﹞時的合照

成功出版，較受人矚目的有《伊院人‧情‧事：伊利沙伯醫院五十周年口述歷史》(2013)、《更快、更高、更強：人生的體驗》(2016)等。

2012年，浸大創意研究院與教育局和香港藝術發展局合辦一項名為「藝術同行」的計劃，目的是透過建立一個互動的學習社群，藉此提升中學生和大學生在藝術欣賞和藝術推廣方面的知識和技巧，同時亦鼓勵他們透過參與藝術活動，培養服務他人的正確態度和精神。計劃為期一年，透過二十三位浸大學生擔任導師，分組帶領九十位中學校園藝術大使參與一系列的公開座談會和工作坊，以及參觀藝術展覽，藉此加強同學在藝術欣賞和藝術教育推廣方面的知識和實踐。[31]

社會科學院在2013年結集四個學系的專長，包括社會工作系、體育學系、社會學系及教育學系，合作推出跨代、跨學科「學習社群」項目，為期三年，為大學教學人員、專業人士、大學生、中學生和長者提供一個互相交流和學習的平台。大學生在大學教學人員和專業人士支援下，自發組織一些關心社會的活動，讓他們互相學

社會科學院推出首個跨代、跨學科「學習社群」項目

習，達致全人發展。該項目亦讓教學人員的學術成果藉着知識轉移傳遞至大學生，並經他們的外展服務傳遞至中學生及社群，讓大學生在運用課堂知識外，更能增強他們的溝通能力、與其他人的互動，造福社群。如社會工作系的同學為長者提供老人輔導和培訓，體育學系的同學為長者設計講座及體能測試等。[32]

視覺藝術院近年亦致力推廣社區為本的教學活動，寓藝術教育於服務社會。視覺藝術院副教授及視覺藝術碩士課程總監何兆基博士指出，社群藝術是一個發展的新趨勢，最重要的是如何把藝術帶給公眾人士，所以在碩士課程部分科目中，會要求不同專修領域的學生組成一組，進行與社區相關的專題研究，既可以互相刺激，又可以把藝術帶到社區。院內不少老師對進行社區項目都非常有經驗，並參與承辦社區藝術計劃。[33] 視覺藝術院於 2014 年得到何鴻毅家族基金贊助，籌辦「憧憬世界」攝影教育計劃，推動本地兒童及青少年的創意和藝術教育以及社區藝術發展。

近十年間，對於培養學生全人品格發展的計劃，校方屢獲各界

和富使命導航計劃

視覺藝術院學生和畢業生應邀參與「藝綻 @ 冬日 ── 潮裝公園」活動，以其作品點綴屯門公園。

善長捐助支持，例如和富慈善基金在 2004 年資助學生事務處推行「和富使命導航計劃」與「事業導航計劃」，翌年設立香港浸會大學和富公民教育基金，乃至近年郭一葦郭鍾寶芬伉儷研究院發展基金和信望愛基金的設立。

在兼採基督教信念和中國文化高尚情操的傳統下，香港浸會大學一直恪守追求學術自由、自主，以及德性修養的使命，從而發展全人教育的理念。全人教育不但協調教學、研究和服務三大教育功能，發揮教研相長的功效，更力求學生達致學問與全人的均衡成長，建立學生關懷和回饋社會的價值觀，使他們將終生學習的宏願從課室帶到社會，從個人惠及群體。

故此，教資會轄下的質素保證局（Quality Assurance Council）評核浸大後，於 2016 年年初出版的《香港浸會大學質素核證報告》中全面肯定浸大全人教育的工作及成就：「多年來，浸大本着全人發展的方針，持續發展其辦學理念。這套理念並無流於空談，現成為校內上下所認同的主導力量。浸大投放大量資源，為全人發展確立定義，確定其組成部分，以及設立制度，追蹤學生達到所期盼果效的進度。浸大顯然關心學生的福祉，並在學生生活的各個範疇提供支援。」[34]

浸大學生在位於廣西的香港浸會大學中國研究課程舊生會馬東希望小學進行義教

註釋

1　陳新滋校長鼓勵同學發揮浸大畢業生的七大特質，見〈浸大「畢業禮讚」〉，《星島日報》，2013 年 4 月 23 日。

2　英文版的使命宣言如下：Hong Kong Baptist University is committed to academic excellence in teaching, research and service, and to the development of whole person in all these endeavours built upon the heritage of Christian higher education.

3　林子豐：〈浸會學院開學禮致詞〉，載林子豐撰、李景新主編：《林子豐博士言論集》（香港：培正中學，1965 年），頁 197-198。

4　《香港浸會學院特刊》（香港：香港浸會學院，1957 年 5 月），頁 18-24；甄校友：〈創校初期校園生活〉，《校園天地》1986 年校慶專號，頁 35。

5　《香港浸會學院校長年報》，1975-1976 年，頁 35。

6　*Hong Kong Baptist College Bulletin*, 1975-1976, p. 44.

7　黃嫣梨：〈跋〉，載氏著：《文化省察與婦女省覺 —— 中國文化演講錄》（香港：天地圖書有限公司，2003 年），頁 230。

8　黃嫣梨編著：《香港浸會大學校史》，頁 146-157。

9　同上註，頁 550-551。

10　*A Position Paper on Educational Philosophy and Academic Outlook at Hong Kong Baptist College* (Hong Kong: Hong Kong Baptist College, 1982).

11　《香港浸會學院年報》，1983-1984 年，頁 10-11。

12　參見謝志偉：〈「全人教育」—— 香港浸會學院的實踐模式〉，《香港浸會學院年報》，1982-1983 年，頁 9-10；謝志偉：〈萬變社會中的不變目標 —— 全人教育〉，《香港浸會學院年報》，1983-1984 年，頁 10-11。

13　*Report of the University and Polytechnic Grants Committee of Hong Kong: Jan 1983-Dec 1984* (Hong Kong: Government Printer), pp. 29-30.

14　University and Polytechnic Grants Committee of Hong Kong, "Annex C University and Polytechnic Grants Committee Higher Education in Hong Kong", in *Higher Education 1991-2001: An Interim Report* (Hong Kong: Government Printer, 1993), p. 5；《香港大學教育資助委員會一九九七年的資料與統計數字》（香港：香港教育資助委員會，1998 年），頁 6。

15　陳湛杰：〈大學教育研究探討：浸大萬五名同學的回應〉，載陳湛杰、陳中禧編：《師友備忘》（香港：香港浸會大學教學發展中心，1998 年），頁 30-31；編輯部：〈「大學生活」〉，載陳湛杰、陳中禧編：《師友備忘》，頁 2；*Hong Kong Baptist College Document for the Complementary Studies*. January 1990, p. 3, in Dr. Daniel Tse Chi-wai Collection, University Archive, Special Collections and Archives.

16 Dr. Tse, Daniel C. W., "Future Role and Opportunities of Christian Universities in Hong Kong", in *Proceedings of International Conference on the Challenges of Asian Christian Universities in the 21st Century* (Hong Kong: Chung Chi College, Chinese University of Hong Kong, 2001), p. 8; 謝志偉：〈浸會大學的角色與定位〉,《新領域》2001-2002 年第 1 期, 頁 12。

17 參見《校園天地》1996-1997 年第 2 期, 頁 4-5；Hong Kong Baptist University, "Statement of Core Values of the Hong Kong Baptist University", in *Proposed Christian Core Values of the University: Annex 1 of CT Paper/96-97/5* (General Administration Office, Secretariat, Hong Kong Baptist University).

18 除訂定大學核心價值觀外, 諮議會並指出, 大學全體成員均有責任認同上述核心價值觀, 並加以推行。要實踐這個理念, 大學必須致力使學術課程、校牧處、校園基督事工、「大學生活」科、學生事務處輔導中心以及個別的研究中心, 互相配合, 發揮最大作用。參見《校園天地》1996-1997 年第 2 期, 頁 4-5；Hong Kong Baptist University, "Means of Achieving and Safeguarding University Core Values", in *Proposed Christian Core Values of the University: Annex 1 of CT Paper/96-97/5*.

19 黃嫣梨：〈跋〉, 載氏著：《文化省察與婦女省覺 —— 中國文化演講錄》, 頁 231。

20 編輯部：〈「大學生活」科目簡介〉, 載陳湛杰、陳中禧編：《師友備忘》, 頁 2。

21 〈藉社區為本教學法加強全人教育〉,《新領域》2002-2003 年第 3 期, 頁 9。

22 見香港浸會大學教務處的大學簡介網頁：http://ar.hkbu.edu.hk/pros/admiss_schemes/mainland/abt_uni/holistic_edu/humanistic_edu/（瀏覽日期：2015 年 8 月 18 日）。

23 2008 年, 歷史與文明和數理思維列入必修範疇。2010 年, 校方通過將演說技巧列入通識課程之一, 乃由傳理學院、工商管理學院及文學院合辦。參見〈浸大迎新制擬增必修科 四年制生須讀史數商翻譯 全方位接觸「文理商」〉,《文滙報》, 2008 年 1 月 23 日；「浸大向傳媒簡介全新通識教育課程」, 2011 年 6 月 22 日, 載自香港浸會大學傳訊公關處電子新聞網：http://enews.hkbu.edu.hk/ view_article.php?id=13336（瀏覽日期：2015 年 8 月 20 日）。

24 關於數理思維的設計理念, 數學系組織系內老師成立工作小組, 首要考慮到非理科出身的學生的認知背景, 因而內容選取旨在讓他們明白所學的知識跟現實生活息息相關, 例如 Manage Your Money Without Formulas 等, 並且表達方式上盡量減少使用算式（Formulas）, 而是引用大量現實生活例子。有關科目更備有自訂教科書。同樣, 計算機科學系所提供的資訊科技科目強調知識的應用, 例如有一科希望能幫助同學應付日常生活、讀書所需, 教導同學如何利用科技完成報告。學系還考慮不同專業的同學需要, 開辦度身訂製的科目, 如向修讀教育學的同學提供名為 Life-long Learning with Information Technologies 的科目, 工商管理學院學生則有一科教導如何利用資訊科技達成自我創業, 其他有 IT and Digital Media 和 IT Innovations Shaping Our World 等, 較過去「輔助科目」按工商管理學院學生及非工商管理學院學生提供兩個必修科目, 有很大的改進。參見數學系系主任朱力行教授訪問, 2014 年 2 月 24 日；計算機科學系黃志權博士訪問, 2014 年 2 月 19 日。

25 2014 年, 有關科目邀請了醫院管理局、中醫藥企業、非政府牟利機構、勵行會等分享在康

健服務中發揮服務領袖的特質。中醫藥學院呂愛平教授訪問，2014 年 3 月 24 日；中醫藥學院余堅文博士訪問，2014 年 4 月 9 日。

26 「浸大理學院四年制課程加強跨學科知識　計劃開辦分析檢測新課程配合社會需求」，2011 年 9 月 19 日，載自香港浸會大學傳訊公關處電子新聞網：http://enews.hkbu.edu.hk/view_article.php?id=14154（瀏覽日期：2015 年 8 月 20 日）。

27 「視覺藝術院四年制課程培育跨領域藝術創意專才」，2011 年 12 月 8 日，載自香港浸會大學傳訊公關處電子新聞網：http://enews.hkbu.edu.hk/view_article.php?id=15348（瀏覽日期：2015 年 8 月 19 日）。

28 香港浸會大學拉闊文化網頁：http://livebu.hkbu.edu.hk/news.php（瀏覽日期：2015 年 8 月 18 日）。

29 「浸大同學籌辦『天水驕陽』　學以致用貢獻社群」，2009 年 6 月 1 日，載自香港浸會大學傳訊公關處電子新聞網：http://enews.hkbu.edu.hk/view_article.php?id=5935（瀏覽日期：2015 年 8 月 19 日）。

30 詳見黃文江：〈跨界合作的社區口述歷史項目芻議〉，發表於香港教育學院文學及文化學系主辦之「中文寫作‧口述歷史與社區參與」教育論壇，2016 年 3 月 4 日。

31 「浸大夥同教育局與藝發局合辦『藝術同行』計劃　提升大、中學生藝術觀賞價值」，2012 年 7 月 16 日，載自香港浸會大學傳訊公關處電子新聞網：http://enews.hkbu.edu.hk/view_article.php?id=17593（瀏覽日期：2015 年 8 月 14 日）。

32 2013 年首階段的活動招募了十六位來自不同學系的一、二年級學生參加。他們在專業人士和大學教學人員的協助下，與九龍城浸信會長者鄰舍中心（樂富）的專業社工合作，為樂富區長者設計和舉辦了一系列以健康生活為主題的活動，並邀請了李求恩紀念中學十位中四學生參與協助活動的推行。「浸大建立首個跨代、跨學科『學習社群』項目　首階段活動舉行畢業典禮」，2013 年 9 月 2 日，載自香港浸會大學傳訊公關處電子新聞網：http://hkbuenews.hkbu.edu.hk/?t=enews_details/286（瀏覽日期：2015 年 8 月 21 日）；社會工作系吳日嵐教授訪問，2013 年 10 月 30 日；體育學系張小燕教授訪問，2013 年 11 月 27 日。

33 視覺藝術院何兆基博士訪問，2014 年 6 月 6 日。視覺藝術院更在啟德的校園成立了視覺藝術研究發展中心（Centre for Research and Development in Visual Arts），特別進行推展社會藝術相關的項目，麥海珊博士及黃淑琪小姐主力負責這些項目。

34 《香港浸會大學質素核證報告》（香港：質素保證局，2016 年），頁 42。

第五章

博大精微
新發光芒

香港浸會大學的教研文化

浸大化學系陳永康教授在校從事教學和研究三十六年，見證了多個發展的里程碑，2016 年獲校方頒授榮休教授名銜，他說：「那時候查濟民科學大樓還未落成，我和李慧明教授擠在一個小小的板間房，儀器、設備都不足，根本沒有做研究的條件。⋯⋯從 92 年開始，我幾乎每一年都成功申請研究資助，畢竟我在外國求學時訓練充足，一旦擁有做研究的條件，就可以立刻開始！⋯⋯不少昔日的研究生現在都成為大學教授，能夠培育他們，是很開心的經歷。」[1] 接着又說：「由沒有學位課程，開始籌辦，到有學位課程，有正名、新校舍，條件愈來愈好，與自己一同成長，很欣慰。」[2] 他的感受與浸大其他教職員都是相同的，他們都把教學和研究視為專業的工作。隨着大學條件不斷改進，學科典範不斷演化，浸大的教研工作也不斷與時並進。

（左）《香港浸會書院學報》
（右）《香港浸會學院學報》

第一節　人盡其才，貢獻教研

謝志偉校長早在 1975 年《理工學院學報》中指出：學院需要研究活動，不止於學術磨煉，還要將所得專業知識貢獻社群，更重要的是達致教研相長，讓老師的學術追求能裨益於學生的學習。[3]

浸會學院於 1956 年創校，創校初期，由於資源、人才、研究技術等各方面的欠缺，教研工作進行得異常艱難，但是浸大的教職員依然迎難而上，設法將教研工作發展起來，在艱難的環境中，努力開闢新的學術園地。

資源和學術機構發展的關係不言而喻。浸會學院成立初期，沒有太多資金來源，僅靠學費收入和來自海外基督教高等教育基金會的捐助，學術研究發展的艱辛可想而知。縱使如此，浸大的教職員依然爭取機會，努力發展學術研究。至上世紀七十年代，學院的教研工作發展日漸蓬勃。1973 年起，學院得到亞洲基督教高等教育聯合董事會（The United Board for Christian Higher Education in Asia）的資助，即使遇上 1974 年財困，仍能拓展教研，例如進行污染研究、中藥研究、在職婦女社會地位研究以及教學改進計劃等研究項目。同時，學院教員可以申領美國嶺南教育基金資助（The Lingnan University Foundation of New York），從事研究和進修。1970 年代末，浸會學院設立自己的研究基金，支援學院的各項研究。[4] 雖然資源和教研環境不能和其他大型院校相比，但是學院依然循着出版學術刊物、增聘教研人員和開闢研究領域三方面來為學院的發展和成長建立基礎。

（一）出版刊物

　　1960 年代，學院提供發表研究著作和進行知識交流的平台，積極鼓勵學術研究。1962 年學術刊物《香港浸會書院學報》出版，以雙語刊載論文，抱着教研相長的宗旨，跟本港各專上院校進行研究交流，成為華文學術界的重要刊物。[5] 雖然首三期都是不定期出版，但從學報中仍可綜覽 1960 年代學院的研究文化，以及老師在研究上的旨趣，例如有巴羅克音樂、環境污染對生物的影響、遠東研究、中國藝術、明清學術思想和中國近代史等研究。至 1970 年代，配合學院的發展方針，各院系從 1972 至 1973 年度開始先後策劃出版學報刊物，如理工學院出版的《科學學報》，收錄每個學系同事

1970 年代商學院和理工學院的學報

發表的論文，大大提高了學術風氣。之後，其他院系和學生組織亦陸續開辦學術報刊，經濟系在 1972 年成立研究中心（Economics Department Research Centre）後開始出版 *EDRC Experimental Publication*，為學生瞭解經濟現況和環球財務的刊物。[6] 商學院的《商業與經濟學報》（*Journal of Business and Economics*）於 1974 年創刊。同一時期，浸會學院的學生會亦創辦了《浸會文萃》，內容包含文學院、商學院、理工學院和社會科學院各系的學術著作。

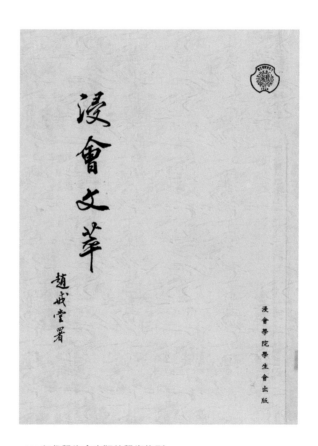

1970 年代學生會出版的學術集刊

（二）招聘人才

學術發展有賴優秀學者的支援，浸會學院在創校初期就積極招攬來自世界各地的教研人才，如 1970 年代初由美國歸來的化學系系主任陳哲元博士。陳博士是冶金學專家，主要從事金屬材料的研究，並且積極促進 1970 年代學系的研究活動。[7] 那時期加入學院的還包括物理系的張廼豪博士、化學系的陳永康博士和李慧明博士等。1980 年代，張廼豪博士開始發展剛起步的激光研究（Laser Physics），並且在教學中使用氮分子激光，梁寶鎏博士展開了離子物理研究（Plasma Physics）。[8] 這些學術專家的加入，為早期浸會學院的學術研究作出了積極貢獻。

（三）建立研究領域

自創校至 1980 年代初期，本校各學系亦善用資源，擴展不同的研究項目。

社會及社會工作學系在這一時期由講師鍾奉慈和學生合作進行社區發展的研究。他們於 1972 年 12 月至 1973 年 12 月進行了關於石硤尾社區居民生活蛻變的實地調查，並協助市政局進行小販認可區問題調查，研究範圍包括徵詢小販認可區各小販、附近商店及居民的意見等。在這方面作如此廣泛的調查，在香港實屬首次，政府後來參考這方面的調查所得，重新制訂小販政策。[9] 之後，學系成立社會研究中心，並於 1977 年進行本地職業和社會分層的研究；翌年開展「婦女在今日社會的地位」的研究，探討社會經濟轉型下香港婦女地位的轉變；[10] 又於 1970 年代末開展「角色理論」及香港人對

香港青少年勞工之閒餘活動

香港浸會學院
社會及社會工作學系

（上）1970年代初師生參與小販認可區問題的社會調查

（下）社會及社會工作學系早年的研究成果

器官移植的態度等調查研究。[11] 1981 年，社會學系先後進行了香港菲律賓家庭傭工的研究及新來港人士的社會學研究。[12] 1983 年 2 月至 7 月間，社會工作系同學就自閉症問題訪問了二十四名患病兒童家長，並在 8 月完成了《自閉症兒童個案調查報告書》。[13] 除了社會學系及社會工作系，當時同屬社會科學院的傳理學系亦於 1970 年代末起，開始作關於社會民生和時事的民意調查，在梁偉權博士指導下，先後進行的士加價、來港移民以及租金管制等民意調查。[14]

　　浸會學院於 1968 年開設傳理學課程，分設新聞、公關和廣播三個專業供學生選修；1973 年增設一個專業，共有新聞、電台及電視廣播、公關廣告、媒體教育四個學習範疇，提供全面的傳理學基礎知識和專業訓練，成為學院早期兼具基礎學習和專業領域的課程。學生在首兩年完成理論與方法學、研究入門等必修基礎科目，至三、四年級才在專業範疇選修有關學科。1970 年代末，時任傳理學系系主任張國興先生深知傳媒工作者需要對社會政情具備一定學術分析能力，遂親授政治學導論。之後，傳理學系開始進行各方面的研究，先後對中英文報紙的讀者群進行調查。1979 年學系受香港《英文虎報》（*Hong Kong Standard*）委託進行一項讀者調查，又獲史蒂芬遜公共關係公司委託研究港人對《華僑日報》讀者的閱報習慣；1980 年獲英文《星報》（*Star*）贊助進行讀者調查。[15] 除了文字印刷以外的大眾媒體，學系亦就青少年價值取向如何反映在粵語流行曲中進行過研究。七八十年代港產電影在海外嶄露頭角，學系老師林年同博士埋首研究香港電影的發展，並開先河地研究一些反映香港特色的片種如武俠片。至八九十年代，電視業蓬勃發展，部分學系老師如吳昊博士和卓伯棠博士也展開本地社會媒體和本地電視的研究。

商學院着力進行經濟問題的研究，鑒於 1972 年香港經濟波動，商學院開始將香港工商業的前景、金融、股票等切實問題，作為學術研討的焦點。1980 年代，商學院的老師鄧樹雄博士及曾憲博博士研究第二市場的經濟分析、貨幣滙率政策等問題，余赴禮博士研究公營房屋、道路收費計劃等議題。1982 年經濟系及其研究中心以「香港經濟的國際關係」為題進行區域分析。[16] 這些發展衍生了 1980 年代中的香港股權市場分析、香港銀行業的競爭和表現，以及亞太地區股權市場的表現等研究方向。[17]

　　理學院的研究課題於 1970 年代表現出師生合作的特點，如進行香港石油污染、污水處理、血液中鉛含量、中藥材與蔬果的抗菌性、本地米穀所含的礦物質等研究項目。當時，鑒於政府和市民對環境問題缺乏意識，本地相關方面的學術研究也是鳳毛麟角，理學

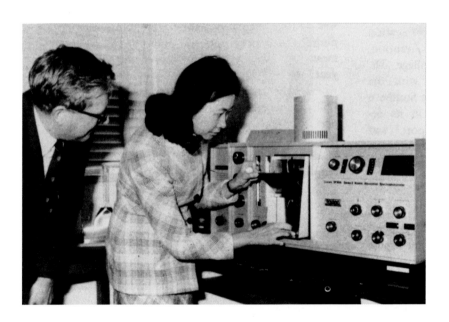

1970 年代理學院的測試器材

院的生物及化學系師生便決定開始發展相關檢測研究。[18] 自 1973 年
12 月起，化學系進行多次香港海水污染研究，並發表了研究結果，
引起香港政府及有關人士對工業污水的注意。1974 年底，化學系聯
同生物系受陶氏太平洋化學有限公司（Dow Chemical Pacific Ltd.）的
委託，全面調查青衣島及鄰近水域的生物及化學情況，以供該公司

生物系和化學系在青衣島及鄰近水域抽取樣本，研究當地的環境狀況。

的聚苯乙烯工廠（Dow Polystyrene Plant）作為控制環境污染的參考。為了更有效地進行海水污染研究，學院更於 1975 年 5 月正式成立研究海水污染中心。此後，關於海洋污染方面的研究不斷改進，例如生物系高級講師崔韻端博士完成關於本港海產中金屬離子含量的研究。[19] 除了海洋污染外，生物系還進行了關於食物和檢測方面的研究，崔韻端博士於 1977 年測定本港白菜在生長期及收割期間所含過剩殺蟲劑，之後更獲漁農處撥出菜地作研究用途，[20] 1979 及 1982年，她又先後進行了關於殘餘農藥和殺蟲劑的研究。[21] 化學系的師生主要進行關於家用漆油中所含鉛成分以及工廠工人的尿液含重金屬的研究。[22] 生化系的師生對環境污染問題尤其關注，增加了本地政府和市民對於環境及食物安全的認知，成功將學術研究應用於日常生活。

除了各個院系的獨立研究之外，浸會學院當時還嘗試進行跨學科研究，務求盡用資源，將不同學術研究融會貫通起來。1976 年中文系、生物系和化學系共同合作，開展中藥材的跨學科研究，中文系講師負責提供實際應用中藥的經驗及資料記載，而生物系及化學系講師則主要負責對中藥作科學研究及分析。[23] 其中，化學系的研究主要針對提取具藥效的成分，生物系主要作毒性研究，[24] 如生物系譚鴻鈞對藥材黃芩進行了抗菌性研究，[25] 化學系的黃梁綺齡和生物系盧炳輝博士研究金銀花和人參。[26]

第二節　掌握機遇，力展抱負

　　香港政府於 1982 年 2 月正式公佈決定由大學及理工教育資助委員會負責對浸會學院未來經費提出建議。1983 年，浸會學院的地位終於獲得政府的承認，並正式加入教資會，成為公帑資助的高等教育學府。浸會學院成為受資助的院校後，於 1984 年自設教員研究金（Faculty Research Grant），配合政府公帑，為發展學術研究提供更加穩定的資助。1991 年，香港政府為了加強各受資助院校在學術研究方面的質量，遂於教資會轄下成立非法定諮詢組織 —— 研究資助局（以下簡稱「研資局」），支援本地高等院校科研的發展，鼓勵各院校競逐學術研究的經費。[27] 浸大亦受惠於此，研究規模和經費有所增加，投放在各項研究的資源亦日益充裕起來。另外，相比 1970 年代，非政府的研究資助也漸見穩定，在基督教大學相關的基金之外，增加了其他社會持份者，如新昌葉庚年教育基金及邵逸夫研究基金。[28] 邵逸夫研究基金於 1987 年就資助了本校十四個研究項目，推動商學院跨系合作研究項目。[29]

　　資源的增加讓學院在 1980 年代得以進行課程改革，並發展新的研究方向，努力實現教研並重的目標。加上 1980 年代中後期，中國改革開放的成效日彰，中港交往日益頻繁，學院藉此增加與內地院校的合作，取長補短，促進科研人才和學術交流的共同發展。

（一）教研並重

　　理學院數學系在教研方面朝着應用方向發展，尤其重視

計算統計（Computing Statistics）和計算數學（Computational Mathematics）。計算數學研究的內容包括設計和分析算法（Design and Analysis of Algorithms）以及數學建模（Mathematical Modeling）等，目的是在實際工程中利用快速穩定的算法得到精確值的近似值。隨着計算機科學高度發展，其基礎計算理論的發展使計算數學進入現代化階段。主要課題包括逼近論（Approximation Theory）與函數逼近（Approximation of Function）、非線性方程求解（Non-linear Equation Solving）、特徵分解（Eigendecomposition of a Matrix）、最優化算法（Mathematical Optimization）、微分方程（Differential Equation）及其數值解，以及建立在上述基礎的數學建模及其應用。[30]

物理及化學系的研究人員於 1986 年開始以表面科學和技術（Surface Science and Technology）作為研究上的策略範疇，對材料表層作出評核及分析，成為研究物料科學的先驅，後於 1990 年代成立表層分析及研究中心（Centre for Surface Analysis & Research, 後易名為 Surface Analysis & Material Characterisation Laboratory）。當時，因高科技產業對前沿研究的需要，部分化學系老師從有機化學進而關注高分子膜材料。黃偉國教授等的加入，更有助推展有機金屬的研究。[31] 物理系在 1970 年代至 1980 年代開發液晶物理學（Liquid Crystal Physics）和聚合物物理學（Polymer Physics），1980 年代復有激光物理（Laser Physics）研究。就着對光和物質材料的相輔作用的探索，學系在八九十年代逐步聚焦於有機光電子材料（Organic Semiconductor Optoelectronic Materials）的研究上。[32]

生物系注重環境污染的研究，1990 年代起發展出對重金屬廢水污染、土壤污染、固體廢物等各類污染分析及其影響的研究，化學系則以持久性有機污染物（POPs）為主要研究對象。同時，生物系

1987 年材料表層分析及其應用的國際學術會議

利用環境微生物學（Environmental Microbiology）的研究，埋首於以生物治理來解決受污染環境的修復課題。理學院又朝着可持續發展的資源管理處理污染問題，積極探索廢物循環，因而在 1990 年成立跨學科的廢物循環及環境生物技術研究中心（The Centre for Waste Recycling and Environmental Biotechnology）。

課程發展方面，理學院的學位課程加入較多應用科技的元素。為了配合工業轉型的趨勢，當時物理系設有科目教授微試算機介面控制。由於 1990 年代移民潮導致資訊科技業界專才缺短，理學院開辦計算及資訊系統〔Computing and Information Systems, 即為現今的 BSc（Hons）in Computing and Information Systems 課程〕高級文憑課程，讓學生先完成兩年全日制課程，再帶職修讀三年的兼讀制學位課程，以折衷之法應付業界人力市場的需求。[33]

文學院較為注重培養學生的跨文化視野。早在 1980 年 1 月，中英文兩系合作為系內同學舉辦比較文學講座，頗受歡迎，余光中和鍾玲兩位教授來訪，並發表演講，成為一時佳話。[34] 1980 年代初，中文系的課程加入了「歐美文學名著選讀」這一科目，讓學生通過精讀西方文學，從比較視點加深他們對本國文學的認識，而英國語言及文學系則加入比較文學和語言的專題科目，為兩個學系剛起步的跨文化和跨文體的研究創造了教研相長的學術環境。[35] 自羅德教授（Professor Robert Lord）出任文學院院長的九年間（1985 至 1994 年），先後發展出翻譯和人文學兩個學位課程，其內容標榜貫通東西文化，亦兼及本地社會需要，帶出跨文化視野。其中 1990 年開辦的人文學課程更是香港首個以全人教育為宗旨的學士課程，也是浸會學院首個跨學科、跨文化的本科課程，強調東西文化的比較視野。[36] 對於跨文化視野在教研兩者日趨成熟發展，除了文學院，社

會科學院亦積極參與其中。1991 年，學院創立東西文化經濟交流中心，即後來的林思齊東西學術交流研究所，就是為了促進文化比較的研究和相關的學術交流。

　　社會科學院各系的研究範疇，表現出對社區和人文的關懷，亦多關注都市發展的議題，如能源、房屋、社區研究、長者安老、勞工階層的社會服務，以及社會保障政策，既實現教育理想，也配合社會需要。[37] 歷史系主要開展東南亞華僑的研究和香港日治時期的口述歷史研究。[38] 社會學系則有中國城市發展、社會整合的理論、東亞地區的禮治體系研究等等。自七八十年代起，社會工作系及社會學系老師的研究和撰述不乏關注社會弱勢的課題，或就當時社會民生政策析論。地理系成立以來，以人文地理為教學和研究的重點，尤重房屋政策、人口流動和遷移等問題。八九十年代之交，地理系老師開發亞洲的人文地理問題，跟印尼大學共同進行印尼加厘曼丹農村的扶貧研究，並和來自東南亞國家和日本的學者合作研究印尼、馬來西亞和泰國農村人口的飲食營養與經濟發展，改善當地人生活質素。[39] 及後，學系進一步發揚人文地理，李思名教授對中國式城市化的獨特軌跡、房屋市場與城市發展等的研究起了關鍵作用。[40] 此外，鄧永成教授和鍾謙博士研究當代中國都市和農村發展，亦注意到空間變遷和資源再分配帶來的社會問題。1990 年代初，社會科學院率先於 1991 年成立兒童發展研究中心，當時研究方向強調發展香港社會分層、家庭結構及消費行為等研究課題。研資局成立初期，學院老師分別以青少年行為這課題和中國當代農村的抗爭研究獲得資助。[41]

兒童發展研究中心為小學生舉辦「超級暑假 2012——玩中有理」

（二）中港學術交流

　　1980 年代國內改革開放，中港兩地的來往日漸緊密，帶動學術交流，裨益學院的研究發展。因應這種時勢，浸會學院於 1983 年制訂了針對中港學術交流活動的互利方針，其中一項就是加強兩地的學術合作研究。本校率先與廣州中山大學建立非正式的合作研究關係，其後於 1984 年成立中國研究設計委員會，邁向全方位發展中國研究課程。[42]

　　商學院的經濟系率先開展關於改革開放下的經濟體制的研究，從 1980 年代中期起，深入關注廣東省經濟發展，經濟系胡敦靄先生跟香港中文大學學者開始撰文研究改革開放下的中國外貿、經濟體制改革議題。[43] 除此之外，社會科學院的歷史系也特別注重中國研究，早於 1970 年代，歷史系就開始全力發展中國近現代史，努力開拓中國社會經濟史的教學和研究。1980 年代早期，學系的各種研究之中，以辛亥革命、中西文化交流、學術思想和教育、近代人物如蔡元培、嚴復、鄧中夏等，以及清代福建的區域研究等最受肯定。[44] 歷史系的學者與本地各所院校的歷史學者組成香港中國近代史學會，推動學術研究，並與兩岸及海外學者進行交流。[45] 傳理學系對華語電影的發展和美學有所探究，[46] 黃奇智先生有關國語時代曲的研究可算是這方面研究的先鋒。

　　香港要發揮東西方文化交流樞紐的角色，必須有足夠通曉東西文化和語言的人才。1980 年代中期，政府率先透過教資會資助本港專上院校跟內地進行學術交流，民間學術組織「京港學術交流中心」成立，鼓勵兩地院校的聯繫，浸會學院獲得政府津助，籌辦相關的學術交流。[47] 學院亦開展與內地院校的合作研究，不但裨益

1984 年經濟系學術周以「中國改革開放下的經濟體制」為題

人才交流，更藉助內地院校在科研上的人力資源和儀器供應，提升自身的研究水平，開拓新的方向，理學院的物理系和數學系即為好例子。[48] 物理系早於 1980 年代先後聘得復旦大學陳叔琦博士、王兆永博士等內地學人來校任教。陳博士專攻高能量激光的研究和設計，王博士致力於表面物理，奠定了學系的主要研究領域。推動研究風氣之餘，亦因他們在國內的學術聯繫，學系得以與復旦大學交流。[49] 物理系跟北京清華，廣州中山、暨南等大學展開了積極的學術合作。北京大學方開泰教授和黃鴻慈教授於 1980 年代末對數學系的統計相關課程設計以及運算應用貢獻良多，幫助應用及計算數學理學士（榮譽）學位課程誕生。[50] 此外，1985 至 1987 年間，數學系還與北京清華大學合作「高爐建模」（Blast Furnace Modeling）。社會科學院也在 1980 年代中期開始致力設計中國研究學位課程，強調本地與中國元素。

第三節　揚帆起航，胸懷萬里

1994 年 11 月，香港浸會學院正名為香港浸會大學。自此之後，浸大的學術、教研之路朝着更高端和專業化的道路前進。加上正名為大學後，來自各種公私營的資助隨之增加，為大學日後的教研工作和發展提供了有力的支持。

（一）研究基金

首先，政府研究基金方面，大部分研資局的研究用途補助金主要通過優配研究金（General Research Fund）的途徑發放。在具學術專業的國際審閱人員的協助下，每年經由研資局轄下的五個學科小組對學術研究項目建議書進行嚴格的評審，然後撥款給成功獲批的項目。在研資局成立後的數年間，本校主要在文學及語言、行政商科及社會科學、生物科學、自然科學、教育、電腦學、資訊科技及應用數學等科目範圍均取得研究資助。至 1990 年代後期，本校不斷拓展新研究領域，某些研究亦漸見成績。到了 1999 年，國家自然科學基金委員會與香港研資局聯合科研資助基金開始運作，在兩地優勢互補的基礎上，促進內地與香港研究人員或隊伍在學術研究上的合作。該基金的重點資助領域包括信息科學、生物科學、新材料科學、海洋與環境科學、醫學科學及管理科學等。

其次，除了教資會屬下研資局的研究批款以外，公營研究基金（即以公帑注資的重要基金）也在 1990 年代中成為推動本校的研究活動的一大資金來源，主要用於資助文理和科研範疇。環境及自然

保育基金於 1994 年成立，為有助產業開發、創新意念和提升科技水準的項目提供資助。浸大在基金成立初期，已申請資助舉辦有關荒棄土地的再利用及空氣污染的學術會議，從 2000 年起成功申領環境保育和污染研究的資助。優質教育基金（Quality Education Fund）於 1998 年設立，資助有利於基礎教育的創新計劃，藉此優化本地教育。創新及科技基金（Innovation and Technology Fund）由政府在 1999 年注資五十億港元設立，資助環境研究、醫衛康體、人文創作等領域的發展。

（二）研究領域擴展

在各種研究基金的贊助和支援之下，浸大各個學院和學系得以不斷推陳出新，擴展研究範圍，實行教研並重。社會科學院踏入 1990 年代後致力於兒童發展和教育研究，並於 1991 年開設兒童發展研究中心，銳意發展有關兒童創意思維教育的研究，並向優質教育基金申請研究資助。1998 年，基金率先資助有關兒童及青少年優質教育課程的一項縱向研究，以評估參與者在能力和創造力方面的改變。同時，教育學系又為香港學生建立「荷勒高謹創意測試」（Wallach-Kogan Creativity Tests）常模及相關啟示的研究，並成功得到撥款。2000 年，兒童發展研究中心及香港中文大學教育心理系獲基金資助，合作進行一項為期兩年的研究計劃，名為「網上創意測試工具」（Internet Creativity Assessment Test – iCAT）。

地理系自 1990 年代中起，聚焦海峽兩岸青年華人對環境和自然資源的見解和意識。至 1990 年代末，與德國大學合作研究有關香港城市綠化（Urban Green）、怎樣利用公共空間等議題，相關的研

究後來取得教資會的資助。大學遂於 1998 年建立了香港能源研究中心（Hong Kong Energy Studies Centre），主要聯繫能源專家及不同業界人士探討能源問題。該中心於 2014 年易名為亞洲能源研究中心（Asian Energy Studies Centre），標誌着研究視野的新里程，嘗試從亞洲地區探索能源問題，例如中日兩國智慧電網（Smart Grid）比較研究。

理學院生物系的研究人員於 1990 年代初致力於跟海外學術機構合作，研究重金屬的廢水對環境所造成的破壞，以及如何利用水生植物消除廢水的毒性。[51] 1996 年，相關研究獲得當時研資局的撥款資助。同時，研資局又資助研究篩選適合在乾旱尾礦生長而又能幫助改善環境的植物品種。[52] 1990 年代末，生物系銳意研究植物對土壤的修復情況，並研究微生物對不同環境中的物質轉化以及能量變遷的作用與機理，進而考量其對環境質量的影響。其他重點研究包括污染環境中的微生物如何改善環境質素等。[53] 同屬理學院的化學系則致力於研究污染物如何影響有機生命體的成長發展。藥物研究方面，1995 年生物系更成功申請優配研究金，得以大力發展日後的藥物研究。化學系自 1990 年代末以來一直進行分泌學和毒理學的研究，探討環境和污染物如何影響人類的生長和健康。理學院的研究一直秉持資源可持續的理念，利用廢物循環幫助發展可持續農業，豐富養殖資源的運用。之前提及的廢物循環及環境生物技術研究中心得到漁農處協助，1994 年嘗試用經處理後的第二級污水飼養淡水家魚，為日後廚餘養魚的試驗奠定基礎。[54]

中醫藥學院方面，病理研究經過十多年發展，對中醫藥治療骨關節病、炎症和腫瘤、神經退行性疾病和老年疾病的臨床療效評價、藥理機制和中藥創新藥物研究頗見成績，別具規模。[55] 早於

1998 至 1999 年度，中醫藥研究所已與加拿大英屬哥倫比亞大學、英國劍橋大學及中國中醫研究所合作風濕病研究計劃。

文學院繼續致力於跨文化的研究。1999 至 2000 年度，大學羅列近十年具有優勢的研究範疇，其中跨文化管理、中國文化及宗教、中歐研究（Europe-China Studies）反映了跨文化的研究成績，跨文化的群聚效應更見明顯。2000 年代中期，大學開始訂立策略性研究發展方向，跨文化研究至今仍為四個策略性研究範疇之一。[56] 中國語言文學系很早就善用日本以外其他漢字文化圈的漢籍文獻，進行文化對話。自 1990 年代中期起，中國語言文學系展開域外詩話的材料整理和研究，藉助韓國朝鮮詩話中論述中國詩歌的材料，鑽研中韓詩歌交流和比較詩學。在漢學研究上，浸大發揮跨學科的特長，在語言學分析之餘，藉跨科際的分析，從時代脈絡中研究和解讀漢籍經典。時任中國語言文學系主任左松超博士在 1990 年代初期引導研究生對古代經典和文學作品的訓釋採用量化分析和統計，從語言學的角度研究，為訓詁、文字及聲韻等傳統小學和經典文本研究留下科學的論證。[57] 升格大學後，新聘的教學人員再加強這方面的研究。同時，他們又嘗試將經典和文學置於社會制度和歷史脈絡的取徑，兼容其他人文及社會學科研究視點，在一些已成顯學，或看似研究成熟的課題中，另闢新天地。[58] 早於 1990 年代初，中國語言文學系數位老師着力於音樂戲曲與中國文學的研究，又於 1990 年代後期發展粵語流行曲歌詞的研究。1996 年，學系以文學與宗教作為教員共同長遠發展的研究取向，其後每年舉辦有關國際學術研討會。[59]

工商管理學院的市場學系於 1999 年起獲資助研究中國中小型企業，在 2000 年代初更選定中國商貿為核心研究領域，[60] 課題包括中國品牌研究、營銷管理、產品推廣及市場公關，並因應國內的發展

人文中國 學報

SINO-HUMANITAS

第一期

香 港 浸 會 大 學
人文中國學報編輯委員會

1995 年創刊的《人文中國學報》是大學促進中國人文學科研究的平台

需要，強調社會責任的意識。管理學系所發展的中國人力資源管理研究關注人事管理和管理組織如何受當地文化所制約，並展示地域差異的特徵。[61] 財務及決策學系有關中國的研究主要是選取中國市場的數據作分析，讓學界更瞭解中國市場情況和股票走勢。[62] 工商管理學院經年以中國商貿和中國經濟為研究領域，同時自 1990 年代初起累積多年相關課題的本科教學經驗，深明個案研究在商業管理教育深具應用價值，而於中國經貿研究上亦見學術意義，復於 1999 年出版《當代中國工商管理案例研究》兩輯。1990 年代後期，學院六個重點研究範疇中，有關中國研究者就包括國際環境中的中國商貿研究，[63] 當中經濟系在這時開始研究外資投資對中國的宏觀經濟增長及技術進步的影響，並且從亞太地區層面檢視中國外匯政策的嬗變，以及對中國的財政貨幣混合策略在近年全球金融海嘯中所起的緩和作用。[64] 2000 年起內地的會計發展趨向跟國際標準接軌，近年會計及法律學系將研究課題定為國際會計，研究對象是全球經濟下的跨國公司。[65]

　　1990 年代中期，傳理學院也朝向以中國為本的研究趨勢，傳播系數位海外學人先以亞洲為本位的省思，檢視華人社會的傳播文化和行為，並且嘗試發掘箇中文化特色。新聞系自俞旭教授出任系主任以來，就注意中國大陸傳媒變遷與改革，以及本地媒體在回歸後的變化和公信力等。[66]

　　宗教研究方面，就基督教如何在中華土地扎根和發展，並其中反映中國與世界的互動這些課題，浸大學者積極建構出東西文化和價值觀的對話。1997 至 1999 年，林思齊東西學術交流研究所展開「東亞處境中的基督教」研究計劃，成員主要來自宗教及哲學系和歷史系。2001 年，計劃發展為中華基督宗教研究中心（Centre for Sino-

Christian Studies），以中華文化為脈絡的基督宗教研究為重點。**67** 歷史系自 1990 年代中期起亦銳意發展近代中國基督教史研究。1996年因歷史系史百川教授（Professor J. Barton Starr）等倡議，在大學圖書館成立基督教在華發展史文獻部。近年，歷史系老師就本地教會史和修會史的著述頗為豐富，又就教會團體對香港和中國內地的教育和醫療的建樹，以及有關性別議題進行深入的個案研究。**68** 自1998 年起，歷史系與其他學術單位合辦九屆「近代中國基督教史研討會」，廣受學者重視。

運動研究方面，浸大注重發展運動及休閒服務管理的學術範疇，也成為教研並長的範例之一。1993 年剛成立的體育學系開辦本科課程時，側重於體適能和體康管理。1996 年許士芬博士體康研究中心成立，學系逐步開拓關於體適能和休閒服務管理的研究，利用該所教學實驗室，在教學上取得體適能數據和觀察資訊，推動相關課題的研究，又同時把實驗分析和研究器材應用於教學，達到教研相長。

（三）注重實踐

浸大向來主張學以致用，1994 至 1995 年，即使文憑課程完成其時代使命，三年制全日制課程仍秉承理論知識與實務工作相輔相承的學習理念，不論計算機科學，還是計算機及資訊系統課程均安排學生在暑期參與全職實習工作坊，加深職場上知識轉移的體驗，提升應用技能。

1990 年代中期起，社會工作系成為本港首間參與內地實習的大學。社會科學碩士（青年輔導學）課程也提供輔導實習的環節，讓

學員從實踐中加強對青年輔導的技巧。這一點反映於師資的要求,老師需擁有最少五年在社福機構工作的經驗,以便負責督導同學出外實習。[69]

中醫藥學院方面,中醫藥教育十分重視臨床實習。1998 年中醫學位課程開辦之先,校方已與廣東省中醫院簽訂協議,讓學生在第三年學習後,可以到廣東省中醫院見習兩個月,然後第五年再到中醫院進行為期十個月的畢業實習。透過到不同病房和科室接受專科培訓,從而提升學生的技能及鞏固臨床經驗。[70] 同樣,中藥課程學生在第二及第四年分別進行兩個星期和三個半月的實習,在職場上親身參與中藥原材料和中藥製劑的製作及質量檢查,並且接受中藥配劑及藥房管理訓練。[71]

1997 至 1998 學年起,在維持課程的原有學制下,有些本科課程後來也加入計有學分的實習課,例如體育及康樂管理本科就在課程中增加了實習課,作為必修課。

浸會學院自 1994 年正名為大學之後,便全力提升教研水平,以求達致大學的資格和要求。除此之外,為了達致學以致用的目的,本校也注重課程的實踐和實際操作,大力資助各個院系的學生去不同地方和部門進行實踐學習,不讓知識流於表面。

第四節　與時並進，推陳出新

（一）多元化資助

2000 年以來，來自政府直接或間接資助、各種公營基金、私人捐助的資助持續上升，甚至有來自香港以外的資金，贊助浸大不同範疇的研究項目。受惠於此，大學在學術研究方面更上一層樓。

2000 年開始，浸大各院系頻頻獲政府研資局優配基金的直接資助。2001 年中醫藥學院關於藥物研究範疇的不少項目成功獲批，其間數學系、化學系成功申請關於藥物的研究金，評估從柑橘類所提取抗白血病藥物的生化及免疫特徵（Biochemical and immunological characterization of anti-leukemia drugs isolated from citrus species）。電學及電子工程（Electrical and Electronic Engineering）方面，自 2003 年起大學恆常獲得相關範疇的撥款，主要有賴物理系、計算機科學系和數學系的努力，研究課題以有機電子材料和裝置、材料的光譜研究及其應用，以及圖像識別技術（Pattern Recognition）的應用為主。至於法律、建築、城市規劃科目範圍，大學於 2004 年首次成功申請研究金。至 2010 年為止，地理系透過當代中國都市研究和運輸地理學的研究，獲批不少項目，其他如社會工作系、會計及法律系也有成功申請的項目。2012 至 2013 年度，大學成功申請法國國家科研署與研資局合作研究計劃，化學系獲批資助，與波爾多大學（Universite Bordeaux Segalen）進行有關以低聚核苷酸（Oligonucleotide）為主的重點照護診斷工具的合作研究。自 2002 年起，大學獲得國家自然科學基金委員會與香港研究資助局聯合科研

資助基金（中港研究人員的合作）共八項聯合研究項目，更於 2012 至 2013 年度取得兩項研究資助，泰半是有關生物科學和藥物的研究。

除了直接資助研究項目，研資局也資助學者往海外進行研究和學術交流。由 2002 至 2003 年開始，研資局與美國駐香港總領事館合辦「研資局—富布萊特（香港）學人計劃」（RGC-Fulbright Hong Kong Scholar Programme），資助香港學者前赴美國進行研究，至今大學有五位教學人員的申請獲批。[72] 回歸後，政府愈發重視學界對公共政策的貢獻，2005 年通過研資局推出「公共政策研究資助計劃」，推動高等院校進行公共政策研究。有關計劃由中央政策組提供資源，每年撥款二千萬元予研資局。本校成功申請十一項，課題圍繞本地發展議題，包括：音樂教育、土壤保育與復耕、電子垃圾的回收、英語學習、本港廠商在珠三角地區轉型、公眾與核電政策、土地和住房政策、藝術發展、長者健康、中學生的公民自述等。

另外，香港的公營研究基金類目繁多，支援不同的研究範疇和項目，當中包括環境及自然保育基金，本校從 2000 年起不斷成功申領環境保育和污染研究的資助，前後共二十餘個項目，主要由生物系、化學系提出，課題包括有機農業、廚餘循環、本港海洋生態、二噁英及有機污染物、抗生素等等，還有傳播系對小學的環境保育的意識傳遞研究。[73]

優質教育基金主要用於支援中小學教育研究，2003 至 2005 年，本校的兒童發展研究中心就小學創意教育的項目向基金申請經費，2010 年又以幼師培訓的校本探究和幼兒全人教育的教學模式為題的研究，取得可觀的資助。此外，優質教育基金成立之初，體育學系獲批資助，進行教師壓力、中小學的體育教學的研究。近十年來，該系就體操、課程評估，以及教與學的果效等項目均得到基金支

持。除了社會科學院，文學院亦透過基金申領教與學的研究資助，語文中心於 2000 年以小學中文科常用字研究獲批資助，而音樂系也在 2003 至 2007 年成功申請研究基金，研究項目有教師聲線訓練的電腦分析系統、幼兒音樂課程、以學生為本的音樂課程發展與能力評估等等。

創新及科技基金成立已久，2015 年 2 月政府再向其額外注資 50 億港元。基金設有四項計劃，[74] 以滿足不同的需要。至今，在浸大獲撥款的研發項目中，與資訊科技有關的項目佔最多（27%），其次為電氣及電子（23%）、製造科技（17%）以及生物科技（11%）。浸大不同單位自 1995 年申請基金，以創新及科技支援計劃和一般支援計劃為主，至 2015 年研發項目達三十餘種。生物系最先以有機養魚、廢物和污染物處理等項目申領基金，後來還有基因轉染技術運用於發光觀賞魚的項目；物理系則主要以發光材料為主，成功獲批個案甚多，佔總項幾近三分之一。中醫藥學院早於基金成立初期提出中藥標準化的研究項目，近期以中草藥的藥理研發的項目漸增。近年，以計算機科學系為首的研究團隊，以數據教育系統、在線教育為研發項目，成功取得可觀的研究基金。

食物及衞生局的醫療衞生研究基金於 2011 年 12 月成立，支持先進醫療研究。浸大中醫藥學院積極申請該基金，進行口腔及胃腸道、神經等的研究。生物系和中醫藥學院屢次合作申請基金，獲資助關於華人乙型肝炎的診斷以及中西藥物混合治療禽流感的研究；化學系跟中醫藥學院在癌症診療上的合作項目獲批資助，近期更以抗丙型肝炎 Pin1 抑制劑的研究為題取得資助。

香港首個支援康體發展的法定機構自 1997 年成立後，就設有康體研究的資助。近年，體育學系獲該局贊助，進行一項香港成年

人參與體育活動及個人醫療支出的研究。[75] 2004 年香港體育學院成立，取代香港康體發展局，仍繼續支持學系有關運動生理學以及奧運中運動心理輔導的比較研究。[76]

衛奕信勳爵文物信託基金主要資助與文物有關的活動和研究項目，保存和保護香港的文物。2000 至 2016 年，信託基金先後資助的項目包括英國語言文學系學者研究十九世紀香港教育史和相關文獻，歷史系參與對上環、九龍城的地區研究，以及教育學系關於香港淪陷時期兒童教育的研究。

自 2000 年起，大學陸續獲得可觀的私人捐獻資助研究工作。2001 年，中國語言文學系獲得捐款，成立蔡德允教學及研究基金，資助系內學者在古典文學藝術教學及研究，並舉辦研討會。2011 年，蒙 SML 集團主席孫少文伉儷慷慨捐資，成立「孫少文伉儷人文中國研究所發展基金」，支持人文中國研究所的運作、研究項目及交流活動。[77] 2012 年，陳守仁基金會捐資協助歷史系購買研究晚清及近代中國史的數據庫，藉此推動有關研究孫中山先生的生平及其貢獻的工作。2014 年，陳守仁基金會捐資支持歷史系的「孫中山研究基金」。這些基金的成立有助推動及發展浸大的漢學與中國研究。近年，除了基金會外，尚有個人名義的捐助，如 2010 年中醫藥學院獲黃英豪博士捐資設立中醫藥講座教授席。另外，浸大的自然資源與環境管理研究所（前身是 1990 年成立的廢物循環及環境生物技術研究中心）於 2004 年因研究表現卓越，獲得裘槎基金會撥款資助，於是易名為裘槎環科所。

除了特區政府、公私營及私人的資助外，浸大的研究還受惠於來自香港以外的各項研究基金，包括推廣國際漢學研究的蔣經國國際學術交流基金會。它成立於 1989 年，至今贊助了本校的二十五個

（上）裘槎環科所的命名典禮

（下）1997 年大學豎立芳名榜，向捐贈人致謝。

項目，包括 2000 年代早期由市場學系提出的「華人小型企業行銷：模式與理論的建立」的研究課題，[78] 2013 年政治及國際關係學系的「中國的非政府勞工組織：領導與策略」和電影學院的「在共和中國的文藝與電影營銷」的研究。基金會亦有資助各院系籌辦學術交流會議。2007 年，歷史系主辦的「中國女性史史料學國際研討會」是大學首次獲得該機構贊助的大型國際會議。之後，社會學系在 2007 至 2013 年亦兩度獲批籌辦學術會議。此外，中醫藥學院獲美國國立衛生研究院資助，進行一項為期四年的人參防癌研究。[79] 2013 年亞洲文化協會亦以藝術獎助金計劃贊助視覺藝術學院學者交流和研究。

（二）研究領域的擴展及融合

近二十年來，浸大的研究因應時代的發展，在原有基礎上，融合新的研究技術，開發新的研究領域。時代不斷進步，研究項目也不再只局限於單一的研究院系，跨學科、跨文化、跨領域的合作蔚然成風。各個院系同事互相配合，取長補短，構成二十一世紀大學研究的新氣象。

1）應用數學和統計學的研究

數學系的葉扶德教授（Professor Frederick John Hickernell）和方開泰教授對運籌學（Operational Research）的研究建樹良多，經過十餘年的努力，方教授發明的「均勻設計」（Uniform Design）和葉扶德教授提出的「均勻性度量：中心化偏差」獲美國著名的福特汽車公司運用於汽車引擎設計上。[80] 2002 年，本校跟北京大學合作的應用數學聯合研究所（Joint Research Institute for Applied Mathematics）

（上）應用數學聯合研究所的開幕典禮

（下）計算數學研究所的成立典禮

成立，以實驗設計作為六個特色的研究課題之一，並對均勻設計再作深入探究，討論其效能（Efficiency）和穩健（Robustness），其成果有助改進傳統分式析因數設計（Traditional Fractional Factorial Designs）。

數值分析（Numerical Analysis）和科學計算（Scientific Computing）通過設計數學的模型及分析一些計算的方式，再通過計算機運算，對一些作業問題、預報分析和問題得到相當精確的結果和預測。近十數年間，數學系部分學者埋首於工程學和其他領域的數學模型，如：計算流體力學（Computational Fluid Dynamics）、偏微分方程數值解（Numerical Solution of Partial-Differential Equation）、自適應算法（Moving Mesh Adaptive Computations）等，均應用於物理和工程學範疇中固體和流量力學（Solid and Fluid Dynamics）、材料科學（Material Science）等研究。[81]

近年，數學系還進行有關香港空氣污染的研究，利用數學計算與模型（Modeling）運算，處理大量天氣及污染物數據，用以預測兩至三日的空氣狀況。[82]

大學向來重視中藥材檢測和認證，而理學院有見近年從事有關生物分析檢測的研究需要處理大量的生物數據，遂於 2008 年在物理系成立跨學系的量化系統生物學中心（Centre for Quantitative Systems Biology），積極參與其中的生物系秉承跨學科的特色，發展生物統計（Biostatistics）和生物資訊學（Bioinformatics）。該系與雲南大學的協作研究項目「生物統計的理論和方法研究」獲得 2011 年度雲南省自然科學獎（二等獎）。[83] 對於統計學處理數據的數論方法，數學系自 2005 年亦致力於降維（Dimension Reduction）的研究，適用於資料分類（Classification）或分群（Clustering），以萃取或保持其

高維度（Dimension）空間裏所隱含重要性質，即有效處理多媒體視訊等特徵向量（Feature Vector）屬高維度的資料，這是向來鮮有學者專注涉獵的課題。[84]

2）材料研究

材料研究方面，2003 年理學院以發光材料為策略性研究，並成立先進發光材料中心（Centre for Advanced Luminescence Materials），由化學系帶領相關跨學科研究，成為大學與業界交流的平台。物理系和化學系對納米材料及奇異材料等先進材料的探微，促成兩系在 2004 年合作研究納米層墊有機發光器和版。[85] 理學院就在先進發光材料中心之上，於 2011 年成立先進材料研究所（Institute of Advanced Materials）。近年，化學系致力研發新的高分子功能材料（Functional Polymer Material）及金屬有機聚合物（Organometallic Polymers），其中金屬乙炔類聚合物和金屬磷光（Metallopolyynes and Metallophosphors）材料亦引起國際科學界的關注，應用廣泛。化學系的黃維揚教授在這些先進材料上取得很多開創性的研究成果，亦因此屢獲殊榮，以表揚他傑出的表現。[86] 他的研究團隊以研發能源轉換效率高、耐用和具備市場價值的材料為目標，發展出供應持續能源和解決環境問題的技術，為社會未來發展帶來嶄新的科技。

2008 年，聯合國確定 2011 年國際化學年的主題是關注全球能源問題，其後又將 2012 年定為「再生能源國際年」，顯見能源問題是當今重要的全球議題。化學系和物理系在能源節約和再生能源研究方面甚有建樹。早於 2007 年，化學系研究人員就宣佈成功以金屬聚合物研發高效能的膠料光伏電池。[87] 數年間，化學系發明了一種金屬有機磷光化合物（Organometallic Materials），這種化合物可應用於

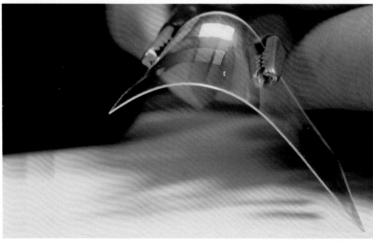

（上）2004 至 2005 年矽基紫外發光二極體的器件和方法先後取得美國的專利註冊

（下）近年化學系透過研發新型金屬有機磷光材料，改良有機發光二極管（OLED）
的能量轉換效率，並降低製作成本。

製造高效有機發光二極管和照明光源，有助於環保和節省能源。[88]近年，化學系尤以研發太陽能為主的再生能源成就最為彪炳。2010年，有新型高效染料敏化太陽能電池研究，[89] 其中多功能金屬有機聚合物／磷光材料及其在新興領域的應用研究獲 2013 年度國家自然科學獎二等獎。項目所開發的材料和技術可廣泛應用於有機太陽能電池給體材料、有機發光二極管發光材料等等。[90]

物理系講座教授謝國偉教授發明的超硬抗刮強韌薄膜（Ultra-hard Anti-scratch Cover for Touch Screen Devices）取得瑞士日內瓦舉行的第四十四屆日內瓦國際發明展（International Exhibition of Inventions of Geneva）最高榮譽大獎、工業製作組金獎和特別優異獎。浸大新發明的薄膜，比目前普遍採用的一般較易刮花的玻璃屏幕更耐用、強韌度更高，使用標準的工業薄膜沉積技術（Standard Industrial Deposition Processes）便可鍍在顯示屏上，提供極佳的抗刮保護。在同一發明展中，物理系張迺豪教授與團隊以其研究材料分析（Composition Analysis）的創新工具 —— 激光技術鑒定藝術品及古董獲得電腦科學組金獎。張教授及其團隊開發的新技術，既可達到在高倍顯微鏡下亦見不到明顯破損，又能實時量度檢測品的化學成分，比現時常用的方法靈敏度高一百至一千倍。這項技術有助追溯檢測品的成分，從而有助判定其生產年份、物料等特色，甚或鑒證具爭議文件的歷史性。[91]

3）非線性研究

非線性研究與神經科學的研究方面，研究「非線性複雜系統」是近二十年科學探索的熱點。這方面的研究固然是與物理學關係密切，其成果亦已應用於生物系統、網絡、經濟及社會行為等領域的

研究。此外,理學院在 2008 年前後發展有關生物物理的研究,內容包括將神經系統及訊息傳播、細胞、疾病傳播、癌細胞等視為「複雜系統」。這些系統需要透過數學模式、計算機運算、實證數據分析加以處理,諸如神經網絡和集體行為,因而物理系與生物系展開合作的非線性研究。不但如此,生物系及化學系關於神經紊亂的治療,也得利用非線性和複雜系統研究模式,所以非線性研究中心近年以神經科學為課題,凸顯其跨學科合作的平台作用。[92]

4) 環境科學的研究

二十多年來,關於當代中國都市的研究日趨成熟,更多的實地考察和實證個案研究讓人認識到中國城市化過程中所衍生的空氣污染問題。進入二十一世紀後,生物系和化學系特別注意到抗生素等

聯繫京港新三地的非線性與複雜系統聯合研究中心

新興污染物。大學除了顧及實證和應用研究外，還有以經濟效益的角度探討環境可持續發展的研究。

首先，生物系主持的植物對土壤的修復研究於 1990 年代末開始進行，裘槎環科所發現真菌有助植物吸收泥土的重金屬，其成本遠較傳統的化學方式處理受污染泥土低，更於 2008 年取得有關專利。[93] 此外，生物系透過研究所開展一項名為「珠江三角洲土壤污染風險評估及其生態修復」的研究，涵蓋華南地區的土壤污染成因和健康風險評估，並研發土壤污染修復技術，研究項目於 2009 至 2010 年度獲國家教育部頒發「自然科學二等獎」。[94] 生物系以外，化學系師生亦於 2009 年首創一種綠色氧化方法，以水劑氧化劑加上微波作用進行氧化，可顯著減少使用會引致污染的重金屬試劑或催化劑，因而獲美國專利及商標局授予專利權。[95] 對於新興污染物的研究，2009 年起，生物系研究獸藥抗生素的環境殘留，如何在耕種、養魚和養雞等過程中進入食物。[96]

2000 至 2003 年間，生物系黃煥忠教授不但開發把淤泥轉化為肥料的技術，還藉大學附屬機構和新恆基國際物業管理有限公司組成香港環保生物科技有限公司，成功研製 Ecotech 廚餘處理機。2006 年，浸大裘槎環科所率先利用有機廢棄物（如煤礦廢料）製成多功能生物肥料，紓緩化學肥料帶來的負面影響，因而獲中國國家知識產權局肯定並頒授發明專利。同時，該所獲香港創新科技署資助，研究具重金屬抗性的生物肥料在受重金屬污染的農田使用。[97] 這些關於廢物再生的應用及其對環境影響的研究更漸受學界關注。[98]

自 2008 年起，生物系研究人員積極驗證壓力和發育生物學（Stress and Developmental Biology）的原理，促進可持續發展的養殖事業發展，成為近年學系主要的研究範圍之一。[99] 首先，學系分別

研究日本鰻魚鰓細胞滲透壓感應機制，[100] 以及珠江三角洲水產魚類的汞污染狀況及其健康風險評估，可望改善水產養殖方式。[101] 生物系研究調虧灌溉的用水管理技術，務求解決水荒情況下的糧食供應，或旱地種植的問題，有關技術獲國務院頒授「國家科學技術獎」，[102] 並於 2011 年再獲甘肅省的實踐研究資助。[103]

化學系於 2003 年建立二噁英分析實驗室。[104] 相關污染物的分析在近十年間獲得學界和社會的肯定，而實驗室更獲創新科技署轄下的香港認可處認可，將可測試的類別範圍由環境樣品擴大至食品。2013 年大學獲國家科學技術部批准，在二噁英分析實驗室基礎上成立環境與生物分析國家重點實驗室夥伴實驗室（Partner State Key Laboratory of Environmental and Biological Analysis）。實驗室重點研究環境和食品安全、人類健康和疾病相關的持久性有機污染物等。[105] 新興污染物的研究，尤其是抗生素透過食物鏈的污染，近年備受各界關注。化學系積極從事相關研究，探討本地抗生素抗性基因的來源、潛在的傳播途徑及其機理。[106] 2009 至 2012 年，一項有關珠三角環境污染物對干擾胚胎及生殖系統生長的研究，得出甚有影響的研究成果。[107]

另外，經濟系的學者亦於 2010 年開始投入能源和綠色經濟的研究，發展出能源與環境經濟學這一個研究範疇，並有兩個項目取得教資會的資助，分別是關於香港居民對於電力生產中減碳排放的成本負擔，以及經濟成長與能源消耗兩者關係的分析議題。

（上、中）理學院銳意發展食物安全、毒理學及藥物檢測。

（下）大學對二噁英的分析研究獲得各界肯定，經國家科學技術
部評審後，最後獲批設立國家重點實驗室夥伴實驗室。

5）醫學研究

　　浸大在醫學衛生研究的發展起步較遲，但通過理學院的科際合作，仍積極發展前沿基礎研究，其中以藥理分析的成績尤見顯著。自中醫藥學院成立以來，成就有目共睹。

　　首先，藥物研究方面。大學對中藥材進行生物分析已久，生物系尤為先驅。中醫藥學院建立初期，轄下的中醫藥研究所以基因作為鑒定中藥基礎的技術有迅速發展，成功利用 DNA 指紋圖譜技術鑒定一種含有六種天然野生靈芝的中藥產品。[108] 生物系亦不遑多讓，以隨機擴增的 DNA 多態性分析（一種指紋圖譜技術）鑒定中藥的基因水平來確定藥效。此種技術成功鑒別數種近似的靈芝和杞子品種，並在國際學刊 *Planta Medica* 發佈。生物系又與數學系合作，成功研製一個可鑒別常用中藥材 DNA 的軟件，優化指紋圖譜技術的應用。[109]

　　近年檢測和認證產業日益受人關注，在 2009 至 2010 年度行政長官施政報告中，更被列為六項對本地經濟發展起關鍵作用的優勢產業之一。2010 年 3 月浸大成立香港中藥檢定中心，由浸大中醫藥研究所有限公司負責日常營運，以配合政府推動檢測和認證產業的發展，建立一套獲業界認可的品質標誌計劃，提倡優質中藥及中成藥產品。[110] 2012 年，中醫藥研究所通過香港政府認可處的評審，成為全港首間於香港實驗所認可計劃下，可按《香港中藥材標準》提供認可化學分析服務的測試機構。測試範圍包括中藥材的重金屬及農藥殘留含量，以及人參與西洋參的化學鑒別及含量測定。[111] 據香港中藥材標準辦事處自 2005 年以來的統計，按發表的中藥材研究論文數目而言，浸大高踞首位，凡五十三種。[112] 近年，除上述的指紋圖譜技術之外，計算機科學系的科研小組與中醫藥學院合作，利用

理學院和中醫藥學院設有不少先進儀器進行中藥材的生物分析和檢測

圖像科技（Imaging Technology），成功開發一項基於紅外光譜特徵的檢測系統，可快速同時分辨中藥材品種、產地和生長方式，其核心技術更獲得國家專利。[113]

除了中藥品種鑒別，生物系和中醫藥學院還探討藥材的活性成分對人類各類細胞和基因的影響，為藥理研究發揮前沿作用。[114] 2003 年起，生物系研究團隊用了十多年時間對人參的各種療效機理作深入研究，包括探討人參的活性成分人參皂苷對人體細胞的影響。2008 至 2009 年度，生物系獲國家自然科學基金撥款，研究中藥活性成分如何幫助吸毒者減低對毒品的依賴。[115] 2012 至 2013 年，生物系與內地學者合作研究中藥活性成分如何調整中樞和周邊神經系統的基因排序。[116] 2008 年 12 月，中醫藥學院的研究小組進行一項有關具有抗血小板成分的中藥研究，採用藥用活性指導的分離方法，從中藥毛冬青中分離得到兩種新的化合物。藥理實驗表明這兩種新化合物具有良好的抗血小板聚集活性，因而獲美國專利及商標局授予專利權，可助日後研發針對血栓的新藥。[117] 2011 至 2012 年，學院對蛇毒蛋白、雪蓮花和鉤藤進行活性成分的分析，確定其藥理作用，即有助於研製癌症、炎症藥物以及減輕治療帕金遜症的西藥副作用。[118]

近十年，生物學、化學與中醫藥學的合作研究尤見緊密，這是由於在循證治病的原則下，藉系統生物學（Systems Biology）及結構生物學（Structural Biology），探索生物分子結構（蛋白質及核酸等）形成的機制，進而協助以化學生物（Chemical Biology）來研發藥物。[119] 早於 2001 至 2002 年間，生物系使用 DNA 微陣列技術，對血管構造有新發現，造就治療癌症和風濕性關節炎的一大突破。[120] 2008 年，中醫藥學院和化學系各以蛋白質組學的方法，建

立靶標治療數據庫，並且探究流感病毒的變種傳播機理。[121] 這兩年間，化學系利用結構生物學對分子的研究，首先研發一種全球新創的金屬複合物來抑制人體內一種訊號蛋白二聚化（Dimerisation）的活動，從而抑止黑色素瘤的增生，為日後研發人類抗癌藥物治療皮膚癌奠下基礎。[122] 近年，學系與澳門大學中華醫藥研究院團隊合作利用分子對接軟件，研究抗丙型肝炎 Pin1 抑制劑。[123] 中醫藥學院在 2012 年訂立的三個研究重點之一，就是以中醫證候診斷的臨床試驗和相關系統生物學為基礎的研究，以及新藥開發研究。同時，透過創意研究院以中藥古方為基礎開發新藥物，希望找出臨床實證、開拓古為今用的醫藥研究新天地。[124]

其次，生物信息的研究方面，2005 至 2009 年間，中醫藥學院參與創新科技署舉辦的粵港合作研討會後，先後與廣州中醫藥大學新藥開發研究中心、廣州中醫藥大學免疫研究室和廣州生物工程中心合作，至今已有二十四項科研成果，包括抗類風濕性關節炎中藥複方新藥。2012 年，第二任院長呂愛平教授到任後，成立骨關節疾病轉化醫學研究所。近年，有關骨質疏鬆症的中藥治療研究屢有創獲。[125]

以往本地專上院校的醫學研究發展，從事生物信息學的醫衛應用限於基因研究，並且缺乏具有生物統計學專業訓練的人才。2003 年沙士及 2008 年禽流感等呼吸道傳染病肆虐香港，促使學界關注高度傳染性疾病的預防和防疫資訊傳播。浸大 2006 年起注意到健康及醫療信息處理及其傳播，這亦有鑒於社會面對人口老化問題，醫療服務質素備受注意。所以，傳播系在健康及醫療傳播（Health Communication）的研究上，集中於病人與醫生間的溝通、疾病預防訊息的流播等，尤其對沙士帶來公共衛生訊息傳播的討論頗為着

力，學者亦先後編著相關中英文論集。[126] 近年，該系組織聚焦小組以問卷調查形式研究市民對針灸的看法，嘗試勾勒出消費者對針灸治療的理解，以及有關針灸的市場推廣方法。[127] 計算機科學系、數學系和中醫藥學院則發展生物信息分析處理及其在醫學衛生方面的應用。近年，計算機科學系與上海市疾病預防控制中心開設聯合研究實驗室，進行有關 H7N9 與禽鳥的研究。計算機科學系的研究團隊研究了一項與病學相關的「病毒擴散模型」，以評估禽流感在內地的傳播風險。[128] 中醫藥學院在 2012 年成立的骨關節疾病轉化醫學研究所下，建立生物信息與藥物設計實驗室，使用生物信息學工具進行計算機輔助藥物設計技術研究。[129]

2016 年 4 月 13 至 17 日，瑞士舉行的第四十四屆日內瓦國際發明展上，生物系翁建霖教授率領的團隊研發的創新個人化幹細胞療法（The Autologous Neural Stem Cell Harvest Technologies），獲頒發醫學組金獎及高科學技術發明獎。技術以帶抗體的磁性納米粒子提取動物的神經幹細胞，經培養成所需的神經球細胞後，再注射入同一動物的神經細胞，度身訂造一個合適患者的治療方案。新方法比傳統胚胎幹細胞的方法較少道德爭議、更能維持基因穩定性，以及降低患者免疫排斥反應的風險。[130]

6）社會研究

浸大的社會工作系、社會學系、政治及國際關係學系以及地理系均以關懷社群為導向進行學術探索。社會工作系關注香港的貧窮問題，近年分別進行關於低收入家庭對兒童發展基金成立的意見調查，以及青年在職貧窮的調查研究。就服務類別和受助對象而言，精神健康問題方面，從事的成員有陳啟芳博士、朱亮基牧師等；而

（上）計算機科學系的研究團隊藉「病毒擴散模型」評估禽流感在內地的傳播風險

（下）浸大研究團隊於工業製作、檢測鑒定、醫學三項專利技術在 2016 年日內瓦國際發明
展上取得驕人佳績。

青年工作方面有趙維生教授、黃昌榮教授、梁瑞敬博士等。[131] 面對形形色色的受助個案，為了探索和改進輔導理念和技巧，有些學者二十年來先後對家庭治療、敍事治療、認知行為治療的學術研究及其應用進行討論。學系開風氣之先，將敍事治療法引進本港社會工作的教育，其研究及實踐已歷十餘載，並通過青年研究實踐中心將之推廣。[132] 近年，基於房屋需求的矛盾上升，學者關注香港居住問題，更獲得教資會資助，研究房屋問題以及市區貧民等的不公平現象。[133]

另外，中國社會問題方面，浸大於 1990 年代對中國的研究日漸加深，2000 年代加入中國社會分層與教育資本、上海農民工研究等課題，使中國當代社會問題的學術討論漸趨多元化。[134] 同時，本地研究亦從未被忽視，社會學系學者致力研究跨國資本主義、全球

青年研究實踐中心的研究和出版刊物

化的論述背景，剖析本地製造業勞工、中港跨境家庭，以及新移民議題。[135]

有見及此，2010 年社會科學院訂定「社會公義和平等」為研究範疇，從性別、階層、文化和種族等方面，檢視實踐社會公義及平等所面對的問題和挑戰。以上的學術範疇之中，以性別研究的成果尤為突出，歷史系的劉詠聰教授從歷史和文化角度分析中國女性的地位與角色，社會學系黃結梅博士則集中於當代中國社會之中性別角色的社會關係。[136]

7）漢學研究

漢學研究是浸大文學院的重點項目，該項目以文本研究為主，逐漸加入出土考古的材料，提供新的研究範式和視野。早在八九十年代，時任中國語言文學系系主任左松超博士就意識到這一點，並撰有〈馬王堆漢墓出土文物述論〉，但深刻的研究和積極推展有關範式要到 2000 年代初。當時陳致教授加入中文系後發表了一系列以經學和古文獻資料、甲骨文金文及考古資料相結合的研究，如利用清華簡探究《詩經》。近年來，學系和孫少文伉儷人文中國研究所一起大力推動出土文獻與古文字研究，自 2011 至 2013 年間，便舉辦了兩次相關的國際學術會議。[137] 另外，學系還有從事古典文獻訓詁及經學研究的工作，特別在詩經學、古代禮學、朝鮮經學文獻、近代西方漢學等方面頗有成績。2000 年代早期，以朝鮮時代李瀷對《論語》、《詩經》的看法及其解經法進行探討，為中國經學發展及其在東亞地區的傳承作出補述。2000 年代後期，藉韓國經學的研究，轉攻中韓禮學比較的研究，開拓經學研究的新境地。[138] 2007年，在中國語言文學系的中國傳統文化研究中心下設經學研究室，

2013 年清華簡與《詩經》研究國際會議

有助中、港、台三地及海外經學學者合作和交流。學系的學者以新視野看古典文學經典，對一些已成顯學的研究課題，提出前人所未發現的理論。近年，《詩經》研究的突破備受矚目，陳致教授從《詩經》的文本出發，結合民族音樂學、考古學及古文字學等多方面的研究成果，探討《詩經》文本的形成，並進一步挖掘其文字背後所蘊藏的有關商周時期的歷史文化進程。

除了中國語言文學系以外，2000 年以來，宗教及哲學系的費樂仁教授（Professor Lauren Pfister）由 1990 年代初從事歐洲來華宣教出身的漢學家群像研究項目，其中研究花之安（Ernst Faber）、衛禮賢（Richard Wilhelm）等十九世紀來華傳教士兼漢學研究者，更得到研資局的支持。近年，學系以「近現代漢學家之經書評譯及其中文著作」為研究課題，成功申請研資局的優配研究金，成績可觀。歷史系和林思齊東西學術交流研究所也有參與相關的研究項目。[139]

其他文學研究方面，浸大也致力於中國傳統音樂、書法及篆刻研究。中樂研究上，不乏以中西音樂交流視野，藉西方文獻探討中國音樂研究的影響，尤其是歐洲啟蒙時期對中樂的認識。[140] 視覺藝術院開展了傳統書法和國畫在香港傳承和轉變的研究。[141]

8）宗教研究

浸大作為有深厚基督教傳統的高等院校，一直重視進行宗教和哲學的研究。2001 年，東亞處境中的基督教研究計劃發展為中華基督宗教研究中心（Centre for Sino-Christian Studies），以中華文化為脈絡的基督宗教研究為重點。2010 至 2011 年度，大學與耶魯大學神學院開始合作，先進行「香港教會期刊保存計劃」，及後大學圖書館與耶魯大學神學院圖書館於 2012 年簽訂協議，共同推廣「華人

基督宗教文獻保存計劃」。此計劃是由耶魯大學圖書館的 Latourette Initiative for the Documentation of World Christianity 資助，旨在保存華人基督宗教文獻，並加強兩間圖書館的華人基督宗教館藏，尤以中文史料為重，浸大是首間與耶魯大學進行這類長期合作計劃的亞洲學府。計劃主要是由浸大圖書館特藏及文獻組負責找尋珍貴及有研究價值的華人基督宗教文獻，並與擁有文獻的機構商討，採用國際認可的標準將文獻掃描，製作數碼圖像和縮微膠捲作保存，並且提供該等文獻給讀者閱覽。部分獲版權持有人和出版人同意公開的文獻數碼本更可上載到互聯網供公眾人士免費查閱。計劃的合作夥伴有港台基督宗教的團體、教會、出版社和學術機構[142]。這創新的合作計劃，提供更多原始華人基督宗教文獻，以促進教學、學習及研究的發展。[143] 近年，學系學者就本地教會史和修會史的著述頗為豐富，又對教會團體對香港和中國內地的教育和醫療的建樹、以及有關性別議題進行深入的個案研究。

9）倫理學研究

　　文學院於 1992 年成立應用倫理學研究中心，是亞洲地區同類型研究中心的先驅。2003 年，應用倫理學研究中心與文學院等單位主辦聯合國教科文組織轄下生命倫理、多元文化及宗教小組的第三屆國際研討會，會議邀得聯合國教科文組織生命倫理與人權教席總監 Professor Alberto Garcia 教授與各地的生命倫理學專家一同研討生命倫理與醫療倫理等問題。[144] 近來，研究中心主要圍繞生物倫理學及醫療倫理、商業倫理和環境倫理三個範疇進行研究。[145]

　　世界商業倫理論壇始於 2006 年，由浸大與澳門大學聯合舉辦，每兩年一屆，目的是為來自世界各地的學者和相關從業員提供一個

（上）2008 年第二屆世界商業倫理論壇

（下）優化人才管理亦不忘社會責任。圖為 2015 年「用『耆』才‧創『耆』職」講座。

相互交流和研討的平台，藉此促進商業倫理領域方面的創新思維和研究發現。[146] 商業倫理的價值關注和應用在工商管理學院各學系衍生研究主題，有些更與另一研究範疇——企業管治結合起來，豐富企業可持續發展的研究。經濟系向來有重視政策研究的傳統，追求平衡發展。近年，經濟系發展綠色經濟的領域，透過能源研究帶出可持續成長的經濟發展，配合發展良久的中國經濟研究，亦成為新的亮點。隨着服務業市場和中國市場研究領域發展成熟，市場學系自 2010 年來以市場社會責任為研究核心領域，鼓勵發展可持續發展的營售模式。[147] 管理學系在研究上則提倡企業社會責任，以員工糾紛、勞資關係、工作滿足感、創意創新等人力資源管理課題為基礎，尋求以人為本的管理文化，增強企業的社會角色。[148]

10）媒體研究

電影和電視研究方面，上承 1980 年代對華語電影的風格探索，以及對本地電影的關注，二十多年來電影電視系進行 1970、1980 年代香港新浪潮電影的研究，並發展國族電影研究。同時，系內學人開始以歷史角度和案例入手，對主要影視產業機構及其產業模式進行研究，如邵氏電影和無線電視，並探討香港電視產業與全球化的相關研究，尤其是對東南亞地區的影響。[149] 這都與歷史系在 2000 年代從事邵氏電影公司和國泰電懋的研究互相輝映。[150] 除了電視和電影，學系亦自 2007 年起開拓紀錄片的研究，並獲得教資會的資助。部分研究成果自 2014 年起回饋社會，電影學院（2009 年起從電影電視系改組成立）與大學圖書館合作開發「早期華人報紙電影史料庫」，建立數字化剪報資料庫，又有紀錄片研究網頁「南亞及東南亞紀錄片研究網頁」，作為近年亞洲紀錄片類研究的知識轉移的

成果。[151]

　　其次，計算機科學系利用其技術專長致力於網絡與系統的領域，對網絡、流動電話作出應用性研究。近年，社會重視個人私隱，學系遂開展安全性與隱私保障的運算的研究，開發保護個人資料的智能電話程式。[152] 社會學系自 2010 年起研究海外傭工通過新媒體對家庭聯繫和照顧，同時探討民工及社會維權者如何使用網絡保障自身的權利，還有研究網絡遊戲設計者的知識產權意識。[153] 政治及國際關係學系自 2000 年代後期起研究關於互聯網中兩岸的國族表述和形象，在 2010 年前後有研究計劃是關於互聯網與香港年輕一代的政治實踐。[154]

傳理學院對華語電影及其產業發展的關注

11) 中國研究

由於中港關係日益密切，浸大對於中國研究的課題也在不斷加強。首先，當代中國研究所自 2008 年成立以來，致力研究當代中國於政治、經濟、社會、文化各方面的過去、現況及發展，進行研究計劃、出版書籍、舉辦研討會等工作不曾間斷，研究所與內地或澳門合作進行的研究包括與廣州市國土資源和房屋管理局合作的廣州市住房保障政策研究、與澳門經濟局合作的深化澳珠合作若干重大問題及澳門經濟發展的回顧和發展路向。與三聯書店（香港）有限公司合作、持續出版「當代中國研究叢書」，至今超過三十冊。另外，當代中國研究所也邀得不少內地資深學者到訪作學術交流。至於研究所參與主辦的學術會議則有：兩屆中印合作高峰學術論壇、兩屆東亞文化與國際關係研討會、第八屆全球社會科學研討會，以及與中國研究課程、清華大學等合辦三屆中國研究青年學者研討會等。

各個院系於中國研究課題亦十分熱衷。社會科學院之中，有不少學者都以中國研究為其主要的學術研究方向。歷史系的學者從歷史角度出發，關注中國作為亞太一員、跟世界的聯繫，嘗試將中國研究置於區域視野下。例如學系的周佳榮教授先後對近代日本人在華辦報，以及中國人的亞洲觀與近代亞洲展開研究。范永聰博士的研究着力於中韓關係、東亞儒學與文化交流等課題。十多年來，鍾寶賢教授藉余仁生、邵氏、陸運濤個案研究，展現中國與東南亞如何透過香港、新加坡、上海的網絡聯繫起來。若論近代中國對外聯繫，海關與軍事同為重要課題，李嘉鈴博士（Dr. Catherine Ladds）與酈智文博士分別在這兩方面有傑出表現。地理系的學者從多元的角度出發，瞭解當代中國都市的熱點議題：王冬根教授研究交通網絡；[155] 李思名教授研究全球化與區域合作；[156] 鄧永成教授從宏觀

2014 年第二屆東亞文化與國際關係研討會

的地理學理出發論探討中國地理的研究[157]。社會學系對於中國社會變革尤為注重，阮丹青博士對於上海、北京的社會變遷以及中國高等教育與社會流動等議題有深入研究。[158] 除了已發展的中歐關係研究，政治及國際關係學系自 2010 年獲資助開展中非關係的研究，還有中國與中亞地區關係研究；此外，該系高敬文教授（Professor Jean-Pierre Cabestan）探究中國外交發展的大趨勢；陳峰教授則集中於研究當代中國的工人運動。[159] 傳理學院近十多年來致力探究跟政治息息相關的內地媒體，在轉型時如何面對改革開放下商業化和市場化浪潮，而新媒體興起又帶來怎樣的影響和衝擊。[160] 2006 年，學院的媒介與傳播研究中心與香港中文大學中華傳媒與比較傳播研究中心合辦學術刊物《傳播與社會學刊》，為華文傳播研究者提供一個關於華人傳播的知性探討平台，可見學院懷抱華人的大視野。

12）跨文化研究

　　二十世紀後期，大學標舉跨文化研究，學者從事比較研究更見活躍，而且由文體、著述的比較，邁向跨文化、跨學科的研究，諸如透過東西文學比較，探索性別研究和跨地域自我身分的認同等課題。以 1985 年加入英國語言文學系的葉少嫻教授為例，她從事中德文學比較的研究，探索德國作家哥德（Goethe）對中國現代文學如書信體小說等的影響，又對題材相近的中西文學作品進行比較。她曾發表有關清代章回小說《鏡花緣》與英國文學《格列佛遊記》的論著，及後研究有現代戲劇之父之稱的挪威文學大家易卜生（Ibsen）。她又對性別和跨地域自我身分認同等課題有精湛研究。[161]

　　人文及創作系亦透過文學、語言學、電影研究等學術領域，採用跨文化研究範式，開拓新課題，如世界英語和跨文化交流。羅

貴祥教授在比較文學、翻譯理論及文化研究有出色表現，尤其在詩歌、小説、電影等載體之中族群、性別、心理分析等研究成果方面廣受認同。[162]

翻譯作品及譯論研究也是一種跨文化研究，翻譯學研究中心與湖南人民出版社合作出版「通天塔叢書」，黎翠珍教授擔任編委會成員。她是多產的譯者，其作品和相關的研究出版物有五十多種。張佩瑤教授是她的合作夥伴，在譯著中文古典文獻、現代小説及戲劇的英譯用功尤為深湛。2000 年，她獲「宋淇翻譯研究論文紀念獎」。2006 年出版由她編譯的《中國翻譯話語英譯選集：從最早時期到佛典翻譯》（*An Anthology of Chinese Discourse on Translation, Volume 1: From Earliest Times to the Buddhist Project*），及其後《中國翻譯話語英譯選集：從十三世紀至辛亥革命》（*An Anthology of Chinese Discourse on Translation, Volume 2: From 13th Century to the Beginning of the 20th Century*），均為中西譯學的對話與交流開闢了新途徑。[163]

宗哲倫理研究方面，2001 年成立的中華基督教研究中心促進在中國文化處境中探究基督教神學、宗教哲學和社會倫理等思想方面的研究，儒家與基督教對話這個文化比較研究的課題尤為重中之重。宗教和哲學以外，倫理學研究亦添上跨文化的色彩，如中西文化中生物和環境倫理觀念的比較。[164]

文學院亦一直強調文本與媒體的關係。英國語言文學系學者選取電影電視與文學研究，[165] 而人文學課程學者早於 2002 年就已嘗試從電影探討國族形象的形成，並透過 1990 年代港產片的身體表述瞭解其文化和社會意涵。近年，後者積極研究市場與本地媒體的權力關係，以及電影產業與地域文化認同的塑造等等。[166] 關於新媒體

與語言學習，英國語言文學系新的研究課題是多模態新媒體對中小學的英語教與學的啟示，及以社會符號學框架下的視覺交流理論為基礎，從圖像、情態、構圖、顏色、印刷版式等視覺交流的各主要方面研究多模態話語。[167]

　　管理學系、傳播系以及歷史系先後各就其學術專業，分別以跨文化管理、跨文化消費與社會媒體，以及跨文化下商業史比較進行研究。近年，管理學系通過地區比較研究對當前主流的管理模式和組織行為理論提出修正。跨文化消費及社會媒體方面，傳播系重視跨文化傳播，對電視廣告中的性別定型、藥品廣告及青少年飲食消費進行跨地區比較研究。[168]商業史研究上，歷史系鍾寶賢教授以香港和東南亞地區的公司組織及其法律體系進行跨文化研究，譚家齊博士則以長遠的歷史發展去審視法制在經濟史上扮演的角色。[169]

（三）課程設計的轉變

　　進入二十一世紀後，各學科的本科課程沿用漸進模式，形成三年制課程進階式梯模，亦為四年制課程所沿襲。原有三年制課程第一年規定傳授學科的方法論和研究概覽，奠定研究根基，並設定若干必修的入門科目，使學生對有關學科知識有較全面而鞏固的掌握。在二、三年級才由學生自訂選修範疇，並在二年級下學期起開始選修專題科目，最後就是進行畢業專題研習。這種較規範而遞進的課程結構雖未能讓學生彈性地規劃學習生活，但卻保證學生裝備穩固的學術基礎，對專業知識有均衡發展，為日後進入職場或深造予以充分的知性上之琢磨。這種先求博約後求精深的學習模式，可

以借用胡適先生的名言：「為學當如金字塔，要能博大要能高。」

四年學制實施之後，之前的三年課程內容，一般延至二、三、四年級後，學生於首年修讀通識教育課程之餘，亦盡量涉獵學院內各種學科。在肯定個人興趣之後，再於二年級修讀主修課程。除此以外，本校課程更加入以下各種元素和特色（見下），使課程更為豐富，令學生接受到完整的「全人教育」。

（四）課程特色

1）教研相長

近年來，浸大在發展研究、積累科研的成果上，進一步將研究專長孕育出新的本科課程，其發展過程大概循着先開拓研究生課程，後來才開辦本科學位課程的路徑，總結出「研而優則教」。以化學系為例，該系經過二十多年的發展，加上香港社會迫切需要，在四年新學制下，增辦分析化學和檢測的本科課程。[170] 化學系黃維揚教授將研究成果引入教學，發展多個跨學科課程，包括環境化學和先進材料。物理系於 1990 年代起發起的有機發光電子材料的研究，於 2003 年成為理學院策略性研究課題之一，學系遂於 2010 年開辦綠色科技（能源）理學碩士自資課程。在實行新學制時，開辦綠色能源科學理學士（榮譽）學位課程。[171]

相同的例子見於工商管理學院和社會科學院，工商管理學院於 2008 年成立華人企業案例研究中心（Chinese Businesses Case Research Centre），旨在發展個案教學方法，並提供優質中國企業及其營運管理的個案研究，進一步鞏固優質教學與研究，具有相輔相成的關係。2011 年，由工商管理博士班的同學撰寫個案研究結集而成的

重視學科的基礎知識和原理傳授，着眼專業品格的養成，是大學歷
來的本科課程設計的指導方針之一。

（上、中）工商管理學院的案例研究及其教學用途體現了教研相長的特色

（下）儘管課程內容與時並進，教研相長的特色仍貫徹不變。

Social Enterprises for a New Age: Six Case Studies in China 體現了教研相長的成果。

　　社會工作系在青少年輔導及敘事治療的教與研中，展示出「本科課程的教學─相關研究─授課式研究課程的設立─研究深化」這樣一種教研相長的關係。學系累積多年青少年工作和精神健康的教學經驗，結合後來對敘事治療法的實踐和研究，2004 年開辦社會科學碩士青年輔導學課程，大學較其他本地院校首先倡議教授及引入敘事治療方法。[172] 由青年輔導碩士課程發展起，已將敘事治療變成一個獨立研究主題，因而催生了青年研究實踐中心，作為一個平台及資料庫，讓學系學者進行包括與青年研究及敘事治療的研究，可謂深化了有關研究。

　　另外，體育學系添置了一個低氧實驗室作為教學實驗室。實驗室的設立有助推進許士芬博士體康研究中心及學系的研究領域，其中包括精英運動員的訓練、各項運動項目的成效和體重控制等。[173]

2013 年啟用的低氧模擬實驗室

2）注重實踐

二十一世紀浸大的課程設計寓學習於社會實踐，以求達到學以致用的目的。在傳統的教學形式之外，透過不同形式的學習環節讓學生經歷更多到實務體驗；藉教師和客席導師在各自專業界別的工作經驗及指導分享，學生得以理論與實踐並重。

傳理學院部分本科課程設計和師資費盡心思，盡量拉近大學教育與業界的距離。傳播系的公關及廣告課程非常重視與業界的聯繫，部分科目需要學生到不同廣告公司考察和實習，瞭解業界的實務運作，並且掌握行業最新資訊和技術，對他們將來投身相關行業大有裨益。院內的 Media Planning 一科，當年是大專界開先河的獨有課程。[174] 近年，電影與媒體藝術的四年制課程加入融資、發行、製片等內容，以涵蓋電影業界各範疇的工作。[175] 師資方面，新聞系約三分之二的老師有豐富的新聞編採經驗，甚至是資深的新聞工作者。[176] 電影學院開辦電影電視與數碼媒體（製作）藝術碩士的時候，已邀請不少業界知名人士來校兼課，最少有五位現職導演擔任客席教員，務求教學內容更切合業界需要，呈現產業面貌。高級文憑的課程也邀請業界人士駐校任教，如資深演員廖啟智先生，而學位銜接課程新媒體及影視創意寫作文學士（榮譽）學位課程多由現職編劇教導。[177]

為了讓學生瞭解商業社會的最新實況，工商管理學院邀請在企業內有成就的人士到課堂講學，並且自 2005 年起更推出青年行政人員培育計劃。人力資源管理本科課程一直舉辦「良師益友計劃」，邀請私人機構的人力資源總監、高級人力資源經理作為學生的導師，讓同學自二年級開始跟隨導師實習工作，從而增進專業體驗，亦使學系跟業界保持良好的關係。[178] 為了加強同學的學習動機，有

2009年工商管理學院的本科生在「全港最佳工管論文選——商業策略比賽二〇〇八」榮獲亞軍、最佳演說員獎,以及觀眾最喜愛獎。

些本科課程甚至加入計有學分的實習課,2002至2003學年起,市場學及中國商貿課程加入實業實習課。到了四年制課程,市場學系秉承對實習課的重視,設有Marketing Internship作為選修課。

中醫藥學院非常重視本地社區的臨床實習,近十年設有八間直屬診所,另有七間與香港醫院管理局或非牟利機構合辦的診所,邀請不少高質素且臨床經驗豐富的中醫師駐診。學院由一年級開始便會安排學生到大學屬下的中醫藥診所進行臨床訓練,學生可以從旁觀摩,得到適切的指導。[179]

除了實習,浸大還重視學生對知識的整合運用,所以特別重視畢業論文。自開辦學位課程至今,浸大一直規定本科生須在最後一個學年完成畢業論文才能畢業,是香港唯一實施該制度的大學。畢

大學在不同年代提供實踐知識的學習環境和資源：（左上）1960 年代；（左下）1970 年代；（右上）2000 年代；（右下）2010 年代。

音樂系演奏專業本科生的畢業演奏

視覺藝術院和電影學院致力培育學生敢於創新

業論文的制度着重培育學生獨立思考、發掘和組織材料及解決問題的能力。對理科及中醫藥學科而言，撰寫論文讓學生取得有關科學研究的經驗，研究進行期間亦有助提高學生的觀察力及應用所學知識與實驗技術，去探索未知事物，追求不同範疇知識。因應個別學系的學習需要，論文形式作適切的調整。以音樂系本科課程為例，作曲專業的學生在老師指導下完成數首作品，演奏專業的學生在公開場合演奏大型協奏曲，才可達到畢業要求。電影學院的本科課程則規定學生須完成影片和數碼媒體創作，方能畢業。無論畢業論文以甚麼形式完成，均給予本科生一個學習良機，讓修業數年所學得的知識，得到反芻昇華，並透過指導老師的導引，成為師生一同求取和創造知識的過程。2003 至 2004 年度，教資會讚揚畢業論文有助學生「融會貫通學術知識，取得更廣博的學習成果」。2009 年，質素保證局在關於本校的報告中稱許這個制度，更冀望本校推行四年學制課程時，增加畢業論文的比重。[180]

3）與時並進

2009 至 2010 年的施政報告中，行政長官因應經濟機遇委員會在較早前提出的建議，首次確定六項優勢產業，以在四大支柱行業之外，另覓香港經濟增長的新興動力，推動本地產業結構邁向多元化發展。大學趁着學制更張的轉機，發揮固有三年制學位課程的特色和研究的強項，為六大優勢產業中的檢測及認證產業、環保產業、醫療產業和文化及創意產業培養合適的人才。檢測及認證產業方面，理學院開辦了分析和檢測科學（榮譽）理學士課程〔BSc (Hons) in Analytical and Testing Sciences〕。[181] 關於中成藥的檢測則有自 2001 年起開辦的中藥學學位課程。至於環保產業，化學系和生物系在既有三年制課程的基礎之上，大力擴充四年制課程，如化學理學士（榮譽）課程保留環境研究專業這一主修，針對解決環境化學方面的課題；應用生物學理學士（榮譽）課程的設計以三年制為基礎，亦為環境保護、環境監測及污染控制、公共衛生和保健等範疇提供人才。[182] 新開辦的學位課程則有物理系的綠色能源科學學位課程。[183] 醫療服務及有關測檢方面，計算機科學系在四年制課程加入一些專科選修，包括醫療資訊科技；傳播系則提供醫療傳意相關的科目，供學生修讀。[184] 計算機科學系和歷史系亦提供全新的科目，支持文化及創意產業，前者開設數碼媒體及移動技術、網際技術及數據工程、以及智能信息等選修科目，後者則在近十年的文化史專題科目提供動漫史和品牌及廣告史等。

4）跨學科

早於三年制課程時，文學院人文學課程便以跨學科、跨文化、雙語並重為特色，呈現傳統與當代人文思潮的承傳。早期由文學院

（上）視覺藝術院的本科課程綜合設計、藝術和媒體創作等學習範疇。

（下）媒體管理社會科學碩士課程的迎新活動

內中國語言文學系、英國語言文學系和宗教及哲學系合作策劃課程和提供科目，因此只有兩個核心範疇供同學選修，一個是中西文學批評，另一個則是語言及傳播。2005 年，核心範疇增加了中文、英國文化及語言、歷史、傳理藝術、電影藝術、宗教及哲學、創意及專業寫作（Creative and Professional Writing）和視覺藝術等等，科際整合的成效更見顯著。[185]

近十年來，浸大提倡跨學科的研習更是不遺餘力，創辦兩個新的課程。2005 年開辦視覺藝術（榮譽）文學士學位課程，建立以綜合並跨學科為教學目標，強調設計、藝術及理論不分家，要求所有學生涉獵工藝及設計、藝術及媒體創作、視覺藝術研究三個課程範疇。[186] 理學院開辦的綠色能源科學學位課程，是具有前瞻性的課程。除物理學科外，課程亦包含不同學系的科目，例如地理系所開的能源政策（Energy Policy）、經濟系的能源管理（Energy Management）等，結合能源科學、環境科學、可持續發展的概念，讓學生關注全球的能源問題。[187]

碩士課程方面，浸大亦不斷屢創新猷。2005 年會計及法律系與財務及決策學系合辦應用會計與金融學碩士課程，是本港首個將會計和金融兩個專科合而為一的課程。2006 年工商管理學院與傳理學院合辦傳媒管理社會科學碩士（Master of Social Sciences in Media Management），是香港首個集傳播、新聞、公關廣告、市場營銷、管理以及財務和法律綜合訓練為一體的課程。2008 年，數學系和英國的肯特大學（The University of Kent）合辦運籌學及商業統計學雙碩士學位課程（Master of Science in Operational Research and Business Statistics），並於 2014 年攜手開辦首屆金融數學及金融市場理學碩士雙碩士學位課程（Double Master Degrees in Mathematical Finance and

Financial Marketing）。[188] 2013 年，化學系開辦了一門融合化學分析與生物醫學的食品檢測及食品安全管理理學碩士學位課程（Master of Science in Food Analysis and Food Safety Management）。以上各種的新課程反映浸大各院系掌握社會及經濟發展的需要，致力突破學科框架，增強學科之間的合作，力求經世致用。

在大學，傳授、保存、開發知識是生生不息的循環：一輩接一輩的老師，教授一代又一代的學生。在時代洗禮下，浸大終於從爭取發展空間及認同的匱乏環境，一躍成為獲得政府全面資助、立足本地及國際學術界的院校。浸大六十年的獨特發展歷程除了把握發展的機遇，更擅於創造空間，透過融合、拓展等方式發展跨學科的教研範式，切合多元社會的趨向。同時，浸大秉持教研相長的理念，將研究成果落實於學科內容之中，不但能推陳出新、緊扣時代需要，更彰顯了知識的魅力。

註釋

1　〈陳永康：很好玩的三十年〉，載香港浸會大學主編：《近觀學者》（香港：商務印書館，2015年），頁 92。

2　〈浸大老臣陳永康效力 35 載見證變遷、253 教職員獲長期服務獎〉，《星島日報》，2016 年 3 月 9 日，頁 F02。

3　Tse, Daniel C. W., "Foreword", *Journal of Science and Engineering*, vol. 1, No. 3 (1975).

4　*The President's Report 1973-1975*, p. 7; *1976-1978*, pp. 7, 13.

5　"Forward", *Hong Kong Baptist College Journal*, vol. 1, No.1 (Mar 1962), p.11.

6　*The President's Report 1973-1975*, p. 12; *1978-1979*, p. 12.

7　*The American Scientific Affiliation*, vol. 13, No. 5 (Oct 1971).

8　*The President's Report 1979-1980*, pp. 23-24. 詳見物理系張洒豪教授訪問，2014 年 3 月 13 日；化學系陳永康教授訪問，2014 年 3 月 12 日；前學生事務處輔導長、化學系李慧明教授訪問，2014 年 8 月 13 日。

9　*The President's Report 1973-1975*, p. 16; *Newsette*（《浸會學院周刊》），vol. 6. No. 8 (Apr 1975), p. 2.

10　*Newsette*, vol. 11, No. 3 (Oct 1978), pp. 4-5.

11　*The President's Report 1976-1978*, p. 13; *1978-1979*, p. 14.

12　*Newsette Biweekly*（《浸會學院雙周》），vol. 14, No. 3 (Oct 1981), unpaged.

13　同上註，vol. 15, No. 13 (Sep 1983), unpaged。

14　*The President's Report 1978-1979*, p. 13; *1979-1980*, p. 24; *1980-1981*, p. 25.

15　*The President's Report 1979-1980*, p. 24.

16　*The President's Report 1981-1982*, p. 18.

17　*Hong Kong Baptist College Annual Report 1985-1986*, p. 34.

18　生態環境及食物的關注背景：因為香港對殺蟲劑之使用量無明文規定，菜農多用過量的殺蟲劑防止蟲害，惟過剩的劑量危害消費者健康，有關研究結果讓當時市民對食物殘餘農藥有正確認識。見 *Newsette*, vol. 10, No. 29 (Jun 1978), p. 3。

19　見〈海產生物研究〉，*Newsette*, vol. 10, No. 15 (Dec 1977), p. 3。

20　*Newsette*, vol. 10, No. 29 (Jun 1978), p. 3.

21　同上註，vol. 11, No. 7 (Feb 1979), p. 3。

22　同上註，vol. 9, No. 5 (Jan 1977), p. 2; vol. 4 No. 11 (Mar 1977), p. 2; *The President's Report 1981-1982*, p. 20。

23　同上註，vol. 9, No. 14 (Apr 1977), pp. 1-2; vol. 9, No. 21 (Jun 1977), p. 2。

24　*The President's Report 1976-1978*, p. 12; 如 1981 至 1982 年進行的 "The Effect of Tea on Lead Intoxication in Rats"，載 *The President's Report 1981-1982*, p. 20。

25 Sheung, M. L. and Tam, H. K., "An Investigation on the Antibacterial Activity of Two Main Components Extracted from the Root of Acutelleria Bailcalensis Georgi 黃芩", *Journal of Science and Engineering*, vol. 1, No. 4 (1977), 213-224.

26 *The President's Report 1979-1980*, p. 20;《香港浸會學院年報》，1983-1984 年，頁 65。

27 *Hong Kong Baptist College Annual Report 1985-1986*, p. 28; *1986-1987*, p. 25.

28 *Hong Kong Baptist College Annual Report 1987-1988*, p. 25.

29 *Hong Kong Baptist College Annual Report 1986-1987*, pp. 26, 32.

30 *The President's Report 1980-1981*, p. 23.

31 化學系陳永康教授訪問。

32 物理系謝國偉教授訪問，2014 年 3 月 6 日；物理系張迺豪教授訪問；《香港浸會大學年報》，2001-2002 年。

33 計算機科學系黃志權博士訪問。

34 *The President's Report 1979-1980*, p. 16.

35 關於中文系於 1982 年開辦「歐美文學名著選讀」的目的，請參見楊昆岡：〈浸會十年〉，載氏著：《語文與思想》（香港：廣角鏡出版社，1993 年），頁 50。當時，中文系的曾錦漳博士組織了香港浸會學院中國語言及文學系研究敦煌學研究組，透過豐富的敦煌文書研究古代小說、變文、詩詞和宗教。英國語言及文學系有老師以東西比較文學角度，對英美當代流行文學作品進行分析，如秉偉蘭博士（Dr. Pingel Velande Taylor, 任教於 1974 至 1984 年）就致力於研究英國托爾金（J. R. R. Tolkien）和美國的瓦德（Lynd Kendall Ward）的作品。*Newsette Biweekly*, vol.14, No.8(April 1982), unpaged; Taylor, V. P., "Contiguity and Correspondence in Contemporary Fiction: A New Look at Comparative Literature" (A paper presented at the 14th General Conference & Seminar on the Teaching Literature in ASAIHL Uinversities at the University of Hong Kong, December 1982).

36 《校園天地》1991 年第 1 期，頁 22。

37 *Hong Kong Baptist College Annual Report 1985-1986*, p. 39.

38 同上註，頁 38。

39 上世紀八九十年代，費爵祿教授（Denis P. Fitzgerald）對此領域頗具心得。及後，于小江博士推動文化地理的研究。

40 2006 年，李思名教授獲頒香港浸會大學傑出學術研究表現獎。有關李教授的貢獻詳見：http://paward.hkbu.edu.hk/2006/lism.html（瀏覽日期：2016 年 3 月 1 日）。

41 關於社會科學院時任院長劉融教授的學院發展策略，詳見《校園天地》1991 年第 1 期，頁 23。有關的研究即教育系馬慶強教授在 1992 年以 "Prosocial and Antisocial Behavior of Adolescents" 為題的研究項目成功申請資助；政府及國際關係學系的李連江博士於 1997 年透過研究題目 "Participation and Resistance in Rural China" 獲得資助。

42 *Newsette*, (Mar 1984), p. 5.

43 *Hong Kong Baptist College Annual Report 1985-1986*, p. 37. 例如：薛天棟、胡敦靄合編的《香港

與內地貿易》（北京：中國對外經濟貿易出版社，1984 年）。

44 1982 年下旬，學系舉辦「中國近代、現代史講座」。*Newsette Biweekly*, vol. 15, No. 3 (Nov 1982), unpaged.

45 香港中國近代史學會的創會主席楊意龍博士，於 1987 年創辦《香港中國近代史學會會刊》；合辦多個研討會，如 1989 年舉辦「五四運動七十周年國際學術研討會」；促成論著出版，如周佳榮、劉詠聰主編的《當代香港史學研究》（香港：三聯書店，1994 年），以及《中國近代史研究新趨勢》（香港：香港教育圖書公司，1994 年）等。

46 林年同：〈中國電影與古典美學，香港電影：武俠電影研究（1981））。

47 "Get a big boost", *Hong Kong Standard*, 8 September 1985. 1985 年 4 月向政府呈交的《香港浸會學院中國關係學術活動報告書（1983 至 1988 學年）》，獲政府批款跟內地高等院校進行學術交流活動。

48 化學系陳永康教授訪問。

49 物理系張遒豪教授訪問；物理系謝國偉教授訪問。

50 數學系邵慰慈博士訪問，2014 年 3 月 14 日。

51 1992 年浸會與英國學術機構的聯合研究計劃之項目。*Newsette*,（Jan 1992), p. 1.

52 1997 至 1998 年向研資會申領增添相關研究設備的資助。

53 生物系黃岳順教授訪問，2005 年 3 月 8 日。1998 至 1999 年度黃煥忠教授以 "Alkaline Bio-solids for Remediation of Lead and Cadmium Contaminated Soils" 為題，獲教資會批出研究款項；同時，黃銘洪教授所提倡的金屬礦場復墾，是透過種植一些能夠抵抗和吸收重金屬的植物來改善土壤質素。

54 *Newsletter*, Issue 13 (Sept 2011), p. 7;《香港浸會大學年報》，2010-2011 年。

55 研究針對癌症、關節炎和風濕病、炎症、心血管疾病、病毒相關的疾病和纖維化。項目開展後，已向內地提交十項專利申請。《香港浸會大學年報》，2011-2012 年。

56 《香港浸會大學年報》，2010-2011 年。其餘三個研究範疇就包括健康、環境、中國研究。

57 伍煥堅：〈通經致用 —— 盧鳴東教授的經學研究〉，《國文天地》，第 24 卷第 2 期，頁 40。

58 學系老師鄺健行教授在 1990 年代中期以後，鑽研杜甫與科舉考試，以及科舉八股文體與律賦的關係，即為先例，參見鄺健行：〈杜甫貢舉考試問題的再審察、論析和推斷〉，《杜甫研究學刊》1997 年第 4 期。2000 年代中，陳致教授則探究科舉與清代經學的互動關係。見董就雄：〈翻譯、治學與創作 —— 鄺健行教授訪談錄〉，《文藝研究》2012 年第 5 期。

59 系內曾錦漳博士在 1990 年代初探討講唱源流小說的藝術特色，朱耀偉老師的加入，為這方面的研究增添中文流行歌歌詞的部分。宗教與文學方面，系內劉楚華和陳偉強兩位老師專於道家文學研究，張宏生則致力於佛教與文學。2007 年成立的中國傳統文化研究中心便設立文學與宗教研究室。

60 1999 至 2000 年度，學系老師蕭偉森教授獲國家自然基金會及研資局的資助，以 "Chinese Small Firm Marketing: Model and Theory Building" 為專案，展開內地企業的市場研究。參見市場學系蕭偉森教授訪問，2005 年 9 月 29 日。

61 學系中年輕學者如黃國華博士、蔣鳳桐教授、陳苑儀博士等的研究。管理學系魏立群教授訪問，2013 年 11 月 15 日。

62 財務及決策學系鄧裕南教授訪問，2013 年 11 月 14 日。

63 《香港浸會大學年報》，1997-1998 年，頁 24。

64 參見經濟系胡志強教授訪問，2013 年 11 月 5 日。

65 會計及法律學系林志軍教授訪問，2013 年 12 月 3 日。

66 傳播系朱立教授訪問，2005 年 8 月 17 日。

67 研究中心致力在基督教神學、宗教哲學、社會倫理這些研究領域，並在五個研究項目上，即，基督宗教與人文主義，宗教與道德的關係，宗教、科學與倫理，基督宗教與自由社會，及早期中國基督宗教，體現這三個研究取向。近期的重要研究計劃是「近現代漢學家之經書評譯及其中文著作」。

68 近年，個別教會的發展史著作包括，李金強：《自立與關懷：香港浸信會百年史 1901-2001》（香港：商務印書館，2002 年）；李金強、陳潔光、楊昱昇合編：《福源潮汕澤香江：基督教潮人生命堂百年史述 1909-2009》（香港：商務印書館，2009 年）；周佳榮、黃文江合著：《香港聖公會聖保羅堂百年史》（香港：中華書局，2013 年）；Chu, Cindy, *The Maryknoll Sisters in Hong Kong, 1921-1969: In Love with the Chinese* (New York: Palgrave Macmillan, 2004) 及其中文版：《關愛華人：瑪利諾修女與香港（1921-1969）》（香港：中華書局，2007 年）。李金強教授的基督教史出版也包括《聖道東來：近代中國基督教史之研究》（台北：基督教宇宙光全人關懷機構，2006 年）、（合編）《中華本色：近代中國教會史論》（香港：建道神學院，2007 年）、（合編）《烈火中的洗禮：抗日戰爭時期的中國教會 1937-1945》（香港：建道神學院，2011 年）及《香港教會人物傳》（香港：香港華人基督教聯會，2014 年）。朱益宜教授的天主教史研究著作有《玫瑰修女》（香港：公教報，2010 年）、*The Catholic Church in China: 1978 to the Present* (New York: Palgrave Macmillan, 2012)，及 *Chinese Catholicism from 1900 to the Present* (New York: Palgrave Macmillan, 2014)。黃文江博士的基督教史研究著作有《跨文化視野下的中國基督教史論集》（台北：基督教宇宙光全人關懷機構，2006 年）、（合編）《法流十道：近代中國基督教區域史研究》（香港：建道神學院，2013 年），及（合編）《變局下的西潮：基督教與中國的現代性》（香港：建道神學院，2015 年）。

69 社會工作系吳日嵐教授訪問。

70 中醫藥學院余堅文博士訪問。

71 除了廣東省中醫院，中藥課程的畢業實習機構還包括東華三院、仁濟醫院、仁愛堂、博愛醫院及香港浸會大學診所藥房，以及藥業機構，如深圳津村藥業有限公司和麗珠集團利民製藥廠。

72 這五位教學人員是：宗教及哲學系文潔華教授（2003/2004 年度）、新聞系聶依文博士（2004/2005 年度）、宗教及哲學系張錦青博士（2009/2010 年度）、傳理學院黃煜教授（2011/2012 年度）、歷史系劉詠聰教授（2012/2013 年度）。

73 環境及自然保育基金的資料庫網頁：http://www.ecf.gov.hk/en/approved/artdp.html（瀏覽日

期：2015 年 6 月 2 日）。

74 該四項計劃為創新及科技支援計劃、大學與產業合作計劃、一般支援計劃及企業支援計劃。

75 《香港浸會大學年報》，2001-2002 年。

76 Chung, P. K., Si, G. Y., Lee, H. C., & Liu, J. D. (2005), "The Working Models of Sport Psychology Consultants in Mainland China, Hong Kong, and Taiwan for Preparation for 2004 Athens Olympic Game". Grant support: Hong Kong Sports Institute, HKD160,000.

77 中國語言文學系盧鳴東博士訪問，2014 年 6 月 25 日。為鳴謝孫少文伉儷的慷慨捐資，大學將研究所命名為「孫少文伉儷人文中國研究所」。

78 計劃完成後，市場學系蕭偉森教授將研究成果出版專書《中小企業的行銷》（台北：新陸書局，2005）。見《漢學研究通訊》第 25 期第 2 卷，總 98 期（2006 年 5 月），頁 79。

79 《香港浸會大學年報》，2009-2010 年。

80 《香港浸會大學年報》，2002-2003 年。

81 《香港浸會大學年報》，2005-2006 年；理學院院長、數學系湯濤教授訪問，2014 年 4 月 7 日。

82 〈浸大數學猛人多　嘆社會唔明當無用〉，《文匯報》，2015 年 3 月 26 日。

83 《香港浸會大學年報》，2011-2012 年。

84 朱力行教授是世界三個最主要研究學者之一。〈浸大數學猛人多　嘆社會唔明當無用〉，《文匯報》，2015 年 3 月 26 日；數學系朱力行教授訪問。

85 物理系謝國偉教授訪問。物理及化學兩系老師合作納米層墊有機發光器和版的研究計劃，獲八百一十萬元資助。《香港浸會大學年報》，2004-2005 年。

86 〈黃維揚教授成首位華人奪英國皇家化學會過渡金屬化學獎〉，2010 年 12 月 9 日，載自香港浸會大學傳訊公關處電子新聞網：http://enews.hkbu.edu.hk/view_article.php?id=11310（瀏覽日期：2015 年 5 月 10 日）。

87 *Faculty of Science Newsletter*, Issue 10 (Mar 2010), p. 5.

88 這種化合物的研發由黃維揚教授發明，獲美國專利及商標局授予專利權。《香港浸會大學年報》，2009-2010 年。

89 研究包括合成無機、金屬有機化學和結構化學等主要領域，特別致力研發新的分子功能材料及金屬有機聚合物。黃維揚教授研發的金屬乙炔類聚合物和金屬磷光材料亦引起國際科學界的廣泛關注，這些新型材料可供廣泛應用。〈黃維揚教授成首位華人奪英國皇家化學會過渡金屬化學獎〉，2010 年 12 月 9 日，載自香港浸會大學傳訊公關處電子新聞網。

90 見〈香港科研人員獲頒「國家自然科學獎」〉，2014 年 1 月 10 日，載自《新聞公報》：http://www.info.gov.hk/gia/general/201401/10/P201401100277.htm（瀏覽日期：2015 年 5 月 10 日）。

91 〈浸大專利技術獲國際發明大獎〉，2016 年 4 月 18 日，載自香港浸會大學傳訊公關處電子新聞網：http://hkbuenews.hkbu.edu.hk/?t=enews_details/1332（瀏覽日期：2016 年 6 月 7 日）。

92 化學系老師（2013）："Neural Stem Cells Harvested from Live Brains by Antibody-Conjugated Magnetic Nanoparticles", *Angewandte Chemie International Edition*, 52 (47), 12298-12302.

93 〈兩地合作助科研成果商業化〉,《文匯報》,2009 年 4 月 9 日。

94 《香港浸會大學年報》,2009-2010 年。

95 2009 年 5 月,化學系李慧明教授與博士研究生何皓首創這項環保的氧化方法,可在化工生產流程中減低對環境的負面影響,增加能源效益。見《香港浸會大學年報》,2008-2009 年。

96 〈黃銘洪教授:熱衷環境生態〉,*Eyes on HKBU*,第 33 期,2013 年 6 月,載自香港浸會大學:http://buenews. hkbu.edu.hk/tch/update/news.do?newsId=709(瀏覽日期:2015 年 5 月 5 日)。

97 《香港浸會大學年報》,2006-2007 年;〈浸大研製多功能有機生物肥成功取得專利〉,2006 年 8 月 24 日,香港浸會大學傳訊公關處新聞稿:http://cpro.hkbu.edu.hk/pr_04/pc20060824.htm(瀏覽日期:2015 年 5 月 7 日)。

98 黃銘洪教授探討電子廢物再生對環境影響的論文,受到學界關注。他與研究生合著的兩篇論文,在環境污染學術刊物 *Environmental Pollution* 自 2007 年起發表的論文中,以引述次數計分別排第二位和第八位。《香港浸會大學年報》,2011-2012 年;*Newsletter,* Issue 11 (Aug 2010), p. 7。

99 Stress Biology 則指例如海水鹹淡度對魚類所造成的壓力、植物所需的水分壓力等,而學者們相信無論化學應力(Chemical Stress)或物理應力(Physical Stress)對幼體所造成的影響最大,這些都是 Stress and Developmental Biology 的研究項目。生物系黃港住教授訪問,2014 年 2 月 17 日。

100 《香港浸會大學年報》,2008-2009 年。

101 〈浸大兩項研究獲教資會撥款資助逾七百萬元〉,2008 年 4 月 9 日,載自香港浸會大學傳訊公關處電子新聞網:http://enews.hkbu.edu.hk/view_article.php?id=2186。兩個項目分別由系內黃港住教授和黃銘洪教授率領進行,黃銘洪教授的研究由教資會協作研究金(Collaborative Research Fund)資助。

102 這項技術是減少向植物灌溉所需的水分,令植物產生面臨枯萎的錯覺,因而將所有養分送到穀物或果實處。這項研究成果對解決全球水荒成效顯著,因此,除獲頒授獎項,更獲資助於甘肅省設立研究實驗站,並獲研究資助局撥款。生物系張建華教授(現任職於香港中文大學生物系)憑有關研究在科學雜誌《自然》十二月號中,被列為「五位可改變世界的作物研究者」之一。《香港浸會大學年報》,2008-2009 年。

103 獲嘉道理慈善基金(Kadoorie Charitable Foundation)資助兩年研究項目。*Newsletter*, Issue 13 (Sept 2011), p. 7.

104 化學系陳永康教授訪問。

105 《香港浸會大學年報》,2009-2010 年。2012 年蔡宗葦憑一項名為《典型持久性有毒污染物的分析方法與生成轉化機制研究》的協作研究項目,獲 2011 年度國家自然科學獎二等獎殊榮,重點研究包括應用新材料和新原理發展持久性有毒污染分析樣品前處理技術和快速分析方法。《香港浸會大學年報》,2011-2012 年。

106 〈黃銘洪教授:熱衷環境生態〉,*Eyes on HKBU*,第 33 期,2013 年 6 月。

107 〈黃港住博士分享多年研究發現　談環境與食物污染對人體內分泌影響〉，2010 年 1 月 7 日，載自香港浸會大學傳訊公關處電子新聞網：http://enews.hkbu.edu.hk/view_article.php?id=7716（瀏覽日期：2015 年 5 月 11 日）。

108 《香港浸會大學年報》，1999-2000 年。

109 同上註，2001-2002 年。生物系黃岳順博士負責基因分析技術的應用，跟數學系方開泰教授合作研製軟件。

110 檢定範疇包括生藥學鑒定、化學鑒定及質量控制、藥理與毒理、製劑工藝、理化及安全檢定五大類。〈浸大成立香港中藥檢定中心　推動中藥檢測和認證〉，2010 年 3 月 29 日，載自香港浸會大學傳訊公關處電子新聞網：http://enews.hkbu.edu.hk/view_article.php?id=8536（瀏覽日期：2015 年 5 月 11 日）。

111 〈中醫藥學院實驗室成為全港首間按香港中藥材標準提供認可測試的機構〉，2012 年 12 月 21 日，載自香港浸會大學傳訊公關處電子新聞網：http://enews.hkbu.edu.hk/view_article.php?id=19527（瀏覽日期：2015 年 5 月 6 日）。

112 據其網頁有關各院校的論文書目所計，城大三十八種、中大二十五種、理大十三種、科大十四種、港大二十六種。詳見衛生署中醫藥事務部網頁：http://www.cmd.gov.hk/html/b5/service/hkcmms/development.html（瀏覽日期：2015 年 5 月 24 日）。

113 《香港浸會大學年報》，2011-2012 年。這個科研小組由張曉明博士領導，其核心紅外光譜特徵提取技術獲得中國國家知識產權局授予發明專利權。

114 2000 年代初，生物系開始埋首於天然產品的研究，包括中藥的有效活性成分、中藥對基因的改變等課題。生物系黃岳順教授訪問。

115 《香港浸會大學年報》，2008-2009 年。翁建霖教授獲國家自然科學基金之海外及港澳學者合作研究基金項目資助一項名為「中藥活性成分防治苯丙胺類毒品濫用成癮的作用機制研究」的項目，並與國內南方醫科大學的莫志賢教授合作。

116 《香港浸會大學年報》，2012-2013 年。

117 〈中醫藥研究獲美國專利商標局授專利權〉，2009 年 1 月 2 日，載自香港浸會大學中醫藥學院網頁：http://scm.hkbu.edu.hk/tc/news_and_events/index_id_35.html（瀏覽日期：2015 年 5 月 6 日）。研究小組由院長劉良教授與姜志宏教授率領。

118 蕭文鸞教授獲創新科技基金和李氏大藥廠資助，進行以蛇毒蛋白提煉抑制血管增生的抗癌新藥物。陳虎彪博士獲資助進行中藥雪蓮花的活性成分篩選及代謝研究，以確定雪蓮花的藥用機制，預期可以為利用雪蓮花開發有效而安全的抗炎新藥物。李敏博士以中藥鉤藤中的主要有效成分「異鉤藤鹼」研究可能有助改善帕金遜症病人的臨床症狀，減輕服食治療帕金遜症西藥引起的副作用。

119 在二十一世紀初，生物系在生物科學這研究領域上發展起神經科學及分子生物學等課題。生物系黃岳順教授訪問。

120 《香港浸會大學年報》，2001-2002 年。這項研究由生物系黃岳順教授與劍橋大學合作研究。

121 〈浸大兩項研究獲教資會撥款資助逾七百萬元〉，2008 年 4 月 9 日，載自香港浸會大學傳訊

公關處電子新聞網。2008 年教資會協作研究金資助，由中醫藥學院蕭文鸞教授率領進行的利用創新蛋白組學篩選平台建立以循證中醫學為本的生物靶標治療數據庫。化學系蔡宗葦教授獲國家自然科學基金之海外及港澳學者合作研究基金項目資助，進行一項減低流感對人類健康威脅的研究，名為「基於質譜的流感病毒翻譯後修飾的蛋白質組學研究」，探究流感病毒的蛋白質結構變化與病毒變種的潛在關係。見《香港浸會大學年報》，2009-2010 年。

[122] 化學系馬廸龍博士與澳門及台灣專家，研發一種全球新的金屬複合物，能抑制人體內訊號傳導和轉錄激活因子 3（STAT3）訊號蛋白二聚化的活動，從而控制黑色素瘤的生長，為日後研發人類抗癌藥物治療皮膚癌奠下基礎（2014 年）。

[123] 這項研究利用分子對接軟件，從天然產物或其類似物的數據庫中，虛擬篩選，從而找出新型、高選擇性的 Pin1 抑制劑。〈浸大學者研抑制劑抗丙型肝炎〉，2015 年 1 月 23 日，載自《星島日報》網頁：http://std.stheadline.com/yesterday/edu/0123go05.html（瀏覽日期：2015 年 5 月 6 日）。

[124]《香港浸會大學年報》，2011-2012 年。這是大學創意研究院的研究方向之一。

[125] 學院研究人員跟京、深、港的專家聯合研究骨質疏鬆症治療的科學研究項目，獲中國老年學學會骨質疏鬆委員會頒發「創新團隊獎」。中醫藥學院與中國航天醫學基礎與應用國家重點實驗室完成針對骨質疏鬆症的轉化醫學的聯合研究。《香港浸會大學年報》，2011-2012 年；2012-2013 年。

[126] 傳播系孔慶勤教授訪問，2013 年 12 月 18 日。健康及醫療傳播在美國較為流行，並在美國傳播和新聞學院發展成為一門獨立學科或課程，其主要研究議題包括：醫療機構怎樣透過廣告、新聞或宣傳，把醫療知識和健康教育有效地傳送給市民；怎樣可製造或包裝一些為觀眾所接受的資訊；以及怎樣設計一套全面的醫療資訊傳播策略等。《健康傳播與公共衛生》收載了傳播系和市場學系老師合寫的向青少年傳播健康飲食的文章。陳家華、Prendergast, G., Gronhoj, A., Bech-Larsen, T.〈向青少年傳播健康飲食〉，載馬成龍編：《健康傳播與公共衛生》（香港：香港教育圖書公司，2009 年），頁 88-108。學系 John H. Powers 及蕭小穗，並新聞系 Alice Y. L. Lee 均有撰文，收錄於 John H. Powers (ed.), *The Social Construction of SARS: Studies of a Health Communication Crisis* (Amsteedam: John Benjamins, 2008) (with X. Xiao)。

[127] 傳播系陳家華教授訪問，2014 年 1 月 21 日。

[128]《香港浸會大學年報》，2012-2013 年。自 2006 年以來，學系發現保健也是重要的、有特色的研究範疇之一，同時也可以應用到這四個研究範疇的技術，所以發展了有關健康及醫療信息（Health Informatics）的研究。計算機科學系阮志邦教授訪問，2014 年 2 月 25 日。

[129] 隨着吳國寶教授加入，數學系近年發展生物信息學分析，對生物統計學進行學理及應用上研究。

[130]〈浸大專利技術獲國際發明大獎〉，2016 年 4 月 18 日，載自香港浸會大學傳訊公關處電子新聞網：http://hkbuenews.hkbu.edu.hk/?t=enews_details/1332（瀏覽日期：2016 年 6 月 7 日）。

[131] 至 2005 年，學系跟一些機構合作，包括與浸會愛群合作進行有關心智教育的研究、與香港青年會合作研究青年人的充權（Empowerment）和敘事治療法、與東華三院則合作研究射擊

對自我形象的影響等。社會工作系陳啟芳教授訪問，2005 年 6 月 2 日。

132 社會工作系吳日嵐教授訪問。

133 鍾謙：〈建設社會主義新農村下的農村扶貧措施〉，載李思名、陳峰、邵一鳴主編：《持續與變遷：當代中國的政經、社會和空間發展》（香港：香港教育圖書公司，2008 年），頁 413-433。Chung, H. & Tang, W. S., "Social Justice and Illegal Construction in China: A Case-study of Tianhe Village, Guangzhou", in Tang, W.S. & Mizuoka, F. (eds.), *A Critical Geography Perspective* (Tokyo: Kokon Shoin, 2010), pp. 199-217. 2008 年教研會報告介紹地理系鄧永成博士進行一項名為「香港市區貧民的權力、空間與房屋」的研究。

134 阮丹青和賴寬蘊老師在 2003 至 2005 年獲批研資局資助，進行題為 "Social Capital and Social Inequality – A Study of Rural Migrants in Shanghai" 的調查研究。不久，再獲研資局資助項目 "Educational Stratification in China – A View from the Top"，從 2006 年起，為期兩年。

135 陸德泉在 1993 至 1997 年間獲教研會資助，進行（1990-2006）"Deciphering Industrial Relations of Socialist China – Institutional Variations and Economic Development" (FRG/92-93/II-14) 研究。梁漢柱著有 *Report of the Exploratory Study on Vulnerable Worker – The situation of Low Income Casual and Part Time Worker* (Hong Kong: Hong Kong Council of Social Service, 2009)；新移民的研究如 "Immigration Controls, Life-course Coordination, and Livelihood Strategies: A Study of Families Living across the Mainland-Hong Kong Border", *Journal of Family and Economic Issues*, 26(4), Winter, 487-507 (co-authored with Lee Kim-Ming)(2005)。

136 劉詠聰教授的代表著作，中文有《才德相輝：中國女性的治學與課子》（香港：三聯書店，2015 年）、《性別視野中的中國歷史新貌》（北京：中國社會科學出版社，2012 年）、《德‧才‧色‧權 —— 論中國古代女性》（台北：麥田出版社，1998 年）；英文有：(edit) *Overt and Covert Treasures: Essays on the Sources for Chinese Women's History* (Hong Kong: Chinese University Press, 2012); (co-edit with Lily Xiao Hong Lee and A.D. Stefanowska) *Biographical Dictionary of Chinese Women: The Qing Period, 1644-1911* (New York and London: M.E. Sharpe Inc., 1998; & Hong Kong: Hong Kong University Press, 1999). 黃結梅博士的代表著作有："Asexuality in China's Sexual Revolution: Sexless Marriage as Coping Strategy", *Sexualities,* 18(1/2) (2015), 100-116; "Doing Gender, Doing Culture: Division of Domestic Labor among Lesbians in Hong Kong", *Women's Studies International Forum,* 35(4) (Jul-Aug 2012), 266-275; "Modernization of Power in Legal and Medical Discourses: The Birth of the (Male) Homosexual in Hong Kong and its Aftermath", *Journal of Homosexuality*, 59(10) (2012), 1403-1423.

137 「簡帛‧經典‧古史」國際論壇，2011 年 11 月（孫少文伉儷人文中國研究所、香港浸會大學中國語言文學系及中國傳統文化研究中心主辦）；「清華簡與《詩經》研究」國際會議，2013 年 11 月（香港浸會大學饒宗頤國學院、清華大學出土文獻研究與保護中心主辦）。

138 研究小組包括當時系主任陳永明教授、鄺健行教授和吳淑鈿教授，2002 年編成《韓國詩話中論中國詩資料選粹》。

139 宗教及哲學系費樂仁教授在 1992 至 1997 年展開了理雅各的研究，2004 年出版了一書兩冊

200

巨著 *Striving for 'the Whole Duty of Man': James Legge and the Scottish Protestant Encounter with China* (Frankfurt am Main; New York: Peter Lang, 2004)，有關著作已得到多個國際學術機構的認同及讚賞。歷史系黃文江博士也是研究理雅各的專家，著有 *James Legge: A Pioneer at Crossroads of East and West* (Hong Kong: Hong Kong Educational Publishing Company, 1996)；近年，更在 2015 年刊行的 *Monumenta Serica* 63 發表學術論文 "Nineteenth Century Missionary-Scholars at Work: A Critical Review of English Translations of Daodejing by John Chalmars and James Legge"。在 2000 年代，費樂仁教授開始關注其他來華宣教士出身的漢學家，包括 Ernst Faber（花之安，1839-1899），Richard Wilhelm（衛禮賢，1873-1930），Seraphin Couvreur（顧賽芬，1835-1919），以及 Solomon Caesar Malan（馬智庫，1812-1894），並於 2005 至 2008 年以衛禮賢研究成功申請研資局的資助。2013 至 2015 年，費樂仁教授開展「近現代漢學家之經書評譯及其中文著作」（Interdisciplinary Studies of Modern and Contemporary Sinologists' Classical Translations and their Chinese Works）的大型研究項目（HKBU Interdisciplinary Research Scheme）。

140 音樂系林青華教授研究的著作 *Idea of Chinese Music in Europe up to the Year 1800*，其後翻譯為中文，題為《中樂西漸的歷程 —— 對 1800 年以前中國音樂流傳歐洲的歷史探討》，中英文本均由北京中央音樂學院出版社出版。在浸會任教初期，其再赴英國攻讀博士學位，研究中國宮廷音樂。

141 2010 年，視覺藝術院劉澤光教授獲香港政府研資局資助其有關二十世紀香港書法之學術研究。管偉邦博士對近代國畫在香港的經典重現再造提出現象分析，見氏著：《經典再造》（香港：香港浸會大學視覺藝術院，2010 年）。

142 香港聖公會、基督教香港信義會、中華基督教會香港區會、香港浸信會聯會、香港基督教協進會、基督教文藝出版社、思高聖經學會、香港華人基督教聯會、漢語基督教文化研究所、財團法人基督教宇宙光全人關懷機構、中華基督教浸信會聯會、聖光神學院、基督教台灣信義會、基督教中華循理會等。

143 黃淑薇：〈中國基督教史料蒐集的機遇與合作〉，載《台灣教會史料論集》（中壢：「中央大學」出版中心，2013 年），頁 55-75。

144 第一屆會議於 2009 年在耶路撒冷舉行，第二屆於 2010 年在羅馬舉行，第四屆於 2014 年在墨西哥城舉行，聯合國教科文組織轄下生命倫理、多元文化及宗教小組的網頁：http://www.unescobiochair.org/bioethics-multiculturalism-and-religion/（瀏覽日期：2016 年 3 月 1 日）。

145 最近的研究活動包括由羅秉祥教授、陳強立博士、張穎博士合作研究的生命倫理、生物倫理等課題，並有合著。宗教及哲學系關啟文教授訪問，2014 年 12 月 11 日。

146 世界商業倫理論壇更與 *Journal of Business Ethics* 合作，發展出學術年刊 *Asian Journal of Business Ethics*（亞洲商業倫理）。

147 市場學系彭嘉諾教授訪問，2013 年 12 月 2 日。彭嘉諾教授跟傳播學系進行研究，即 Chan, K., Ng, Y.L., and Prendergast, G. (2014), "Should Different Marketing Communication Strategies be used to Promote Healthy Eating among Male and Female Adolescents?", *Health Marketing Quarterly*,

31(4), 339-352. Ng, Y. L. and Chan, K. (2014), "Do Females in Advertisements Reflect Adolescents' Ideal Female Image?", *Journal of Consumer Marketing*, 31(3), 170-176。

[148] 2006 至 2007 年成立的人力資源策略及發展研究中心，政策研究項目包括工作與生活平衡、家庭友善僱傭政策、企業社會責任，從事這方面研究的老師有趙其琨教授、梁淑美博士、張雨夏博士等。近年管理學系有關論著有：Leung, A., Cheung, Y. H., & Liu, X. (2011), "The Relations between Life Domain Satisfaction and Subjective Well-being", *Journal of Managerial Psychology*, 26(2), 155-169; Florea, L., Cheung, Y. H., & Herndon, N. C. (2013), "For All Good Reasons: Role of Values in Organizational Sustainability", *Journal of Business Ethics*, 114(3), 393-408; Chen, Y. Y., Ferris, D. L., Kwan, H. K., Yan, M., & Zhou, M. J. (2013), "Self-love's Lost Labor: A Self-enhancement Model of Workplace Incivility", *Academy of Management Journal*, 56(4), 1199-1219; Cheung, Y. H., Cheng, S. C., & Kuo, J. H. (2014), "Ethical Leadership, Work Engagement and Voice Behavior", *Journal of Industrial Management and Data System*, 114, 817-831 等等。

[149] 1992 至 1993 年，傳理學院陳良光率先著手邵逸夫與影業的研究。吳昊博士著有《香港電影民俗學》、《亂世電影研究》、《香港電視史話》、《孤城記 —— 論香港電影及俗文學》、《香港電影類型論》（合著），並編有《邵氏光影系列》等。

[150] 鍾寶賢：〈兄弟企業的工業轉變：邵氏兄弟和邵氏機構〉，載黃愛玲編：《邵氏電影初探》（香港：香港電影資料館，2003 年）；鍾寶賢：《香港影視業百年》（增訂版）（香港：三聯書店，2011 年）。

[151] 網頁將逾兩千頁寫於 1945 至 1970 年、有關東南亞及香港官方電影用途的官方文件數碼化後放上網。

[152] 學系徐建良教授的研究。

[153] 社會學系黃何明雄博士與彭銦旎博士共同關注資訊科技（Information and Communication Technologies, ICTs)，並於 2013 年合著 "Diversified Transnational Mothering via Telecommunication: Intensive, Collaborative and Passive"，收入 *Gender & Society*, 27(4)。彭博士與另一學者合撰 "Technologies of Power and Resistance: Production Regimes and Mobile Phone Usage among Migrant Factory Workers in South China"，收入 *The China Quarterly*, 215。關於維權活動，2011 年趙明德博士著有 "A Case Study of An Anti-domestic Violence Internet Forum in China: Mutual Help, Open Communication, and Social Activism"，收入 *China Media Research*, 7(1)。網絡遊戲設計者的知識產權意識方面，趙博士亦撰有論著 "Virtual Property in China: The Emergence of Gamer Rights Awareness and the Reaction of Game Corporations"，收入 *New Media and Society*, 13(5)。

[154] 政治及國際關係學系的黃偉國博士早於 2009 年撰著〈傳媒與香港政治〉，輯入鄭宇碩、羅金義編著：《政治學新探：中華經驗與西方學理》（香港：中文大學出版社，2009 年）。2011 年起取得研究經費，題為 "Internet, the Post-80s Generation, and Political Activism in Hong Kong"，探試互聯網與本土政治參與，並與林緻茵合著〈互聯網與本土政治〉，收入鄭宇碩編著：《香港政治參與新型態》（香港：香港城市大學當代中國研究計劃，2015 年）。

155 以 2015 年為例，他主編兩種具有代表性的研究成果，分別是："Geographies of Activity-Travel Behavior", *Journal of Transport Geography*, Special Issue, 47, 84-138；及 *Space-Time Integration in Geography and GIScience: Research Frontiers in the US and China* (Dordrecht: Springer, 2014)。

156 具有代表性的研究成果是：（合編）《後金融海嘯時期的中國與東亞經濟協作》（香港：三聯書店，2012）及（合編）《全球化與區域合作：兩岸四地的經濟、社會和政治新關係》（香港：香港教育圖書公司，2013 年）等。

157 具有代表性的研究成果是：(Co-edit) *East Asia: A Critical Geography Perspective* (Tokyo: Kokon Shoin, 2010)；(Co-edit) *The Transforming Asian City: Intellectual Impasses, Asianizing Space, and Emerging Translocalities*(Oxford: Routledge, 2012)。

158 具有代表性的研究成果是：（合編）《重塑上海人：上海新老居民一体化研究》（上海：學林出版社，2009 年）、（合著）《無聲的革命：北京大學、蘇州大學學生社會來源研究，1949-2002》（北京：生活‧讀書‧新知三聯書店，2013 年）、（合著）《大歷史、小人物：黃宗漢與東風電視廠改革》（香港：牛津大學出版社，2015 年）等。

159 高敬文教授新近的專著是 *La politique internationale de la Chine. Entre intégration et volonté de puissance*,Updated and Expanded Second Edition, (Paris: Presses de Sciences Po, 2015)。陳峰教授有關中國工人運動的研究成果刊於國際知名的學刊，如：*China Quarterly, China Journal, Journal of Contemporary China, Modern China* 及 *Asian Survey* 等。

160 傳理學院院長黃煜教授訪問，2014 年 1 月 22 日。

161 英國語言文學系葉少嫻教授訪問，2005 年 3 月 16 日及 2014 年 8 月 5 日。

162 羅貴祥教授獲 2011-2012 年度香港浸會大學傑出學術研究表現獎。參見：http://paward.hkbu.edu.hk/2012/main_ScholarlyWorkA.html（瀏覽日期：2016 年 3 月 1 日）。

163 文學院 *Newsletter*，第一期（2007 年 5 月），頁 6。卷一將有關中國早期翻譯的漢文原始材料譯成英文，並從當代翻譯理論的角度，對所選材料條目作出評論，供學界參考；卷二向西方介紹翻譯在西學東漸過程中所起的作用，已於 2013 年完成初稿，惜張佩瑤教授不幸因病辭世。

164 羅秉祥教授在倫理學方面具有重要領導地位，合編的論集有：《宗教與道德之關係》（北京：清華大學出版社，2003 年）；《生命倫理學的中國哲學思考》（北京：中國人民大學出版社，2013 年）；*Chinese Just War Ethics: Origin, Development, and Dissent* (London: Routledge, 2015)；*The Common Good: Chinese and American Perspectives* (Dordrecht: Springer, 2013)；*Ritual and the Moral Life: Reclaiming the Tradition* (Dordrecht: Springer, 2012) 等。

165 英國語言文學系葉少嫻教授訪問。近年，學系洪如蕊博士研究內地電視劇《蝸居》、電視與政治。

166 2002 年關於電影中的國族形象和身體表述的研究項目獲得資助，包括羅貴祥教授的 "Transnational Reconstruction of Chineseness in Film and Literature"，由研資局的研究用途補助金贊助進行；文潔華教授的 "The Cultural and Social Implications of Bodily Representation in Hong Kong Cinema Since 1990s"，獲大學研究基金資助。至於市場與本地媒體的權力關係，

2012 年張志偉博士取得大學研究基金，進行題為 "Market and media power in Hong Kong" 的研究項目。而羅貴祥教授也在該年得到研資局的優配研究金，進行電影產業與地域文化認同的塑造的研究，課題為 "Rethinking Asianism as Alternatives: Film, Cultural Production, and Non-State Agency"。

167 英國語言文學系 Stuart Christie 教授訪問，2014 年 12 月 2 日。

168 關於跨文化傳播，陳凌教授和陳家華教授在學系早年已從事這方面研究。陳家華教授對於跨文化消費用力至深，早於 2002 年就已跟韓裔學者合著論文 "Cross-cultural Study of Gender Portrayal in Children's Television Commercials: Korea and Hong Kong", *Asian Journal of Communication*, 12(2), 100-119。2007 年又跟兩位海外學人合撰論文 "Tweens and New Media in Denmark and Hong Kong", *Journal of Consumer Marketing*, 24(6), 340-350。近年，有份撰著亞太地區藥物廣告的比較研究論文，見 Paek, H.J., Lee, H., Praet, C., Chan, K., Chien, P.M., Huh, J. (2011), "Pharmaceutical Advertising in Korea, Japan, Hong Kong, Australia, and the US: Current conditions and future directions", *Health Communication Research*, 3(1), 1-63。適逢商學院自 2000 年代中期起重視商業倫理和社會責任的觀念，陳教授近年跟市場學系進行若干研究項目，均涉及跨文化比較性質，如 Chan, K., Prendergast, G., Gronhoj, A. and Bech-Larsen, T. (2011), "Danish and Chinese Adolescents' Perceptions of Healthy Eating and Attitudes toward Regulatory Measures", *Young Consumers*, 12(3), 216-228。

169 鍾寶賢教授研究中英法律體系下的組織，其代表著作有 "Western Law vs. Asian Customs Legal Disputes on Business Practices in India, British Malaya and Hong Kong, 1850s-1930s"，收入 *Asia Europe Journal* (Heidelberg, Germany), No. 1 (2003)，以及 "Chinese Tong as British Trust: Institutional Collisions and Legal Disputes in Urban Hong Kong, 1860s-1980s"，收入 *Modern Asian Studies*, 44: 4 (2010)；從東南亞殖民地法律體系下不同僑居族裔的慈善組織的研究，則有 "Law and its Impact on Diasporic Philanthropic Institutions: The Practices of Sinchew and the Waqf in the Straits Settlements"，載自 Jayati Bhattachaya & Coonoor Kripalani Thadani 編著：*Chinese and Indian Immigrants: Comparative Perspectives* (London: Anthem, 2015)。譚家齊博士研究相關法制史論著有："Conditions and Risks of Water Transport in the Late Ming Songjiang Region as Seen in the Cases Collected in Mao Yilu's Yuanjian yanlüe"，收入蘇基朗教授編著：*The Economy of Lower Yangtze Delta in Late Imperial China: Connecting Money, Markets and Institutions* (London: Routledge, 2013)。

170 化學系陳永康教授訪問。陳教授指出當時的政府化驗師李南生先生提出各政府化驗所的員工需要提升自己，所以鼓勵大學可以開辦碩士課程，結果由黃偉國教授統籌課程設計及通過課程評審等工作。陳教授認為課程能與學系的研究重點互相配合，因應這個課程，學系中具分析化學背景的老師較多，發展後漸獲口碑。

171 物理系謝國偉教授訪問。

172 對敘事治療法的實踐和研究，2000 年代初學系跟香港青年會合作研究青年人的充權和敘事治療法。

173 體育學系張小燕教授訪問。

174 隨後城大、中大也紛紛開設相近的科目。傳播系陳家華教授訪問。

175 電影學院總監卓伯棠教授訪問，2014 年 2 月 6 日。

176 傳理學院院長黃煜教授邀請了一些具知名度的業界專才任教，例如劉志權老師、趙麗如老師、黃天賜老師等，將他們的經驗教授給學生，也帶領研究工作。新聞系郭中實教授訪問，2014 年 1 月 28 日；傳理學院院長黃煜教授訪問。

177 電影學院總監卓伯棠教授訪問。

178 學生多數會在暑假時進行實習，其他時間自由與導師聯絡或諮詢。學系為學生邀請不同私人機構的人力資源總監或經理出任導師一職，至今已累積六十多位導師，當中包括來自 Disney、TVB 等大型公司的導師。管理學系魏立群教授訪問；管理學系趙其琨教授訪問，2014 年 4 月 25 日。

179 中醫藥學院院長呂愛平教授訪問。

180〈第二輪教與學質素保證過程檢討　香港浸會大學獲教資會正面評價〉，載自香港浸會大學傳訊公關處網頁：http://cpro.hkbu.edu.hk/pr_03/pc20030910.htm（瀏覽日期：2016 年 8 月 20 日）；質素保證局：《香港浸會大學質素核證報告》（香港：質素保證局，2009 年），頁 18。

181 化學系有見在分析化學的研究上已有二十多年的發展歷史及經驗，加上已開辦的碩士學位課程，內容包括食品安全分析、藥物分析等，所以便順理成章地開辦學士學位課程。化學系黃文成教授訪問，2014 年 2 月 26 日。

182 2000 年以後，香港的化學工業式微，以致工業化學專業申請的學生較少，因而學系在六七年前取消了，轉而以主修化學的課程取代。化學系陳永康教授訪問。

183 由於課程的轉變上較為急促，所以在籌辦課程時也借鏡了歐美國家、澳洲等地的課程架構，當中加入浸大及學系自身的特色，也符合本地學生的需要。見物理系謝國偉教授訪問。

184 早於 2004、2005 年學校進行第二次課程改革時，學系確定新的範疇 Health IT，如何利用資訊科技幫助健康機構為其中重要的部分，所以課程中開設了新的範疇專門負責 Health IT 及相關研究。計算機科學系阮志邦教授訪問。

185 學院在 1990 年開辦人文學課程，主要是當時的文學院院長羅德教授及張燦輝教授策劃開辦，以歐洲傳統人文學為藍本，構思了人文學課程，集合了語言、藝術、歷史、哲學及文學，貫通中西，加上文化相關的科目，具有跨學科的特色。人文及創作系文潔華教授訪問，2014 年 7 月 2 日。

186 環顧國際的視覺藝術教育，都希望打破各種界限，例如純藝術家都有機會接觸其他創作媒介、參與設計創作等，只是在部分院校的課程結構上未能完全整合，所以視覺藝術院的教育理念非常具有前瞻性。視覺藝術院何兆基博士訪問。

187 物理系謝國偉教授訪問；地理系黃觀貴教授訪問，2014 年 5 月 30 日。

188 湯濤教授在 2005 至 2008 年擔任數學系主任，改革課程，強調商業、統計學、研究的元素。理學院院長、數學系湯濤教授訪問；數學系系主任朱力行教授訪問。

第六章

成功道上
學海無涯

高等教育國際化的進展

第一節　國際化的意涵和發展概況

（一）國際化的意涵

隨着經濟的全球化和知識經濟時代的來臨，各先進國家以及部分經濟發展成熟的發展中國家意識到人力資源的重要，發展國家的教育服務日漸成為一種具國際導向的服務業。1995 年 1 月成立的世界貿易組織（World Trade Organization, 簡稱「世貿」）將服務業貿易納入執行範圍，規定會員國必須開放服務業的市場，而教育事業被視為服務業。香港作為世貿的創始會員，意味着教育服務需要對所有會員國開放。香港高等教育界也開始關注教育國際化這個議題，1995 至 1996 年，香港浸會大學林思齊東西學術交流研究所先後主辦了有關活動。[1]

「國際化」一詞所指的意涵因人而異，有些着重國際視野的教育，有些強調國際間師生交換計劃及其流動，有些則主張與外地大學進行知識交流和技術合作。總的來説，多數人以活動的類別或形態來定義國際化，但有部分學者認為國際化是一個過程，大學教育的教學、研究與服務等功能盡可能跨越文化及國家的隔閡，致力於國際合作，教育供應的流動往往是雙邊或多邊進行。[2] 研究高等教育國際化多年的學者 Jane Knight 也認為國際化是一個過程，使用全球化這觀念作了對照，指出全球化追求國與國之間在經濟及文化上的同質效果，但國際化講求在教育這平台上「存異匯通」，既保持本地／本國文化或國族身分的認同，又跟他國的文化進行交流互動。[3] 國際化確實難以形成一個各地通行的國際定義，反而視乎各

國或地方的情境而定,按各國發展程度不同及文化差距,所需要的或所能做的國際化也就迥異。

(二)發展背景的概況

香港浸會大學自 1956 年成立以來,就已跟隨國際化的社會及教育發展趨勢。早在 1957 年林子豐校長就已指出跟國外大學聯繫的需要,學生升學的機會與出路才更廣闊。鑒於當時香港只有香港大學頒發學位,浸會學院「為欲使學生負起溝通中外文化之責任,因而極注重學生之前途,經與美國和東南亞各浸會大學商榷學分與學級之聯繫,學生在校肄業也可,肄業一二年而轉入國外大學的同年級肄業也可」[4]。浸會學院與國外大學的聯繫最先是美國奧克拉荷馬浸會大學。1957 年夏季,即有第一批學生轉讀奧克拉荷馬大學。同年 6 月,美國德薩斯州貝勒大學宣佈與浸會學院的合作計劃,不單承認學院四年制大學課程具學位資格,而且提供交換講師,如英國語言文學系教授霍菊亭博士(Dr. Christine Fall, 校歌的英文翻譯即出自其手筆)是貝勒大學第一位到學院任教的老師。此外,貝勒大學為學院教師和學生設立進修獎學金及研究生獎學金,浸會學院的第二任校長謝志偉博士,就是在浸會學院肄業一年(1957-1958)後,以優異成績前往貝勒大學繼續攻讀數學。

由於美南浸信會國外傳道部與港澳浸會西差會的協助與支持,1960 至 1970 年代浸會學院的教員團隊不乏有宣教士背景,及以教育和學術研究為主的專職宣教士。他們的學術背景和教學經驗使學院的教學素質達到國際水平,其中不少擔任系主任或教學單位的主管,如生物系有 Dr. Francella Woods,化學系先後有 Dr. Muerner

（上）1966 年美國的七洋大學（The University of the Seven Seas）學生訪問學院，並與學院學生進行交流。

（下）1967 年學院籃球隊跟美國學生進行友誼比賽

白潔蓮（Kathryn Fern White, 1924-2010）本來是宣教士，自 1961 年起任教於秘書管理學系。

Harvey 和 Dr. Albama，體育部有 Rev Robert Philips，而白理智教授（Professor Jerry W. Barrett）1980 年代升任為理學院院長，及後擔任學務副校長之職，領導學院的發展。

約翰·甘迺迪總統上台後，在 1961 年成立和平工作團（Peace Corp），號召美國男女青年志願到發展中國家或地區服務。美南浸信會國際差傳部亦有所響應，在 1964 年推行「短工計劃」（Journeyman Program），招募離開校園不久的大學畢業生前往海外發展中地區從事各項社會工作，體驗專職宣教士（Career Missionary）的使命，為日後有志於帶職宣教作好準備。香港當時屬於發展中地區之列，亦由於浸會學院的教會背景，學院自然成為這批選擇來港

的「短工」（Journeyman）的主要服事對象之一。在 1960 年代後期修讀秘書課程的陸何慧薇博士憶述：「創校初期很需要教會的幫助，當時美南浸信會有派一些叫 Journeyman。他們擁有學位，來港大約兩三年……（1960 年代後期），當時一半或以上的老師都是『短工』或『專職宣教士』。『短工』主要任教一、二年級基礎科目，如一年級的英文課。」[5] 通過教會和宣教差會的聯繫，讓本地生和東南亞華僑生在課堂學習之餘初嘗國際化的體驗。在這基礎上，以美國教會大學為主的交流和聯繫對象，再進一步發展出 1970 至 1980 年代師生交換計劃。

因應辦學團體和當時的師資背景，六七十年代學院的課程參考美式高等教育的教學模式和課程內容。[6] 傳理學系的建立及其課程的誕生標誌着浸會學院早期進行國際化的突破，向周鄰地區輸出媒體教育，為當時亞洲各地學生提供當代最新的新聞傳播學的訓練，遠較留學歐美便捷，並加強樹立傳媒倫理及客觀報導的理念。[7] 為了籌辦傳理和新聞課程，學院在 1967 年正式成立公共及發展部，余也魯先生獲委任為部長，成為學院首個負責聯繫海外的工作單位，它亦有助於傳理學系建立過程中爭取海外支持。1968 年，學院邀請四位美國傳媒新聞教育界的權威學人擔任顧問，他們提供寶貴意見之餘，有的更參與學系的規劃和教學，如史丹福大學（Stanford University）傳播研究中心主任 Wilbur Schramm 博士除了跟余也魯先生親身參與規劃傳理學系五年發展大計，更於 1969 年主持新課程講座。[8] 開辦初期，海外訪問學人參與學系的教學工作，主持客席專題講座。開辦首年便吸引來自日本、印度、美國、菲律賓、南韓、馬來西亞的學生。[9]

第二節　香港浸會大學的國際化進程

（一）香港浸會學院時期

　　甫入 1970 年代，浸會學院已在 1970 年註冊成為認可專上院校，校董會為了發展學院的教育，決議在 1972 年暑假期間，推選謝志偉校長前赴美國、日本、韓國等地，考察各著名大學的教育設施，並訪問教育研究機構，作為學院以後改進的借鏡。謝校長此行另一任務，就是與浸會學院宗旨相近的著名大學建立交換教授、學生等計劃，更與美國各著名大學洽商，為浸會學院的畢業學生或教師提供深造的機會。學院最終於 1973 年成立海外交換計劃委員會，預備跟美國大學進行交換生計劃。1977 至 1979 年間，先後跟美國瑪倫大學（Malone College）、貝勒大學、偉和大學（Witworth University）、首都大學（Capital University）等教會所辦的私立大學合作進行交換生計劃，還跟貝勒大學及偉和大學開展學人交換計劃。限於當時學院所能提供的住宿條件，參與師生的數目有所限制，迨至 1980 年代，陸續由其他計劃替代。[10]

　　浸會學院自註冊成為認可專上院校之後，雖然取得了法定的地位，但在學術地位上，卻沒有得到政府的認可。作為一所私立院校，唯一能突破殖民地政府只承認官立大學政策的，就是透過國際評審來獲得學術的認可。早在 1973 年，謝校長獲得英國文化協會的資助，到英國去考察英國學位課程的發展模式。返港後，他在扶輪社公開發表意見，認為香港應該仿效英國國家學歷評審局的方法，以審核方式保證學位課程的水平，並實行同等學術成就應獲同等學

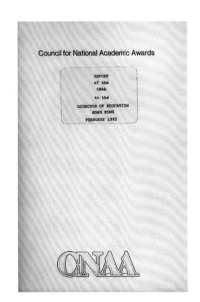

（上）英國國家學歷評審局（CNAA）到訪學院

（下）1982 年英國國家學歷評審局關於香港浸會
　　　學院的報告書

歷承認的原則。謝校長希望由政府邀請評審局到香港來給予浸會學院審核，可惜由於該評審局章程的規定，不能評核外地私立院校。1978 年，在《高中及專上教育綠皮書》的討論熱潮中，謝校長重訪英國國家學歷評審局的總部，為浸會學院的特殊情況申辯。三年之後，評審局終於對香港浸會學院作出審核。在 1981 年初及年底先後兩次的審核工作主要針對學院的組織架構、商學院和理工學院屬下的九個學系，以及文學院和社會科學院屬下的八個學系，並以理工學院的課程及英國高等教育和該評審局頒授大學學位的水平作為檢定準則。審核後，報告書認為中國語言文學系、英國語言文學系、音樂及藝術系、傳理系、地理系和歷史系的教職員質素，大部分已達到或接近可開辦學位程度的課程，而學生的水平更令評審團成員讚賞，認為他們值得接受學位程度的教育和獲頒大學學位。整體來說，評審局替學院所作的審核工作，既有嚴厲的批評，也有中肯的意見，更難得的是，評審局向香港政府提出了公正的建議，而政府也接納了他們的意見，使學院從此得到公平的對待。1983 年，學院終獲納入大學及理工教育資助委員會的管轄範圍，並且可在不久的將來頒授學位。

浸會學院一方面將師資、組織架構、設備及校舍作出相應的擴展和更新，務求達到英國國家學歷評審局承認學位的要求，另一方面則成立多個委員會，積極研究設立跨系學位課程，更延聘海外專家和學者前來協助籌劃新課程。

回應 1981 年評審局關於浸會學院的教員發展需要，1981 年 12 月，學院成立 Faculty and Staff Development Fund，又名 Development Fellowship Grants，資助教員遠赴海外進修，以及參與海外學術會議。自 1982 年起，基金接受教職員申請，部分贊助他們修讀海外院

校的博士課程或完成相關學位論文的研究，有些用於支持教員參加國際學術會議，增進海外學術交流。[11] 1987 年，學院與英國赫爾大學（The University of Hull）達成協議，設立赫爾大學助學金（The University of Hull Bursary），自 1987 年 10 月起為期三年，資助教職員在赫爾大學修讀高級學位的研究課程。1987 年成立的王寬誠教育基金會是推動本港專上院校參與海內外學術交流的獎助金，設有 International Conference Grant Scheme，資助浸會學院的教員前往歐洲和北美地區參與國際學術會議。1989 年，學院推行教師進修休假（sabbatical leave）計劃，給予教師較長的假期，用於遠赴外地進修或從事研究和開發。

組織架構方面，1985 至 1987 年，愛丁堡大學商學院的亨特教授（Professor Norman Hunt）以訪問學人身分，檢討商學院的課程發展、教員的研究及其學術發展，也就學院整體的行政組織及發展給予具體而深刻的建議，使學院的運作更具大學的模式。1986 年，他亦商請愛丁堡大學的同事 Melvyn Cornish 到浸會學院，為建立行政部門資訊管理系統提供意見。更重要的是，亨特教授將服務社群的大學理念寓於學術架構重整中，認為浸會學院的學術發展應該兼及服務社群的使命，倡議先在校內建立各學術顧問機關或平台作為先導。[12] 學術支援設備上，也不乏海外專家的參與。1984 至 1986 年，圖書館工作者 Marianne Rajkovic 女士到訪學院兩年，為圖書館建立自動化系統給予意見。[13]

1980 至 1989 年，浸會學院通過英國國家學歷評審局審核，先後開辦四批學士學位課程。期間，學院不但邀請海外專家及學者參與諮詢，甚至設計課程，使課程素質達到國際學術水平，而且內容更注入國際視野和中西薈萃的元素。

其實，早在 1980 年，浸會學院還未接受英國國家學歷評審局的審核工作時，已樂於跟海外專家和學人交流，優化本科課程，如當年社會工作系邀請澳洲教授 Robert A. Duckmanton 博士，對社工系課程的編訂提供意見。[14] 為了使傳理學系課程和新設計的綜合科學課程能順利通過教資會及評審局的審核，學院於 1982 年 12 月聘請倫敦南班克理工學院（Polytechnic of the South Bank in London）的韋勒博士（Dr. B. E. Weller）及愛德華茲女士（Ms. M. G. Edwards）為顧問。二人不但對評審局的評審程序及方法十分熟悉，韋勒博士更是評審局 1981 年到浸會學院評審的領導成員之一，對浸會學院的理科課程毫不陌生。愛德華茲女士對電腦非常熟悉，正好配合新課程中必須加插的電腦課程。學院於 1983 年 5 月向教資會提交課程建議書，結果綜合科學課程建議書得到良好的反應，可以繼續發展，而傳理學系的建議書則得到不少具建設性的建議。

1980 年代英國語言文學系的課程本來跟英美傳統英文系的課程近似，如俄亥俄大學（Ohio University）、利茲大學（The University of Leeds）等，學位課程的設計亦以傳統英文系課程為基礎藍本。然而文學院院長羅德教授及英國語言文學系系主任 Malcolm Pettigrove 教授不滿足於單純英美兩地的課程框架，嘗試將本土文化融匯英語世界的文學，擴闊文學教研的視野之餘，也引進比較文學的視角。[15]

1980 年代初期，政府規定入讀榮譽文憑課程需要符合高級程度會考的水平，所以音樂系系主任葉惠康博士開辦音樂先修班（Pre-Music Programme），以滿足有志進修音樂的本地會考畢業生進入高等教育的需要，並引進英國倫敦大學普通教育文憑試。[16] 至於音樂學位課程，據當時仍是學生的現任音樂系系主任潘明倫教授所言：

「學系的課程早已與傳理課程一同送往審核,希望轉為學位課程,然而未能成功,所以從美國聘請對設計課程有經驗的施熙柏博士(Dr. Arlis Hiebert)來幫忙。」曾跟施熙柏博士共事的林青華博士也指出他對學位課程設計的建樹:「〔他〕推動了本科課程的發展,另外把美國大學制度帶到學系,例如使合唱團及管弦樂團更制度化,也發展了音樂教育及碩士課程。」[17]

工商管理學院方面,1986年愛丁堡大學工商管理課程主任、管理學專家John S. Henley博士,為商學院的學位課程提供意見,更成為該課程的校外評審員。至1980年代末,管理學系提供的人力資源管理課程便先後由來自紐西蘭的John Michael Etheredge和澳洲的Raymond J Stone兩位教授負責課程設計。[18]

1990年香港學術評審局(今香港學術及職業資歷評審局)成立,浸會學院仍找來海外學者參與課程設計,或者諮詢意見,充實課程內容中的國際元素,例如傳理學士課程的電影電視主修加入歐陸的電影理論和賞析歐洲的元素[19]。1991年,文學院參考歐洲傳統人文學來構思課程,融匯了語言、藝術、歷史、哲學及文學,貫通中西,成為文學院開辦首個跨學科的學位課程 —— 人文學科課程。[20] 體育及康樂管理學士課程在1989至1992年醞釀階段,也參考了如中國、英國、美國等地相關課程;而歐洲研究學士課程在籌辦和設計過程中也曾邀請英國學者給予建議。[21] 1993年在傳理學課程的新聞學專業裏分設中英文新聞兩個範疇,而英文新聞的內容雖以英語採訪及新聞媒體為主,但教學目標和視野乃以國際新聞為鵠的,至二十一世紀初將課程範疇易名為國際新聞。

1980年代中期,學院通過校外進修部發展跟海外院校合辦課程,合作模式開創先例,引進海外持續教育的初級學位課程和學習

模式，為本港專上教育增添多元化元素，也為大學日後獨立開辦同類課程提供基礎以及經驗。1985 年 11 月，校外進修部與美國俄亥俄大學協辦 Associate Degree in Individualized Studies（Social Science Pattern）及 Bachelor Degree in General Studies，是第一所引進海外院校的副學士和學士學位課程的學校，採用導修及函授並軌的方式授課。美國駐港領事祁俊文先生（Mr. James Keith）在 2004 年稱許大學是本港首所跟美國院校合作，引入副學士課程模式的專上院校，為本地學生提供多一種持續進修路徑，也為本港增添技能達到國際水平的畢業生。[22] 1988 年學院跟英國斯特克萊德大學（The University of Strathclyde）商學院簽訂協議，合辦全港首個函授遙距學習 MBA 工商管理碩士課程，於 1989 年 4 月正式推出。英美院校之外，持續教育學院由 1990 年代起積極發展跟澳洲專上院校的合作，開辦關於健康護理和工商管理為主的學位及深造課程。[23]

（二）把世界帶到校園（1994—2003）

1994 年浸會學院正名為大學，開始以全盤策略、切合現況的考量來實踐國際化，就是以校園國際化為目標，並在大學教研發展中佔有一定的位置。這時，大學參考教資會在 1993 年 11 月向本地大專院校提出的建議，即從大學的架構組織上加強海內外院校的聯繫和合作。[24] 大學建立兩個大學層面的國際交流平台，為中外院校的成員提供彼此聯繫和合作的國際網絡，將亞太、北美和歐洲的學術聯繫起來。[25]

大學於 1993 年將兩年前成立的香港東西文化經濟交流中心易名為林思齊東西學術交流研究所，促進社會科學及人文學科的跨學科

林思齊東西學術交流研究所會員合作會籍協議書簽署儀式

研究和學術交流，達到東西文化的交流和相互瞭解。當時創辦會員
除浸大外，還有美國貝勒大學、美國俄亥俄大學、加拿大西門費沙
大學（Simon Fraser University）和英國利茲大學等四所學府，而附屬
會員主要是來自內地的九所大學和台灣東海大學。兩年後，創辦會
員大學除了美英大學，還增加了兩所澳洲大學 —— 澳洲西悉尼大學
（The University of Western Sydney）和斯溫伯恩科技大學（Swinburne
University of Technology），而附屬會員大學增添了菲律賓馬尼拉阿
坦紐大學（Ateneo de Manila University）及韓國啟明大學（Keimyung
University），再加上三所內地大學。1996 至 1997 年，研究所更
增加了來自歐洲大陸的團體會員，分別是瑞典隆德大學（Lund
University）和荷蘭阿姆斯特丹大學（Universiteit van Amsterdam）。
研究所先後推出兩項交流計劃，促進海外學術人才的交流。1995 年

首先推出學者駐校計劃。此外，2002 年研究生遊學助學金計劃問世，主要為浸大及研究所成員大學的研究生提供一個學期遠赴海外學習和交流。成立以來，研究所籌辦多個國際學術會議，並曾與另一國際學術平台合辦會議。2005 年起更多跟浸大其他研究中心和學術單位協辦會議。

林思齊東西學術交流研究所成立的同時，大學亦建立另一所國際學術交流中心 —— 永隆銀行國際商貿研究所（Wing Lung Bank International Institute for Business Development）。1992 年，大學獲得香港永隆銀行慷慨捐贈基金，發展學術及研究工作。翌年，以永隆銀行命名成立國際商貿研究所，旨在促進國際商貿研究的發展，並透過來自澳洲、加拿大、瑞典、泰國、荷蘭、菲律賓、英國、美國及中國內地的十八間海內外學府所組成的國際網絡，推動國際商貿教育，促進大學與各會員大學及海外學術機構的交流和活動，舉辦國際研討會、學習交流團及研究計劃。[26] 研究所最能表現大學在國際化道路上帶出東西交流的亮點是 1997 年起舉辦的國際暑期研習班。它給海外及內地學生提供關於亞洲地區的商管短期課程，並讓學員浸淫於跨文化的學習環境，體驗香港的東西文化薈萃。

上述國際交流的平台得以順利運作，還有賴於設施的配合，諸如多用途的會議場地、供海外學者和交換生住宿的地方，尤其是住房服務。隨着逸夫校園的落成，林護國際會議中心在 1996 年正式啟用，內設先進的視聽系統及即時傳譯設備，為大學舉辦國際研討會提供了重要設施。1997 年 6 月，吳多泰博士國際中心投入服務，樓高十二層，設有一百七十六間房間，為訪問學人和交流生提供酒店式的住房及膳食服務。落成以來，中心接待參與大學主辦的國際會議及交流活動的海外訪客及交流生，間接促進學校的國際學術交

吳多泰博士國際中心

流，有助重新啟動交流生計劃。2002 年 3 月，學生宿舍正式啟用，擴展了交流生計劃的規模，從學生交流層面上深化了校園的國際化。

學生交流方面，隨着大學可以提供一定數量的宿位，海外交流生計劃重新啟動，而本地生亦可在交流中尋找學術以外的不同生活體驗。1998 年 1 月，國際學生中心成立（後來易名為國際事務處），負責統籌交流生計劃。首批到訪大學的交流生共有三十三位，分別來自二十二所夥伴大學，在本校學習一年。同年，學生事務處舉行大都會工作體驗計劃，本地生可以在美國亞特蘭大、芝加哥、奧馬哈、澳洲墨爾本，以及中國上海和珠江三角洲等地的公私營機構實習，近年還拓展至悉尼、多倫多、慕尼黑、倫敦、台北和北京。

除了建立促進國際交流的平台之外，浸大也很重視學術人才的交流。正名後即成立資助計劃，鼓勵教學人員與海外學人合作研

國際暑期研習班讓海外學生親身認識香港社會和文化

（上）首批到訪本校的海外交流生

（下）2002 年大都會工作體驗計劃

究，邀請他們到訪交流，不僅將學術知識的國際交流帶進校園教研團隊，還讓海外學者與本地以及鄰近地區的學者交流。1994 年大學透過私人的捐贈，成立「大學教研資助計劃」，以資助校內和外地客座學者進行不同學科的研究和教學考察，並邀請海外學人來港主講公開學術演說。1995 年，首次「傑出學者講座」藉此舉辦起來，邀請 1986 年諾貝爾化學獎得主布朗宜教授（Professor John C. Polanyi），發表以「科學家在科技世紀中的責任」為題的公開演說，與本地學界分享。[27]

（三）「國際化帶進校園」（2004—2009）

大學推行國際化將近十年，重新檢視了國際化的性質和策略。從浸大的規模和現實來考量，跟隨以往各大專院校側重發展交流生計劃，國際化只能惠及少數，成效並不顯著。在專上教育普及的年代，不少學生礙於家庭的經濟狀況未能承擔出國的支出，錯失了交流的機會。針對這點，大學引用瑞典學者 Bengt Nilsson 所提倡的「國際化帶進校園」（Internationalisation at Home）策略，就是除了派學生出外交流，也同時把世界帶進校園裏，作多元文化交流，為校園注入國際色彩。[28] 2003 年初，大學成立專責國際化的委員會。2007 年，第三任校長吳清輝教授以「超本地化」（trans-localisation）一詞演繹國際化，除了強調對歐美及其他發達國家的認識，與其文化交流溝通，它還蘊含幾個向度：首先，不可忽略跟鄰近香港的地區和國家的文化交流；其次，肯定香港作為本地及中國歷史文化的輸出地。在彼此交流和互動中，實現聯合國教科文組織提倡的「學會共同生活」，培養文化包容的器度。[29]

226

2003 年 3 月，原工商管理學院院長范耀鈞擔任副校長（拓展）後，隨即推行架構重整，配合大學的國際化。首先，於 7 月成立國際事務處，取代國際合作交流辦公室，該處在職責和架構上，協助副校長（拓展）制定、發展、協調及落實國際化的策略，提高大學各成員在國際化工作方面的興趣及參與，並且負責蒐集及分析大學國際活動的資訊，擔任大學與國際人士及機構交流的聯繫點。第二，將永隆銀行國際商貿研究所設為獨立的商貿研究所，隸屬於大學副校長（拓展），致力提高大學的國際形象，促進大學與海外院校的學術交流，還有肩負顧問的工作。第三，林思齊東西學術交流研究所改由學務副校長管轄，其角色轉為加強與各學術部門的聯繫，凸顯教職員教研工作中「東西」匯通的視點。因此，研究所自 2004 年起跟學院學系協辦國際學術研討會。

　　為了讓校園國際化的元素更為多樣，接觸層面更顯深廣，大學築起一些特定主題的平台凝聚不同專業和文化視野的國際人才，將他們帶進校園，在跟浸大師生的專題分享和互動過程中，產生跨文化的省思。國際事務處成立後，率先推出「駐校總領事計劃」，一年後又舉辦國際文化節，而學術部門也相繼推行相類的渠道，讓學生能緊貼國際社會的發展，與時俱進，開展不少開創先河的活動。2004 年 4 月起舉辦的「駐校總領事計劃」是本港高等院校首創的，每年都邀請不同國家的駐港總領事親臨校園與學生交流，並主持駐校總領事講座，探討各國的經濟、政治和文化狀況。緊隨其後，11 月 29 日文學院舉辦亞洲大專院校第一個「國際作家工作坊」，乃參照美國「愛荷華國際寫作計劃」的模式，邀請世界各地的知名作家擔任駐校作家，與喜愛寫作的教職員、學生、本地作家和香港市民分享寫作樂趣和心得。工作坊一方面加強在校園內和香港推動文學

（上）首屆「駐校總領事計劃」邀請法國駐港總領事作專題演講

（下）2007 年「國際作家工作坊」開幕禮

普立茲新聞獎得主在校內舉辦工作坊

創作，同時提供一個機會讓駐校作家多認識香港和中國的文化。[30]
傳理學院亦於 2006 年推出「普立茲新聞獎得主工作坊」，這是亞洲
區內首個同類型的活動。普立茲新聞獎被譽為美國新聞界的最高榮
譽，備受重視。每年，大學會邀請三至六位普立茲新聞獎得主，出
席為期兩個星期的演講、講座和會議，與學生、傳媒和公眾分享他
們的心路歷程和真知灼見。工作坊讓傳理學院學生能與國際知名的
優秀新聞從業員交流互動，從中學習。

校方還通過不同的渠道在校園營造多元文化接觸的氛圍。
國際事務處定期策劃以國家為主題的國際文化節（International

Festival），自 2005 年起透過一連串富國際色彩的活動，增進大學社群對國際文化的認識，培養宏大的世界觀，[31] 這些都成為浸大實踐國際化的一大特色。近年，又增設 Global Café，每月定時讓海外交流生和本地生接觸。

大學加強本地學生的交流體驗，並提供多元化的海外實習，國際事務處增強了學生交流計劃，先後與全球過百間大學及研究機構建立聯繫，讓浸大學生選擇到計劃內指定的二十九個國家中超過一百二十所的夥伴大學，並選擇參與一個學期或是兩個學期的交流計劃。海外實習方面，學生事務處除了大都會實習計劃外，還辦起 Global Attachment Programme/Opportunities，其他社會持份者亦為本校學生提供有關計劃，如友邦慈善基金青年領袖培訓獎勵計劃及獎學金、和富全球領袖計劃，以及和富文化共融獎勵計劃等。其後，各學院，甚至個別學系陸續籌辦各種暑期海外實習計劃，如社會科學院推出美國迪士尼實習計劃（USA Disney Internship Programmes），計算機科學系自 2010 年起跟意大利佩魯賈大學（University of Perugia）合作安排實習計劃。

配合學生多姿多彩的交流計劃，自 2004 年以來有不少機構或賢達慷慨贊助本校學生參與海外交流。2004 年 12 月設立香港意大利文化協會—李東海獎學金，資助同學前赴意大利作交流生，學習意國藝術、音樂及文化。2007 年 9 月工商管理學院設立海外留學獎學金及傑出新生海外留學獎學金，資助成績優異的浸大工商管理本科生到外地留學，藉此擴闊視野，應付日後深造和工作的需要。2008 年 1 月獲李兆基基金慷慨捐贈支持大學推動校園國際化。2011 年 6 月 2 日獲中印富強基金會資助當代中國研究所舉辦活動，以促進中國與印度之間的交流，推行學術交流計劃。[32]

增進大學社群對世界文化認識和交流的國際文化節

Global Café 讓來自世界各地的交換生與本地師生展開文化交流

　　除了學生海外交流和實習，各學術部門以至大學層面也積極
跟更多海外院校達成交流協定，開拓更多教研的合作機會和學術交
流，並且惠及學生交流。2004 年 7 月 9 日，中醫藥學院與日本長
崎大學藥學院簽署合作協議，促進兩校在學術研究和人才培養方面
的合作，包括教職員及研究員互訪、交換留學生、合作進行科研項
目、共同舉辦學術講座及會議，以及交換學術信息及資料等。2008
年 10 月，大學與美國阿肯色州立大學史密斯堡分校（The University
of Arkansas – Fort Smith）合作，推出國際學術交流計劃。[33] 2009 年
7 月與美國奧格斯堡學院（Augsburg College）簽訂協議，雙方建立
學術合作關係，將鼓勵和開拓兩校教學人員合作和本科生交流的
機會。[34]

傳理學院的公關及廣告課程獲得國際廣告協會的認證

　　課程設計及其質素方面，大學一方面將具國際視野的課程拓展到授課式研究生課程，2004 年電影電視系籌辦藝術碩士（Master of Fine Arts）的課程時便參考加州大學洛杉磯分校同類課程的指引，[35] 2007 年新聞系開辦國際新聞碩士課程；另一方面，大學推動各院系將課程接受國際學術專業機構的評審，爭取國際的認證。繼計算機科學系的課程達到 IEEE（The Institute of Electrical and Electronics Engineers）和 ACM（Association for Computing Machinery）的指引而取得認證，公關及廣告課程也在 2005 年獲得國際廣告協會（Public Relations and Advertising Association, 今稱為 International Advertising Association，簡寫是 IAA）的認證。從 2004 年開始，工商管理學院努力爭取國際商學權威機構的評審和認可，至 2010 年開始陸續獲得認證。[36]

大學延續持續教育學院與海外院校協辦高等學位課程的模式，更由其他院系試辦新課程，實現跨國高等教育。2007 年 4 月，理學院與英國肯特大學舉行合辦雙碩士學位課程簽署儀式，學生可分別獲由浸大和肯特大學頒授的運籌學及商業統計學理學碩士學位，是本港理學院首創的雙碩士學位課程，讓學生參與真正全球化的雙學位學習模式。2008 年 9 月，工商管理學院與瑞典斯德哥爾摩大學商學院（The Stockholm University School of Business）簽訂合作協議，共同推出雙碩士學位課程。[37] 個別科目上，傳理學院曾經試行跨地域的教學，2005 年積極建立跨文化課室。[38]

（四）從轉型到收成（2009 年至今）

2009 年，香港特區政府銳意發展六大優勢產業，包括教育產業在內，藉此鞏固區域教育樞紐的地位。第四任校長陳新滋教授上任後不久，就指出內地學生對香港國際化教育的需求很大，外國學生亦可把香港作為認識中國的前沿地。[39] 在他的領導之下，大學制定《2020 年願景》，其中的策略綱領三為「增進浸大課程的吸引力和靈活性，以招收高質素的學生」，預期果效就是「加強大學國際化」，具體而言就是着眼於外來和出外交流生人數、假期間的國際交流課程、浸大學生往海外深造、實習及發展事業的裝備等。為了有效推動國際化的方針，大學委派兩名協理副校長一起處理有關的事務，足見十分重視。

其實，浸大校園的國際化是一種持續發展的價值，就是外來的國際文化與本國、本地的文化產生某種形態的互動，這是向東方介紹西方，又是把中國文化的研究與教學成果推介於海外。[40] 浸大近

年積極推行國際化的重點轉向，側重實踐文化輸出國際學術舞台，讓本土及中華文化推廣海外。大學建立饒宗頤國學院的宏旨之一，便是增進國學與漢學研究深度交流，融匯傳統國學與西方漢學，也是培養學生在國際視野的基礎上實現中西合璧，對本地生而言，則成為「知中也知西」的複合人才。[41] 近年，不少海外交流生修讀關於中國和亞洲的政治科目。此外，浸大推動中醫藥國際化發展尤其突出，中醫藥學院於 2008 年開始，開辦以英語授課的中醫藥入門課程，供有興趣的海外交流生修讀。2014 年 9 月學院推出以英語授課的針灸學碩士學位課程。[42] 2010 年起，學院更創新猷，致力將中醫藥專業知識介紹到英語世界，推出一系列以英文寫成的教參書籍。[43] 2010 年，由北京中醫藥大學和本校中醫藥學院牽頭、結合內地和本港及美國十四位知名學者合作編撰中醫藥課程專用的英文教

透過教參書籍的翻譯和出版推動中醫藥國際化

參書 *Essentials of Chinese Medicine*。翌年，學院臨床部高級講師黃霏莉女士有份編撰英文教材 *Cosmetology in Chinese Medicine*、趙中振教授及陳虎彪博士合編 *Chinese Medicinal Identification: An Illustrated Approach* 等。

大學繼續深化校園國際化，例如，創意研究院每年邀請四至六位不同領域的國際大師級學者到浸大講學，分享創意之道。新聞系邀請世界各地經驗豐富的傳媒人分享心得，舉辦 International Media Salon，跟普立茲新聞獎得主工作坊相輔相成。2011 年 1 月，中醫藥學院設立張安德中醫藥國際貢獻獎，是本港首個同類型的獎項，旨在表揚在推動中醫藥國際化或在中醫藥研究領域取得國際性突破成就的科學家和學者，並促進中醫藥的發展等。此外，大學更嘗試以國際化的經驗和成就惠及本地社群，例如 2010 年創辦的「浸大模擬聯合國會議」，在 2013 年一屆有來自本地及海外超過十五所中學和專上院校的一百三十五名同學出席會議。[44] 中醫藥學院與香港旅遊發展局合作，2011 年 4 月至 9 月間，旅發局安排有興趣的海外旅客參觀中醫藥博物館，並提供英語導賞服務。2014 年初，體育學系與美國康乃狄克大學環球訓練與發展學院（The Global Training and Development Institute of the University of Connecticut, USA）在浸大舉辦「國際康體交流計劃：令社會改變的康體活動」，共同培訓二十位獲挑選的美國、香港和內地的康體行政人員和體育教師。

在通過國際學術專業團體的評審而獲得認證方面，工商管理學院經過數年的努力，獲多方面的肯定。從 2010 年至今，分別獲國際商管學院促進會〔Association to Advance Collegiate Schools of Business（AACSB International）〕、工商管理碩士課程協會〔Association of MBAs（AMBA）〕[45]，以及歐洲管理發展基金會（European

工商管理學院率先取得國際商管學院促進會的認證

本港首個環球市場管理學的聯合碩士課程

Foundation for Management Development ）的歐洲質量發展認證體系
（European Quality Improvement System, EQUIS）頒發及維持認證的高
水平。浸大成為全球少數同時獲得三項國際商管教育認證的大學，
表明教育質量保證系統達致高規格水平，持續符合國際學術指標。

　　各院系繼續跟海外合辦高等學位課程，2013 年，工商管理學院
和數學系分別跟兩所英國大學開辦碩士課程，[46] 其中與英國謝菲爾
德大學（The University of Sheffield）管理學院合辦環球市場管理學理
學碩士課程，更是本地首個環球市場管理學的聯合碩士課程。[47] 隨
着大學在內地長三角地區建立了兩所研究院，跨國高等教育也通過
中港合作發展起來。2014 年，浸大與美國俄亥俄州立大學簽署合作
協議，在香港浸會大學（海門）科技研究院合辦雙博士學位課程，
培養藥物研發高端人才。

　　近年，交流生計劃亦發展至海外研究生。[48] 大學參與研資局在
2009 年成立的香港博士研究生獎學金計劃，以吸引世界各地優秀的
研究生。計劃推出初期只有數位學生，到 2016 年累計有六十六位研
究生，而學生來源地擴展到亞洲、北美、歐洲等地的國家。[49]

第三節　浸大與中國內地高等教育的聯繫

　　香港作為一個國際都會，高等教育國際化無疑是成功的關鍵，然而中西薈萃更能彰顯香港的特色，故開創中港高等教育合作亦是浸大重點發展之一。特殊的歷史條件為香港帶來得天獨厚的優勢，既是面向世界的國際金融中心、不同文化的交匯點，亦是毗鄰中國的交通、融合點。故此，香港的大學成為外國人瞭解現代中國的絕佳地方，方便他們認識當代中國的急速發展及中華文化的博大精深；也成為內地莘莘學子走向世界的跳板，令他們得以初嘗多元文化，享受質素優良的大學生活及學術自由。以上優越的條件，使香港「比中國更認識世界，比世界更認識中國」，亦促使香港發揮其重要的國際學術交流樞紐角色。[50]

（一）大學成立與華人高等教育的傳承

　　香港浸會學院創立之初，與二十世紀初基督教高等教育在中國內地的發展有一定程度的承傳關係。中華人民共和國成立後，於1952年重整高等院校，以往在內地的教會大學紛紛轉移至香港、台灣繼續興辦。其中在上海的滬江大學，實為美國南、北浸信會於1900年所創設的高等教育機構，其後，部分教授、浸信會信徒及教會領袖因政權更替南移香港。鑒於本地高中畢業生升學需求殷切，香港浸信會人士有意計劃在港發展高等教育。1956年，遂在香港浸信會聯會、美南浸信會、滬江大學劉光昇教授等的共同努力推動下創設香港浸會學院，所以香港浸會大學的創設實與國內教會大學的

播遷有關。[51]

　　透過教會及宣教差會的關係，浸會學院吸納了不少華人學生及東南亞僑生。二次大戰過後，因東南亞地區政局動盪，當地華僑子女接受高等教育的機會愈見短缺，加上海外華人又不願子弟疏遠中國文化，來港接受高等教育是另一條出路。當時，每年均有數百名僑生申請入讀浸會學院，而學院亦為他們興建海外生宿舍。由於人數眾多，來自越南、印尼、馬來西亞、柬埔寨、新加坡、泰國等地區的僑生在 1962 年組成了南洋學生會。學院同時也招收來自澳門的僑生，例如本校第二任校長謝志偉便是該批僑生之一，見證了近代華人高等教育的延續。[52]

　　高等教育是香港一項重要而長遠的投資及社會發展項目，八間大學的主要教學及研究經費均受大學教育資助委員會資助。然而，面對不停擴充的高等教育，政府的資助遠不足以補助各間大學的教研開支及校園發展。因此，與內地高等教育互相合作成為新趨勢。

大學向內地主要城市提供工商管理碩士課程

（上）1962 年南洋僑生在遊藝晚會獻技

（下）1965 年僑生與學生訓導長劉光昇博士（左一）分享家鄉美食

1997 年香港回歸祖國及 2003 年對香港實施的《內地與香港關於建立更緊密經貿關係的安排》，更進一步把兩地的經濟及教育推向融合階段。經中央及特區政府的多番鼓勵，加上有利政策配合，兩地的教育融合及持續性多建基於互補形式。香港長時間為英國殖民地，深受西方文化影響，教學內容及方法比較西方化，例如多以英語教學，學術風氣較為自由；而內地則擁有豐富的高等教育資源，在互惠互利的條件下，兩地在高等教育方面的交流及合作漸趨頻繁。[53]

（二）互相認識和建立協作

早於 1980 年代起，香港浸會學院已深明認識中國對學生而言尤為重要。1984 年 7 月，學院成立跨院系的中國研究課程計劃委員會，並於 1989 年開辦中國研究社會科學（榮譽）課程，為全港高等院校首次開辦有關中國研究的學士學位課程，由經濟學、地理學、歷史學及社會學四個專業合成的跨系課程。課程旨在培養全面瞭解中國文化背景及社會結構的畢業生，以配合香港社會對這方面人才的需求。[54]

1989 年 5 月，學院與北京清華大學達成協議，聯合成立交流中心 —— 偉倫學術交流中心，並於 1990 年落成啟用。中心旨在促進浸大與清華大學及其他北京高等院校的學術交流協作，藉此增進香港與內地的瞭解和合作。中心位於清華校園，設有會議及住宿設施。從 1990 年起，每年為中國研究課程的學生舉辦「中國研究」暑期研修班。[55] 從 2008 年起，中國研究課程為清華大學的學生在浸大校園舉辦「香港研究」暑期研習班，並管理清華大學偉倫特聘訪問教授計劃。上述的項目獲利國偉爵士及其成立的偉倫基金會出資支

（上）偉倫學術交流中心啟用揭幕禮

（下）2015 年清華大學學生透過「香港研究」暑期港澳研習班參觀東涌國泰城

（上）偉倫學術交流中心坐落於清華大學近春園內，景色優美，每年「中國研究」清華暑期
　　　研修班均在此舉行。

（下）《青春結伴近春園》見證大學與清華大學四分之一世紀的合作

持，又是兩校衷誠合作的成果。[56] 浸大現時是清華大學合作關係最悠久的境外高校合作夥伴。

至於教研交流方面，學院於 1983 年制訂對中港學術交流活動互利的方針，並於 1985 年作出檢討和修訂，符合這個方針的主要分為兩大項目：一是合作研究，一是共同編寫教材。同年，學院向政府呈交《香港浸會學院中國關係學術活動報告書（1983 至 1988 學年）》，獲政府批款，展開與內地高等院校的學術交流活動。1986 年 7 月，校外進修部與深圳大學合辦為期五天的「教育、傳意與科技」教學法研修班，地點在深圳大學，對象為中港兩地教師。此外，王寬誠教育基金會—學術講座計劃自 1987 年起贊助兩地學者交流，計劃旨在資助香港及澳門高校與內地高校的學者互訪，藉以增進三地的學術交流。學者凡屬人文學科、社會科學、自然科學、工程技術、醫學、農學及美學均可申請參加此項計劃。[57]

從 2008 至 2009 學年，大學分別與田家炳基金會和王寬誠教育基金會成立兩項不同的中國內地訪問學人計劃。前者每年資助不少於五位內地學者前來浸大講學及參加學術活動，藉以促進大學與內地高校的交流合作，提升兩地高校的教研水準；後者以培訓內地高校的師資為目的，每年資助兩名來自工商管理、中醫藥或科學範疇的內地學者前來訪問八個月。

近年來，到訪浸大的內地高等教育代表團日見頻繁。一方面是國內高等教育走向國際化趨勢的表現，另一方面，大學在不同領域的長足發展吸引國內大學來訪探討合作的空間。2011 至 2012 學年吸引了三十五團、多達五百八十一人到訪；2012 至 2013 學年則有四十五團，共六百二十九人；而 2013 至 2014 學年有二十九團，共四百三十五人；2014 至 2015 學年 8 月，來訪代表團共二十六團，人

數為二百七十二人。[58] 透過接待來自內地、台灣及澳門的官方及學術機構訪問團和人士，有助提升浸大在內地高等院校及機構的知名度，從而增加及推動與各院校之間的合作交流機會。

大學秉承浸大全人教育辦學理念，與北京師範大學攜手在珠海推行博雅教育、四維教育及國際化辦學模式，並在 2005 年設立北京師範大學—香港浸會大學聯合國際學院，開辦本科課程。校園坐落於北師大珠海分校校園區內，是首家內地與香港高等教育界合作創辦的大學，開創先河，也突破了地域界限，展現了大學與內地高等院校合作的豐碩成果。聯合國際學院佔地十三萬三千平方米，整體能容納四千多名學生，校園內採用環保設計，半開放式空間讓學生可以舉行各類型活動。來自二十多個不同國家的教師隊伍，實施四年全英語教學，畢業生學成後獲頒聯合國際學院畢業證書和香港浸會大學學士學位，在內地、香港及海外均獲認可。透過兩校的緊密合作和交流探索，聯合國際學院融匯兩地優勢，藉此向內地提供優質的高等教育。[59]

大學教研並重，除了與內地院校合作興學育才外，亦加強研究及知識轉移的發展。為了配合大學《2020 願景》十年發展藍圖內提出的策略綱領，亦可善用內地高等教育資源及人才，大學於 2010 年 11 月與江蘇省常熟經濟發展區簽署合作備忘錄，及至 2013 年 4 月 16 日，在江蘇省常熟經濟發展區正式啟用香港浸會大學常熟研究院，作為大學於長江三角洲地區的創新科研基地。研究院內設有分析實驗室、微生物實驗室等二十一間實驗室，以及多媒體教室、多媒體會議室等。大學藉着研究院的落成與啟用，建立高端科技研究及專業人才培訓的據點，共同培養研究生，開辦分析化學理學碩士課程，同時亦重點進行中醫藥、化學、新材料相關的研發。[60]

首屆聯合國際學院畢業生

聯合國際學院在珠海的校舍

2013 年，大學與海門市政府簽訂協議，成立香港浸會大學（海門）科技研究院，成為大學在內地成功建立的另一重要據點，亦標誌着大學在國際化及中港高等院校合作進程上邁進一大步。海門研究院坐落於江蘇省海門市臨江新區，以培育人才、拓展創新研究和促進科技轉移為目標，藉着大學雄厚的研究實力和優秀的教研團隊，銳意成為創新研究的先驅、與世界接軌的樞紐，吸引各地年青人前來進深研究。大學在 2014 年與英國西敏寺大學簽訂合作備忘錄，探討在海門研究院合作開辦傳播學雙博士學位課程事宜，又與美國俄亥俄州立大學簽訂協議，開辦藥物研究及相關範疇的雙博士學位。第一屆雙博士學位課程在 2014 年展開，學生來自世界不同地區，包括希臘、印度、中國內地、巴基斯坦、菲律賓及美國，修讀期間由浸大和夥伴院校的老師共同指導，畢業時將分別獲得兩校頒授的博士學位。首屆學生在 2015 年開始在海門科技研究院進行研究。[61]

古人早已明示「獨學而無友」的後果。鑒古知今，浸大憑藉自 1950 年代初浸信教會的網絡，奠下了國際化的基礎，遂能於 1980 年代中國改革開放，面向世界時，把握香港作為橋樑的機遇，發揮國際學術交流的樞紐特色。在全球一體化的趨勢下，浸大推動學術國際化的努力，不單有助老師開拓知識新領域，更能為學生累積經驗和訓練全球視野，從而成為優秀的世界公民，面對日新月異的挑戰，正如錢大康校長指出：「環球視野和經驗是提升競爭力及追求卓越的關鍵，因為高等教育正逐漸普及化，而且世界是平的，教育亦再無國界，加上大學生的職場不再局限於本地或鄰近地區，因此高等教育必須向世界接軌的路邁進。」[62]

香港浸會大學（海門）科技研究院

註釋

1 例子如 "The Role of Universities in National/Regional Development" 和 "Institutional Strategies for Internationalisation of Higher Education" 等的研討會。

2 Yang, R. (2002), "University Internationalisation: Its Meanings, Rationales and Implications", *Intercultural Education*, 31(1), 81-95.

3 Knight, Jane, "Internationalisation of Higher Education: A Conceptual Framework", in Jane Knight and Haus de Wit (eds.), *Internationalisation of Higher Education in Asia Pacific Countries* (Amsterdam: European Association for International Education in cooperation with IDP Education Australia and the Programme on Institutional Management in Higher Education of the Organisation for Economic Cooperation and Development, 1997), p. 6.

4 林子豐:〈香港浸會學院簡介〉,載《香港浸會學院特刊》,頁3。

5 陸何慧薇博士訪問,2005年2月3日。

6 社會學系邵一鳴博士訪問,2014年6月5日。

7 *Our College* (May 1970), vol. 1, No. 4, p. 17.

8 *Our College* (July 1968), vol. 1, No. 2, p. 9.

9 如三藩市州立學院(San Fransciso State College, 即三藩市州立大學 San Francisco State University 的前身)新聞學教授李比受先生(Bernard Liebes)在1968至1969年度從事全職教學工作,史丹福大學傳播學系(Department of Communication, Stanford University)系主任 Lyle M. Nelson 博士在1973年為傳理學系學生講授美國傳理學教育的新趨勢。見 *Our College* (July 1968), vol. 1, No. 2, p. 21; *Our College* (March 1974), p. 24.

10 因為美國經濟狀況和院校財政考慮,瑪倫大學師生交換計劃進行至1982至1983年下學年。八十年代與其他專上院校的交換計劃包括:東南亞高等教育協會(ASAIHL)主辦的研究生及學術交換計劃、主要以本科生為主的日航獎學金(Japan Air Lines Summer Scholarship)。

11 教職員發展資助基金建立以前,有志於海外進修的教員則可申請「嶺南教員深造資助基金」(Lingnan Trustees)。

12 *Newsette*, 1 October 1985, p. 7.

13 *Newsette*, 28 April 1986, pp. 3-4.

14 見《浸會學院雙周》, vol. XIII, No. 4, 1980年10月29日,中文版,頁2。

15 英國語言文學系葉少嫻教授訪問。

16 音樂先修班為期兩年,約收錄三十位學生,由大學及理工教育資助委員會(即現在的大學教育資助委員會)資助部分學費。音樂系林青華博士訪問,2014年6月20日。

17 按:施熙柏博士在1988年5月16日獲委任為音樂學位課程主任。

18 按:Etheredge 博士於1988年9月21日加入人力資源管理學系工作,任課程主任。

252

19 「電影電視學系創立之初，曾由三位海外學者擔任系主任，其中 Dr. Samuel Frederick Rohdie（盧森博士，1993-1994 年擔任系主任），他充實課程內電影理論的部分，對學生啟蒙性較高，又〔在〕學科中增強對歐洲電影的析賞視野，加入歐洲電影元素。」電影學院盧婉雯助理教授訪問，2014 年 2 月 11 日。

20 人文及創作系文潔華教授訪問。

21 政治及國際關係學系丁偉教授訪問，2014 年 1 月 10 日。

22 "As a leader in developing cooperative agreements with US universities to admit Hong Kong Associate Degree holders. Such arrangements would serve as models in helping students pursue further education, while benefiting Hong Kong by supplying graduates with international skills." US Consul-General in Hong Kong Mr. James Keith at today's (April 27) second lecture of the Consul-General-in-Residence Programme.

23 1988 年與南澳洲教育學院合作，在 1989 年 1 月舉辦九個護士研討會。1990 年與香港酒店業主聯會和澳洲 Regency College 合辦酒店業管理課程。1991 年起跟西悉尼大學合辦健康 / 護理各類課程。

24 Hong Kong University and Polytechnic Grants Committee, *Higher Education 1991-2001: An Interim Report* (Hong Kong: HKUPGC, 1993). 另見 Teather, David, Tsang, Herbert, and Chan, Wendy, "Internationalisation of Higher Education in Hong Kong", in *Internationalisation of Higher Education in Asia Pacific Countries* (1997), pp. 60-61。

25 1993 年香港工商專業聯會發佈的《展望香港經濟十年路向》(*Hong Kong 21: A Ten Year Vision and Agenda for Hong Kong's Economy*) 提倡將香港打造成為區域裏服務業的樞紐，跨國公司進駐的落腳點，並且鞏固香港成為中國走向國際之窗戶。因此，香港高等院校的角色不僅限於積極凝聚海外學府，還要擔當聯繫中外的一道橋樑。

26 部分創建會員本身也參與林思齊東西學術交流研究所，包括澳洲的斯溫伯恩科技大學和西悉尼大學，菲律賓的馬尼拉阿坦紐大學，美國的貝勒大學、麥司亞大學和俄亥俄大學，荷蘭的阿姆斯特丹大學，英國的利茲大學和斯特拉斯克萊德大學，加拿大的西門費沙大學，瑞典的隆德大學，以及內地的上海交通大學、清華大學和中山大學。其他參與大學還有泰國的阿森遜大學（Assumption University）、美國的佩斯大學（Pace University）以及瑞典的斯德哥爾摩大學（Stockholm University）。研究所草創時期，已着力研究中港兩地商業機構的工資及福利等工作，如從 1995 年起與香港人才管理協會每年定期進行香港及中國薪酬福利調查。

27 每年大約邀請六位海外學者來訪。

28 「將世界帶進校園　多元活動擴視野」，《新領域》2004-2005 年第三期，頁 25；「推動大學發展　統籌國際化路向：范耀鈞教授主動為先」，《新領域》2003-2004 年第一期，頁 7。

29 「提升人文教育　尊重科學精神：吳清輝校長就職演詞撮要」，《新領域》（2001/2002 年第二期），頁 8。香港學生既要瞭解歐美日發達國家的社會現狀與文化，也要懂得鄰邦的文化，更重要的是要認識中國歷史文化和當代的社會發展。吳清輝：〈高等教育與地區教育樞紐〉，收入《地區教育合作與教育樞紐的構建 —— 第二屆京港大學校長高峰論壇》（香港：京港學

術交流中心，2007 年）。讓外來生完成學業後留港工作，對香港社會的發展作出貢獻；而外來生回到原居地，又可把香港和中國內地的文化帶到原居地。

30 文學院院長、工作坊主任鍾玲教授說，工作坊大致參考美國「愛荷華國際寫作計劃」的模式，舉辦工作坊有三個目的：第一是提升香港的文化向度，因每年將有重要國際作家在港生活，與本港文化界交流，可大大提升本港文化活動及國際知名度；第二是提升浸大的文學創作與校園文化氣息，有利浸大作家與國際作家進行互動交流；第三是工作坊將令世界各國的文化精英瞭解香港的文化及生活，令香港經驗成為他們生命中重要的一部分。為籌辦工作坊，大學成立國際顧問委員會，邀請國內外知名文學家與翻譯家為顧問。見 CPRO e-News,「浸會大學創辦亞洲首個『國際作家工作坊』匯聚環球作家　推動香港成為國際文化都會」，2004 年 11 月 23 日。

31 2005 年 2、3 月，事務處先後舉辦了意大利節、日本節—沖繩展。同年 9 月 26 日至 10 月 7 日跟語文中心在校園舉辦首個國際文化節。

32 計劃包括本科交換生計劃、印度籍博士課程、中印問題博士後培訓和資深訪問學者計劃。另一方面，捐款將支持浸大舉辦「富強盃」三角籃球賽，透過體育活動聯繫一班來自浸大、清華大學和新德里的大學運動健將，藉此促進三地在文化和體育方面的和諧融合。

33 根據協定，浸大與阿肯色州立大學史密斯堡分校每年會各自派出兩名本科生到對方大學作一學期或一學年的學術交流，雙方教職員亦會獲安排到對方大學進行教學和研究活動，促進交流。

34 現時奧格斯堡學院與浸大社會工作系已展開學術合作，例如兩校與北京師範大學—香港浸會大學聯合國際學院在 2009 年 7 月 2 日合辦了一個國際社會福利和社會工作學術會議（International Social Welfare and Social Work: Cross Cultural Perspectives East and West）。

35 例如需要七十二個學分、科目的比率等。見電影學院盧婉雯助理教授訪問。

36 見「爭取國際商學評審　新院長領商學邁新里程」，《新領域》2004 年 2 月，頁 9。

37 這次的合作能為學員帶來協同效應，學員於完成浸大 MBA 課程的通用管理培訓後，可於斯德哥爾摩大學商學院集中學習專門的範疇，為學員提供國際化的學習體驗，擴闊其視野。

38 2005 年 10 月 7 日，傳理學院使用「全球媒體網」，把普通的教室變成了全球化課室，成為全港首家應用「全球媒體網」的院校。學院師生跟台灣政治大學和美國波爾大學傳播課堂的師生通過實時互動網絡，交流意見，進一步開拓學生的國際視野。汪琪院長鼓勵學院的老師與海外的老師合作教授科目，讓兩地的學生能同時上課，但甚受時差、設備等的困難影響。見傳播系陳家華教授訪問。

39 見〈陳新滋校長接受中新社專訪〉，2011 年 5 月，載自香港浸會大學內地辦事處網頁：http://cn.hkbu.edu.hk/mainland/index.php?action=view&id=63（瀏覽日期：2014 年 10 月 19 日）。

40 吳清輝：〈高等教育與地區教育樞紐〉，頁 31。吳校長舉了跟美國 Pepperdine University 的交流協議為例，來自該大學的交流生需要到香港鄰近地區進行文化考察，並獲提供普通話課程。由此可見，海外大學已十分重視對中國語文以及中國文化的認識。

41 〈政協委員：經濟全球化教育必然走向國際化〉，《中國教育報》2014 年 3 月 12 日，第 9 版。

42　中醫藥學院獲翻譯課程辦公室幫忙，把很多中醫的用字、術語等翻譯成英文。

43　早在 2007 年，中醫藥學院編著的《香港容易混淆中藥》（*Easily Confused Chinese Medicines in Hong Kong*）以英譯本發行。

44　為擴闊學生的視野，讓他們更加關注世界時局，浸會大學每年均派出代表團，參加在世界各地舉辦的模擬聯合國會議。2004 年派出學生前往美國波士頓參加由美國哈佛大學舉辦的「哈佛模擬聯合國會議」（Harvard National Model United Nations），並自 2006 年起參加在北京舉行的「北京大學國際模擬聯合國會議」（Asian International Model United Nations）。

45　工商管理學院的工商管理碩士（MBA）及商業管理理學碩士（MScBM）課程最近獲得工商管理碩士課程協會頒發認證，標誌着學院的優質工商管理教育得到國際認許。

46　2013 年 4 月 26 日，數學系與英國肯特大學商業學院的代表簽署合作協議，將於 2014 年 1 月起合辦一年半全日制雙碩士學位課程，培訓金融數學及金融市場方面的專才。畢業生將同時獲浸大頒發金融數學理學碩士（Master of Science in Mathematical Finance）學位及肯特大學頒發金融市場理學碩士（Master of Science in Financial Markets）學位。

47　2013 年 3 月 12 日，工商管理學院與英國謝菲爾德大學管理學院的代表簽署合作協議，雙方將於 2013 年 9 月起合辦一年全日制環球市場管理學理學碩士課程，培訓掌握國際行銷管理理論與實務的市場學專才。該課程是本地首個環球市場管理學的聯合碩士課程（Joint Master of Science in Global Marketing Management Programme），學員在完成一年課程後，將可獲得兩校合頒一個碩士學位。課程由浸大市場學系與謝菲爾德大學管理學院經三年時間籌備。學員需分別於上學期在英國及下學期在香港修讀，藉此體驗及瞭解兩地不同文化，並將透過課堂研習和畢業論文等訓練，培養他們有關市場動態對企業影響的分析能力和理解能力。

48　2013 年 1 月 8 至 11 日，浸大與佐治亞西南州立大學（Georgia Southwestern State University）簽訂合作協議，將探討合辦一個本科交流生課程。亦與喬治亞州立大學（Georgia State University）簽訂一項交流生協議。

49　理學院院長、數學系湯濤教授訪問。

50　大學教育資助委員會報告：《展望香港高等教育體系》（香港：大學教育資助委員會，2010 年 12 月），頁 65。

51　李金強：〈香港浸會大學的中國基督教史研究〉，載羅秉祥、江丕盛編：《大學與基督宗教研究》（香港：香港浸會大學中華基督宗教研究中心，2002 年），頁 277-295；王立誠：〈滬江大學與香港浸會大學 —— 20 世紀浸會華人高等教育事業歷史變遷〉，《近代中國基督教史研究集刊》，第 2 期（1999 年），頁 67-84。

52　黃嫣梨、黃文江編著：《篤信力行：香港浸會大學五十年》，頁 63。

53　廖美香：《中港教育大融合》（香港：雅典文化企業有限公司，2007 年），頁 8-14。

54　黃嫣梨編：《香港浸會大學校史》，頁 385-386。

55　這不單是鍛煉普通話以及拓寬學術視野的活動，更是同學接受全人教育的重要學習歷程，成為中研畢業生珍貴的集體回憶。詳見黃文江編：《青春結伴近春園：香港浸會大學清華大學暑期研習班廿五周年口述歷史》（香港：香港浸會大學中國研究課程，2016 年）。

56 〈兩岸四地高校學術交流〉，載自香港浸會大學行政處網頁：http://gao.hkbu.edu.hk/tc/aemc/ aemc.html（瀏覽日期：2014 年 10 月 20 日）。

57 理學院的蘇美靈博士曾於 1988 年到訪武漢大學；唐遠炎博士曾於 1996 年到訪東北大學、北京郵電大學及中國協和醫科大學；陳永康博士曾於 2000 年到訪山西大學、西北大學；謝國偉博士曾於 2003 年到訪南京大學；張曉明博士曾於 2004 年到訪西安電子科技大學和東南大學等。文學院的洪同年博士曾於 1999 年到訪北京大學、北京醫科大學和天津師範大學；江丕盛博士曾於 2001 年到訪復旦大學、華東師範大學；張佩瑤博士曾於 2006 年到訪四川外語學院、四川大學等。社會科學院的陳玉璽博士曾於 1990 年到訪北京大學；李思名博士曾於 1993 年到訪華東師範大學；周啟鳴博士分別於 1998 年到訪中國科學院、武漢測繪科技大學及於 2007 年到訪武漢大學、北京師範大學；丁偉博士曾於 2010 年到訪山東大學、山東師範大學；劉永松博士曾於 2011 年到訪清華大學、北京體育大學和復旦大學；周碧珠博士曾於 2012 年到訪北京大學和清華大學等。工商管理學院的蕭偉森博士曾於 1992 年到訪南京大學、南開大學；蔡訓生博士曾於 1994 年到訪復旦大學；曾仕龍博士曾於 2008 年到訪西安交通大學。傳理學院的朱立博士曾於 1995 年到訪復旦大學、中國人民大學；俞旭曾於 1997 年到訪杭州大學、復旦大學、南京大學；陳凌博士曾於 2002 年到訪浙江大學、蘇州大學；甄美玲博士曾於 2005 年到訪中國傳媒大學、復旦大學；馬成龍博士於 2013 年到訪北京大學、清華大學、中國人民大學、中國傳媒大學。視覺藝術院的王鈴蓁博士於 2009 年到訪清華大學。〈王寬誠教育基金會學術講座：獲資助前往內地高校講學的本校教學人員芳名錄〉，載自香港浸會大學行政處網頁：http://gao.hkbu.edu.hk/tc/download/amals/KCW_HKBU_ scholars.pdf（瀏覽日期：2014 年 10 月 20 日）。

58 香港浸會大學行政處網頁：http://gao.hkbu.edu.hk/tc/home/index.html（瀏覽日期：2015 年 4 月 16 日）。

59 《香港浸會大學年報》，2004-2005 年，頁 48；《香港浸會大學年報》，2007-2008 年，頁 15；香港浸會大學行政處網頁：http://gao.hkbu.edu.hk/tc/home/index.html（瀏覽日期：2015 年 4 月 16 日）。

60 〈浸大常熟研究院 3 月落成　主攻中醫藥　冀與港中醫院對接〉，《大公報》，2013 年 2 月 22 日，頁 B14；《香港浸會大學年報》，2012-2013 年，頁 4。

61 《香港浸會大學研究院通訊》2014 年，頁 7。

62 〈浸大中學校長日逾百校參與〉，《大公報》，2016 年 2 月 22 日，頁 A21。

第七章

關懷社稷
古道熱腸

浸會大學的社會參與

知識分子關注慣常被忽視的群體和議題，為大眾發聲。[1] 他們除了精研學問及作育英才外，更會透過個人的影響力，通過各種新舊媒體和平台，表達自己對社會公共議題的觀點立場。香港的知識分子特別留心香港、中國內地以至全球發展的問題和有關選擇，承擔起教育下一代及發展社會的責任。以下將分別從知識傳播、政治參與、社會服務及輿論引導等幾個方面，揭示浸大學者如何展現出知識分子的特質。

1970 至 1990 年代初教職員著書議政

第一節　廣傳文化，清議時政

　　香港曾是英國殖民地，早年華人未能全面參與本地的政治活動，但由於言論自由，令香港報業異常興旺。二十世紀上半葉，報業發展更是如火如荼，中英文報紙多達二三十種。本地的時事雜誌如《信報月刊》、《明報月刊》、《百姓》等於七十年代開始發揮極大影響力。報章雜誌為那些對時政有熱忱的學者提供了發聲的渠道，讓他們公開討論文化、政治、社會等議題，吸引很多中學、大學老師、知識分子購買及閱讀。加上之後新興媒體如廣播、電視的發展，使得文人有了更多表達政見的方式。

　　自六七十年代開始，浸會學院一些享負盛名的學者就開始在報章、雜誌上評論時政，當中一些學者且曾在本地各大報社擔任過編輯工作，他們利用自己流利的文筆、豐富的知識以及獨到的見解，深入地分析討論社會、文化與政治現象。例如中國語言文學系的易君左先生，就曾擔任過《星島日報》副刊主編；[2] 而系主任兼文學院院長徐訏先生，亦曾擔任《星島週報》的編輯委員及《新民報》副刊主編等工作；[3] 史地系的胡靈雨先生（筆名司馬長風，1972-1976年在校任教），曾在《明報》、《明報月刊》、《星島日報》、《中國時報》等報刊評論政史，還曾先後主編過《祖國週刊》、《東西風》，擔任《明報》國際版編輯和《中國學生周報》的顧問；[4] 至於歷史系系主任劉家駒先生因對中國文化及國情非常關心，常以筆名「劉健」、「馬以定」及「柳以青」在多份報章雜誌發表文章，如《明報》「學苑」漫筆專欄，[5] 藉以表達對史學研究、中國文化、人生哲理、當代中國問題等方面的見解，亦曾就香港前途問題撰寫時論，針砭

時弊；[6] 除了文史系，社會學系的黃枝連教授常常就中國發展、兩岸關係、中美關係、東亞局勢等議題發表具前瞻性的分析，並刊於本地的《信報財經新聞》、《大公報》、《星島日報》、《明報》及《明報月刊》等，及海外報刊如吉隆坡的《馬來西亞南洋商報》、新加坡的《聯合早報》、曼谷的《亞洲日報》、東京的《財經資訊月刊》、紐約的《僑報》等。[7]

傳理學系的張國興先生是著名的傳媒人和記者，曾任《南華早報》兼任編輯顧問，且為該報撰寫每周專欄，及為《英文虎報》專欄撰文。張先生在離開中國大陸前，記錄了對政權的所見所感及生活點滴，及後整理筆記，結集成書，出版了 *Eight Months Behind The Bamboo Curtain*，後譯為中文書《竹幕八月記》，被譽為首個以「竹幕」形容中國共產黨統治的人，其他有關中國的著述包括 *A Survey of the Chinese Language Daily Press*（1968）和 *Mao Tse-tung and His China*（1978）。在中國仍然對外封閉、資訊並不發達的年代，有關文章、書籍促進了大眾對中國的認識，所以他開設的中國報導班也受到廣泛的關注。至今，傳理學院仍然秉承他所提倡的「唯真為善」的信念及精神，並以此為院訓，培養學生作為新聞工作者應有的態度。[8]

七十年代以後，隨着工業的興旺，香港經濟快速發展，人們的教育和生活水平大有提升，相關的政治、經濟、社會議題引起市民廣泛關注。八十年代初開始，經濟系的兩枝健筆於本地的報刊長時期發表評論分析，他們分別是曾澍基博士及鄧樹雄博士。曾澍基博士研究資本主義危機、長波理論及馬克思主義經濟學等。1998 年香港出現貨幣危機，他發表言論認定聯繫匯率的 AEL 模式及貨幣局制度是香港的出路，深受各界重視，有稱他為香港實行「聯繫匯率」

（上）1984 年傳理學系系主任張國興（右一）向林思齊伉儷（左一、二）
　　　介紹系內設備

（下）經濟系的曾澍基教授（右）參與香港金融管理局的貨幣發行委員會
　　　會議（相片由香港金融管理局提供）

的功臣之一。[9] 鄧樹雄博士曾就財政預算案、稅制等經濟議題在《信報財經新聞》等發表評論文章，並先後出版《香港公共財政問題研究》及《後過渡期香港公共財政》兩部專書，探討香港的財政問題及香港在過渡期的事務。

傳播媒體的發展日新月異，除了紙質媒體，愈來愈多的學者還會在廣播、電視等多媒體上議論時政、表達觀點。浸大政治及國際關係學系的丁偉教授就是一位國際時事評論員，早於 1980 年代起，丁教授就因香港回歸事宜曾獲邀撰寫有關香港問題的文章、評論等，並經常在《信報月刊》、《明報月刊》上發表。[10] 同系的黃偉國博士和楊達先生則分別主持電台節目《自由風自由 Phone》和《十萬八千里》，他們積極探討本地政治以至國際關係問題，經常接受傳播媒體的採訪並發表專業評論。

社會學系的梁漢柱博士曾擔任過電視節目《左右紅藍綠》的嘉賓，並在《明報》等報章上發表文章，討論工人薪酬制度、勞資制度、全民退休保障、扶貧等議題。教育學系的學者們也熱衷於討論社會議題，常在報刊以及大眾傳媒發表評論文章。近年，潘玉琼博士就香港的教育事務、教學語言、大學學制發展等議題發表評論，[11] 許為天博士和鄧國俊博士亦在《信報財經新聞》、《大公報》和《星島日報》等定期發表教育專業短評。

即使在參政機會大增的今天，浸大的學者依然透過各種媒體途徑，努力表達自己的意見，表現出對政治、經濟和社會發展的關心和熱忱，努力發揮自己作為知識分子的影響力。

第二節　晉身議會，肩負公職

　　進入八十年代中後期，香港的政治體制和實況都發生了極大的改變。1984 年《中英聯合聲明》簽署後，北京政府希望廣納香港市民的意見，制定日後「一國兩制」的具體內容，同時也希望培養香港本地的華人精英，以達致港人治港的目的。因此，本地華人在八十年代中期以後，開始有議政和參政的機會，對政治的關心不再只局限於筆墨之中。從此，不少本校教職員，紛紛付諸行動，或進入議會，或擔任公職，努力實現自己的政治理念，肩負起更大的社會責任。

（一）進入議會

1）區議會、立法局、行政局

　　1982 年，香港第一屆區議會選舉分別在新界和港九市區舉行，選出一百三十二個民選議席，本地華人精英開始有機會進入區議會，直接參與地區事務。浸大的一些學者就曾經擔任過區議員，以更直接的途徑實現自己的政治理念。浸大第二任校長謝志偉博士早年就曾出任九龍城區議會議員，及後更循間接選舉途徑獲選為立法局議員，後獲港督邀請出任行政局議員。尤德爵士（Sir Edward Youde）及衞奕信爵士（Sir David C. Wilson）兩位港督在任期間，謝校長參與了香港政府的重大決策，如處理 1989 年因「六四事件」出現的信心危機，落實興建新機場及其他措施等。[12] 此外，社會工作系的李建賢博士也曾擔任過灣仔區區議員（1994-1999 年）及東區區議員（2003-2007 年），前後共有十年之久。[13]

謝校長身兼行政及立法局議員，經常出席政制研討會。

第三任校長吳清輝教授

2）立法會

　　1985 年 9 月，香港舉行首次立法局選舉（立法局於 1997 年解散，1997 至 1998 年由臨時立法會暫代職務，1998 年立法會成立），通過間接選舉共選出二十四名議員進入立法局，參政的門路大為開通。時任浸大理學院院長吳清輝教授曾於 1997 至 1998 年擔任香港臨時立法會議員，以及立法會教育事務委員會副主席。其後，他循立法會選舉委員會界別的途徑獲選為立法會議員，於 1998 至 2001 年出任議員期間，曾就香港的公共政策及發展計劃在立法會提出可持續發展概念的動議，及提出人力資源政策議案。[14] 2012 至 2016 年間，政治及國際關係學系副教授陳家洛博士循立法會（香港島）地區選舉的途徑當選立法會議員，在立法會會議上，他提出捍衛學術自由的議案，亦對兒童權利問題、南丫島海難事故、郊野公園修訂等問題表示關注，並積極地就教育、民政、環境、政制等多項議題

提出意見。[15] 2016 年 9 月，社會工作系講師邵家臻先生循立法會功能組別（社會福利界）選舉的途徑當選立法會議員。

（二）服務公職

公共服務的定義非常廣泛，包括為政府機構及各院校擔任公職及顧問，也指普遍的社區服務，甚至是為大學教育的長遠發展作出貢獻。浸大學者多年來在文化教育、社會經濟等不同領域出任公職，成就和貢獻非凡。

1）文化教育領域

文化教育領域一直是本校學者服務公職的重點，傳播系的陳家華教授就出任過不同高等院校、進修學院的校外課程評審委員以及多份期刊的編輯委員會委員。此外，她也為香港學術及職業資歷評審局、研究資助局等擔任顧問。[16] 人文及創作系的文潔華教授出任過博物館專家顧問，以及香港藝術發展局、非物質文化遺產諮詢委員會、公共圖書館委員會、郵票設計委員會、康樂及文化事務署節目委員會的委員。近年，她被委任為中區警署建築群活化計劃選拔委員會委員。[17] 歷史系教授暨當代中國研究所所長麥勁生教授曾出任非物質文化遺產諮詢委員會委員，負責監督全港非物質文化遺產的普查工作，還擔任歷史博物館諮詢委員會委員，就歷史博物館的定位、制訂博物館的業務發展策略等事宜向康樂及文化事務署署長提供意見。此外，他是課程發展議會個人、社會及人文教育委員會委員及修訂初中中國歷史及歷史課程專責委員會（中一至中三）委員。[18] 視覺藝術院的何兆基博士參與的公職甚多，當中包括藝術博

物館諮詢委員會委員、香港藝術館專家顧問、民政事務局藝術發展諮詢委員會視覺藝術小組委員、民政事務局藝能發展資助計劃專家顧問、課程發展議會藝術教育委員會委員、民政事務局博物館諮詢委員會委員、教育局課程發展處及考試及評核局聯合委員會委員（新高中視覺藝術科）、香港藝術發展局審批員（視覺藝術、藝術教育）。何博士積極推廣藝術教育、社區藝術，曾參與「憧憬世界」攝影教育計劃。[19]

2）社會經濟領域

　　除了對教育的關心，浸大學者對於社會、經濟的發展亦貢獻良多。前校長謝志偉博士在香港即將回歸祖國期間，曾出任港事顧問、基本法諮詢委員會委員和全國人民代表大會香港特別行政區籌備委員會委員。他還曾加入香港中醫藥管理委員會、食物及環境衛生諮詢委員會、廉政公署貪污問題諮詢委員會、公民教育委員會，以及雙語法例諮詢委員會等，為各項社會議題出謀劃策。[20] 管理學系的趙其琨教授一直致力宣揚家庭友善以及防止年齡歧視的訊息，以求達致和諧的勞資關係。他任職香港平等機會委員會委員長達六年，曾獲香港特別行政區政府頒授榮譽勳章，以表揚他對社會的貢獻。此外，趙教授也是非政府組織如香港家庭福利會、協康會的董事、顧問及委員，曾擔任香港職業發展服務處委員會委員達十五年之久。[21] 財務及決策學系麥萃才博士在市區重建局中出任董事會非執行董事、財務委員會成員、人力資源及薪酬委員會成員等，並出任能源諮詢委員會、方便營商諮詢委員會、香港投資者教育中心諮詢委員會、香港證監會學術評審諮詢委員會及香港金銀業貿易場註冊委員會委員，為經濟議題獻計。[22]

第三節　服務社群，傳播知識

推廣知識亦為知識分子的社會責任。新的全球問題在二十一世紀湧現，例如生態環境危機、新型疾病等，知識分子應具有關懷全人類的胸襟，從寬廣的觀點立場來瞭解人類的問題，並努力尋求方法建設可持續發展的社會。[23] 現今的精英學者多樂於走出象牙塔，除了在教室傳道授業，還會把個人的專業知識透過不同活動及層面，如公開講座、各類媒體平台、出版書籍等，推廣至社會不同階層，既提供了知識交流的機會，又有助社會提升文化質素。

（一）回饋社會

在社區服務上，香港浸會大學提供的中醫藥醫療服務樹立了良好的榜樣。西方醫藥尚未普及之時，本地居民的醫療服務大多依賴中醫師提供，及至第二次世界大戰結束後，西方醫藥經不斷擴充及發展成為主流。但傳統中醫藥仍在社會上扮演重要角色，特別是在針灸推拿及中藥保健方面，於 1999 年 7 月通過的《中醫藥條例》及同年 9 月成立的香港中醫藥管理委員會，更進一步肯定了中醫藥的地位。[24]

由於社會對中醫藥醫療服務的需求日趨殷切，浸大中醫藥學院在 2001 年開設第一間中醫藥診所，現在更增至十五間，主要由臨床部管理，當中八間為直屬診所，另外七間則與醫院管理局及其他非牟利機構合作，遍及香港各區，總共服務約二百萬名病人。診所臨床部現時約有一百九十多位專家學者，除了專注教研工作外，

（上）香港浸會大學陳漢賢伉儷中醫專科診所暨臨床規範研究中心

（下）中醫藥學院積極推動社區義診，營造健康社區。

更一直致力於服務社區。他們親身擔任診所醫師，為病人提供醫療服務。為了能在多方面回饋社會，診所除了一般的門診、專科服務外，又經常舉行義診日，為市民提供免費健康諮詢及內科診症服務，營造健康社區。開辦中醫藥診所既可以為市民大眾提供高質素的中醫藥醫療保健服務，又可以為中醫藥提供教研基地，高度結合了教研與實踐。[25]

浸大學者在推廣中醫藥方面亦不遺餘力，例如呂愛平教授多年來致力推動中醫藥標準化，亦是中醫標準化領域方面的領導學者，自 2009 年 ISO/TC249 成立以來，他一直擔任該國際標準化組織的中方代表團團長，積極參與制定中醫藥貿易、中藥材、中藥產品、針灸器具、中醫診療設備、中醫資訊等範疇的國際標準。最近更獲國家質量監督檢驗檢疫總局與國家標準化管理委員會頒授「中國標準突出貢獻獎」及中國標準化協會頒授「標準化十佳推動者獎」。呂教授現任中國中西醫結合學會第六屆理事會副會長，編輯有關中西結合醫學的百科全書，也是歐洲中醫藥規範研究學會（Good Practice in Traditional Chinese Medicine）的成員，與趙中振教授同為《中華人民共和國藥典》委員，而趙教授更是《美國藥典》、《歐洲藥典》的顧問；卞兆祥教授則在眾多與醫療相關的機構中服務。[26]

（二）推廣知識

在積極服務社群之外，浸大的學者們積極肩負着傳道、授業、解惑的傳統職責。透過各種公眾活動、傳播媒體、發表論文和出版書籍等不同途徑，將各種知識傳播給社會大眾，達致普及知識的目的。

舉辦各種講座、研討會、展覽、表演、考察等公眾活動，是讓

大眾接觸各種知識的最直接途徑。浸大中醫藥學院經常透過舉行中醫藥預防及治療各種疾病的公開講座及研討會、社區活動及外展服務，如五一浸大中醫日、健康從今天開始——中醫外治推廣體驗日、中醫繽紛童樂日、2014 首屆香江膏方節及專題講座，為社會大眾提供中醫藥醫療保健訊息，並推廣預防疾病的知識。[27] 另外，學院的孔憲紹博士伉儷中醫藥博物館致力蒐集及整理與香港中醫藥有關的文物，以多元化及生動活潑的展覽及節目，讓市民大眾對傳統中醫藥有更全面及正確的認識，推動中醫藥事業發展。[28]

在推廣音樂方面，音樂系經常透過各種音樂藝術節目，如藝術節，與康文署、香港管弦樂團、泛亞交響樂團、香港小交響樂團合辦活動等，推廣音樂發展。該系的林青華博士還為《南華早報》、《英文虎報》、《星報》、《星島日報》及早年的《華僑日報》等擔任樂評家及專欄作家，並出任英國皇家音樂學院香港、澳門、台灣和中國內地樂理主考。[29]

生物系的邱建文博士主要研究海洋生物多樣性和保護漁業資源議題，他參與中國載人潛水器「蛟龍號」在南海及太平洋一帶展開共一百一十三天的深海考察任務，成為首位乘坐「蛟龍號」下潛的香港科學家。他在 2013 年完成為期四十天首階段的試驗性任務後，與大眾分享下潛經驗和展示部分在深海取得的樣本，例如貽貝、鎧甲蝦、玻璃海綿等，而這項考察亦有助日後有關環境保護和保護深海資源的研究發展，惠及大眾，亦對教學及學生進行研究有很大的幫助。[30]

1980 年代後，各種傳播媒體發展興旺，浸大不少教授學者通過參與不同的電台節目、電視節目等傳播知識，向一般的市民大眾深入淺出地傳播學術知識。人文及創作系的文潔華教授自八九十年代

生物系副教授邱建文博士（左）置身「蛟龍號」，成為首位乘坐該潛水器下潛的香港科學家。

起，在電子媒體發表評論，並且多年來主持電台節目，涵蓋哲學、美學、藝術、中國文化發展等範疇。[31] 歷史系麥勁生教授和傳理學院的盧偉力博士定期於《講東講西》節目擔任主持，麥教授且兼《古今風雲人物》、《藍地球》、《百年留學》、《文明的故事》等多個歷史文化的電台和電視台節目的主持。體育學系的雷雄德博士長年在電台推廣體育科學及健康的資訊，他參與《清晨爽利》中「運動有方，活出健康」的環節已超過十年，又主持體育雜誌式節目《十項全能》；另外，他還參與電視台節目《都市閒情》及《學是學非》，在節目中推廣正確的體育科學概念。語文中心的朱少璋博士主持的《文采飛揚》亦可算是另一長壽節目，該節目播出共有一百零四集，致力推廣中國語言和文學的多方面特色，包羅傳統到現代各種文體的修辭、語法，以及當中的歷史與文化等。2014 年，朱博士主持的

中國研究課程讓社區人士以跨學科和多元視野認識當代中國的不同層面

浸大教員透過電視媒體普及科學和文教知識（相片由雷雄德教授提供）

另一電台節目《文化四合院》，説明語言學之中各項知識及推廣文學的趣味。[32] 物理系謝國偉教授熱心推廣普及科學知識，經常接受電台、電視台的訪問，深入淺出地講解關於火箭發射、航天科技等的知識。他又積極參與有關普及教育、科學通識的節目錄影，例如電視台節目《學是學非》，以及兒童科普節目，並為業界擔任顧問的工作。[33]

英國語言文學系的周兆祥博士是香港最早利用多媒體宣傳環保意識的人，他主張建設綠色社會，提倡低碳生活、簡樸生活，從生活中實行環保。為了宣揚保護環境的重要性及推廣綠色生活教育，他在 1995 年及 2004 年分別成立香港素食學會及綠色生活教育基金。[34] 此外，他也關心綠化校園的發展，不遺餘力參與大學校內環保相關活動，提高同學的環保意識。[35] 地理系的周全浩教授致力研究香港能源問題，早在 1978、1979 年他已在報章上撰寫有關香港能源的評論文章，至今仍在《信報》等本地報章撰寫評論文章，曾積極關注及討論 1980 年代中期興建大亞灣核電廠的問題，及後關注政府開放能源市場等問題，他在 1998 年成立浸大香港能源研究中心，透過定期舉辦研討會、出版刊物、在報章上刊登文章、接受傳媒訪問等來教育大眾更多有關能源的知識。[36]

傳播系的陳家華教授近年關注物質主義、青少年健康飲食、廣告策略等課題，於 2012 至 2014 年兩度獲得由 Emerald Group Publishing Limited 頒發的 Emerald Literati Network 最佳論文獎中的「高度推薦獎」。她有感香港高等院校的教科書、教材未能涵蓋本地的資料，因而收集了各式各樣的材料後撰寫了數本教科書，當中結合了業界人士、校友的訪問等，並應用到課堂之上。[37]

第四節 關心社會，引領輿論

現代的知識分子在從事研究和教學之餘，亦關心社會，並努力以知識去改變社會、引領輿論，肩負推動國家及社會發展的責任。浸大學者一直對推動社會發展非常關注，包括公民權利、社會運動、社會發展等各種議題。

（一）公民權利

曾任宗教及哲學系系主任的余達心博士，多年來鑽研西方文化與基督教神學，希望信徒能把信仰在生活中演繹，使之成為當代思潮及倫理道德中的一股力量，敢於回應時代挑戰。[38] 1984 年，余達心與二十七位教會領袖參與擬定《香港基督徒在現今社會及政治變遷中所持的信念》（簡稱《信念書》）。其後，余達心所著的《信念書註釋》，對信徒產生深刻的影響，使教會及信徒作為公民社會的一分子，透過自身的價值，影響所身處的國家及社會。[39]

現任宗教及哲學系系主任關啟文教授認為知識分子應該要關心社會，不應只局限於發表理論，所以他曾多次就淫褻及不雅物品議題對青少年及社會的影響發表文章及評論，例如《星島日報》、《明報》、《am730》等；他又在數份基督教報刊上提出個人觀點，希望喚起公眾的關注。近年主要回應同性婚姻等社會議題，曾參與立法會討論《2014 年婚姻（修訂）條例草案》的委員會會議，並就會議提交意見。[40]

現任應用倫理學研究中心主任暨宗教及哲學系教授的羅秉祥教

授，對倫理道德中有關男女生育、同性戀等議題的研究甚有心得，出版了專書如《繁星與道德》等。他自 2012 年起獲委任為人類生殖科技管理局成員、自 2002 年起任醫院管理局九龍東聯網臨床倫理委員會成員。[41]

（二）社會運動

近年香港的社會運動非常活躍，探討政府政策和措施的正當性、公民抗命的本質與意義、違抗法律行為的意涵、非暴力的政治行為等議題廣受公眾關注。羅秉祥教授不但從宗教、道德與倫理學等角度探討以上課題，引發社會反思香港的政治與社會問題，並且聯署發表《「基督徒支持民主政改」理念書》，又發起了「基督徒支持民主政改」活動，擔任「基督徒支持民主政改商討日」籌備委員，為教徒講解民主普選與教會的關係。[42]

丘延亮博士持續關注香港及台灣的社會運動和弱勢社群。他曾參與的社會運動包括香港 JWM 的女工守廠罷工、香港回歸前後的社會民主化系統抗爭及來自其他各界各地如亞洲、台灣的社會運動。[43] 曾在社會學系任教的陳允中博士積極參與香港的保育運動、社會及民主運動，例如保衛皇后碼頭行動、灣仔藍屋項目、石水渠街、利東街、「七一」遊行等。社會工作系的邵家臻先生重視青少年研究，常為《星島日報》、《am730》撰寫文章，曾擔任香港電台節目《思潮作動》的主持。

新聞系的學者對新聞自由、政治發展、時事熱點等問題最為關注，杜耀明先生曾在 1997 年由香港外國記者協會、國際特赦組織香港分會及香港記者協會合辦的人權新聞評述比賽中獲得人權新聞

呂秉權（左一）在課餘主持電台節目《中國點點點》。（相片由潘蔚能先生提供）

獎。呂秉權先生有十多年處理中國、香港新聞的經驗。加入新聞系之後，他仍主持電台節目《星期六問責》和《中國點點點》，為大眾介紹及討論本地以及中國的最新發展。

　　文以載道是中國傳統知識分子的實踐。在浸大六十年的發展史中，本地社會曾經歷存亡之際的巨大政治危機，也面對過前路未明、利害攸關的挑戰。故此，部分浸大學者便通過不同途徑，如借助傳播媒介就社區、國家以至國際大事發表專業意見和評論，投身和服務自己所屬的專業領域，以及加入議會及政府諮詢架構，直接參與構思和制訂政策的過程，盡知識分子之力共襄社會進步。

註釋

1 　愛德華・薩伊德（Edward Said）著、單德興譯：《知識分子論》（台北：麥田出版股份有限公司，1997 年），頁 48。

2 　李立明編：《中國現代六百作家小傳資料索引》（香港：波文書局，1978 年），頁 215-216。

3 　王宏志：〈「竄跡粵港，萬非得已」：論香港作家的過客心態〉，載黃維樑主編：《活潑紛繁的香港文學：一九九九年香港文學國際研討會論文集》（香港：香港中文大學新亞書院，中文大學出版社，2000 年），頁 719。

4 　〈司馬長風先生的生平行誼〉，載《司馬長風先生紀念集》（出版地缺：覺新出版社，1980 年），頁 20-21；關國煊：〈司馬長風小傳〉，載林潔卿選編：《生命的長流：司馬長風遺作選（散文卷）》（香港：當代文藝出版社，2004 年），頁 I-III。

5 　李金強：〈香港浸會大學的中國基督教史研究〉，載羅秉祥、江丕盛編：《大學與基督宗教研究》（香港：香港浸會大學中華基督宗教研究中心，2002 年），頁 282；謝志偉：〈劉家駒先生生平史略〉，載《劉健先生遺文輯錄》（香港：聖神修院神哲學院，1990 年），頁 viii-ix。

6 　李金強：〈劉家駒先生事略〉，載《劉家駒先生紀念集》（香港：香港浸會大學歷史系，2004 年），頁 13-15。

7 　黃枝連：《指點天下：探索二十一世紀的文選》（香港：匯訊出版有限公司，2000 年），頁 I。

8 　〈愛國之心，信守真相 —— 張國興先生生平事跡〉，2006 年 2 月 22 日，載自永遠懷念張國興先生（1916-2006）網頁：http://www.comm.hkbu.edu.hk/chang/f_memoriam_cklau-scmp.htm（瀏覽日期：2014 年 9 月 22 日）；〈「唯真為善」—— 冒險帶出文稿的一代新聞工作者張國興先生〉，2011 年 9 月 27 日，載自傳理學院網頁：http://www.comm.hkbu.edu.hk/comd-www/files/20110927%20-%20CKS%20info%20_Chinese_.pdf（瀏覽日期：2014 年 9 月 22 日）。

9 　曾澍基於 2014 年 8 月 16 日離世，他生前的好友把他的各種評論和研究編輯成為一套六冊的《曾澍基全集》（香港：華基基金出版社，2015 年）。其中的第一冊收錄他多年來在本地報刊發表的評論。

10 　政治及國際關係學系丁偉教授訪問。

11 　〈Dr. POON, Y K Anita〉，載自香港浸會大學教育學系網頁：http://educ.hkbu.edu.hk/?page_id=5784（瀏覽日期：2014 年 10 月 3 日）。

12 　〈澳大校董會主席謝志偉博士獲香港公開大學頒授榮譽博士學位〉，載自澳門大學校友及發展辦公室網頁：http://um2.umac.mo/apps/com/alumni.nsf/showtopics/JLEG-7LD9GR?open&lang=chi（瀏覽日期：2014 年 9 月 26 日）。

13 　〈李建賢博士 Dr. Mark LI〉，載自民主黨東區黨團網頁：http://www.eastern-dphk.org/mark-li（瀏覽日期：2014 年 9 月 29 日）。

14 　〈立法會會議（議程），2001 年 2 月 28 日〉，參考編號 A00/01-20(1)，載自立法會網頁：

http://www.legco.gov.hk/yr00-01/chinese/counmtg/agenda/cmtg2802.htm（瀏覽日期：2014 年 9 月 26 日）；〈立法會會議（議程），1998 年 10 月 14 日〉，參考編號 A98/99-12(1)，載自立法會網頁：http://www.legco.gov.hk/yr98-99/chinese/counmtg/agenda/cord1410.htm（瀏覽日期：2014 年 9 月 26 日）；黃嫣梨、黃文江編著：《篤信力行：香港浸會大學五十年》，頁 157。

15　〈2012-2013 陳家洛立法會議員工作報告〉，載自立法會議員陳家洛辦公室網頁：http://www.chankalok.hk/wr/（瀏覽日期：2014 年 9 月 29 日）；參閱立法會議員 —— 陳家洛議員履歷。

16　〈Kara CHAN〉，載自香港浸會大學傳播系網頁：http://www.coms.hkbu.edu.hk/~karachan/（瀏覽日期：2014 年 10 月 6 日）；〈CURRICULUM VITAE：Professor Ka Wah CHAN（陳家華教授）〉，載自香港浸會大學傳播系網頁：http://www.coms.hkbu.edu.hk/~karachan/file/CV_Full_June_2014.pdf（瀏覽日期：2014 年 10 月 6 日）；傳播系陳家華教授訪問。

17　人文及創作系文潔華教授訪問；〈Prof. MAN Kit Wah, Eva 文潔華教授〉，載自香港浸會大學人文及創作系網頁：http://hum.hkbu.edu.hk/staff.php?staff_class= ts&staff_id=1（瀏覽日期：2014 年 10 月 6 日）；中區警署建築群活化計劃網頁：http://www.centralpolicestation.org.hk/ch/conserve-and-revitalise-cps/index.asp（瀏覽日期：2014 年 10 月 6 日）。

18　〈歷史文化學堂〉，載於香港中華文化發展聯合會網頁：http://www.hkccda.org/history2/2014/10/15/11/（瀏覽日期：2015 年 4 月 16 日）；《《歷史與反思》重溫〉，載 dbc 數碼電台網頁：http://www.dbc.hk/hotspot-detail/type/2/Id/88（瀏覽日期：2015 年 4 月 16 日）；〈「百年中日關係溯源與展望」系列活動・第一個公開講座〉，載自京港學術交流中心網頁：http://www.bhkaec.org.hk/articles/?do=view&catalog_id=365&article_id=318（瀏覽日期：2015 年 4 月 16 日）；〈浸大國際學院舉辦「中國武術在香港」學術講座〉，2015 年 3 月 6 日，載自香港浸會大學國際學院網頁：http://www.cie.hkbu.edu.hk/main/tc/college_news/college_news/570（瀏覽日期：2015 年 4 月 17 日）；〈香港文化事誌（2008 年）〉，2009 年 11 月，載自香港藝術發展局網頁：http://www.hkadc.org.hk/wp-content/uploads/HK_Arts_Culture_Events_Calendar-_2008.pdf（瀏覽日期：2015 年 4 月 17 日）；〈委員會成員及職權範圍〉，載自康樂及文化事務署博物館諮詢委員會網頁：http://www.lcsd.gov.hk/tc/map/hmap/hmap01.html（瀏覽日期：2015 年 4 月 17 日）；〈課程發展議會資訊〉，載自課程發展議會網頁：http://cd1.edb.hkedcity.net/cd/cdc/tc/adhoc/hist_chist_member.htm 及 http://cd1.edb.hkedcity.net/cd/cdc/tc/page02_cpshe_member.htm（瀏覽日期：2015 年 4 月 17 日）。

19　視覺藝術院何兆基博士訪問；〈何兆基〉，載自香港浸會大學視覺藝術院網站：http://ava.hkbu.edu.hk/zh/people/dr-ho-siu-kee/（瀏覽日期：2014 年 10 月 16 日）。

20　〈澳大校董會主席謝志偉博士獲香港公開大學頒授榮譽博士學位〉，載自澳門大學校友及發展辦公室網頁。

21　〈趙其琨教授獲特區政府授勳〉，2012 年 7 月 1 日，載自香港浸會大學工商管理學院網頁：http://bus.hkbu.edu.hk/hkbusob/live/html/zh/newsDetail.php?lang=zh&id=550&eid=855&y=2012&newslist=true&page=2（瀏覽日期：2014 年 10 月 8 日）；〈Prof CHIU, Randy K. 趙其琨教授〉，載自香港浸會大學工商管理學院網站：http://bus.hkbu.edu.hk/hkbusob/live/html/en/excel.

php?id=randychiuHKB&cv=0004（瀏覽日期：2014 年 7 月 1 日）；管理學系趙其琨教授訪問。

22 〈RTHK PROGRAMME ADVISORY PANEL 香港電台節目顧問團 2014-2016〉，載自香港電台網頁：http://rthk.hk/about/pdf/rthk_advisorypanel_2014_2016.pdf（瀏覽日期：2014 年 10 月 7 日）；〈市區重建局 —— 麥萃才博士〉，載自市區重建局網頁：http://www.ura.org.hk/ tc/about-ura/corporate-governance/board-and-committees/ura-board/non-executive-directors-non-official/dr-billy-mak-sui-choi.aspx（瀏覽日期：2014 年 10 月 7 日）。

23 李亦園：〈知識分子、通識教育與人類前途〉，載台灣大學共同教育委員會編：《知識分子與二十一世紀》（台北：台灣大學出版中心，2002 年），頁 3-4。

24 香港醫學博物館：《中醫藥展覽暨研討會：邁向新紀元》（香港：香港醫學博物館，1999 年），頁 42-45；〈邁進新紀元的香港中醫藥（2007 年）〉，載自香港特別行政區衛生署中醫藥事務部網頁：http://www.cmd.gov.hk/html/b5/health_info/doc/A_New_Era_of_Chinese_ Medicine_in_Hong_Kong_(2007).pdf（瀏覽日期：2014 年 10 月 8 日）；謝永光：《香港中醫藥史話》（香港：三聯書店，1998 年），頁 1-9。

25 直屬中醫藥診所包括九龍區的香港浸會大學陳漢賢伉儷中醫專科診所暨臨床規範研究中心、香港浸會大學尖沙咀中醫藥診所、香港浸會大學中醫專科診療中心、香港浸會大學中醫藥學院—雷生春堂；港島區的香港浸會大學港島魏克強中醫專科診所、靈實香港浸會大學中醫專科診所、香港防癌會—香港浸會大學中醫藥中心；新界區的香港浸會大學中醫藥診所（賽馬會流金匯）。與香港醫院管理局及非牟利機構合作之中醫藥診所包括東華三院黃大仙醫院—香港浸會大學王李名珍中醫藥臨床研究服務中心、東華三院—香港浸會大學中醫教研中心（何文田）、仁濟醫院—香港浸會大學中醫教研中心（仁濟）、仁濟醫院—香港浸會大學中醫教研中心（西九龍）、仁濟醫院暨香港浸會大學中醫診所及臨床教研中心（下葵涌）、工聯會工人醫療所—香港浸會大學粉嶺中醫教研中心、博愛醫院—香港浸會大學中醫教研中心（油尖旺）。中醫藥學院臨床部主任卞兆祥教授訪問，2014 年 4 月 9 日；〈中醫藥診所〉，載自中醫藥學院網頁：http://scm.hkbu.edu.hk/tc/medical_services /chinese_medicine_clinics/ index.php（瀏覽日期：2014 年 10 月 8 日）；《中醫藥診所》小冊子，無出版資料及頁碼。

26 〈中醫藥學院呂愛平院長獲內地專業組織頒發兩獎項　表揚致力推動中醫藥標準化發展〉，2014 年 10 月 30 日，載自香港浸會大學傳訊公關處網頁：http://hkbuenews.hkbu. edu. hk/?t=enews_details/787&acm=22945_313（瀏覽日期：2014 年 10 月 30 日）；中醫藥學院院長呂愛平教授訪問。

27 〈講座及活動〉，載自中醫藥學院網頁：http://scm.hkbu.edu.hk/tc/medical_services/seminars_ and_events/index.html（瀏覽日期：2014 年 10 月 8 日）；〈大學舉辦全城共享中醫日　義診講座惠及 2000 人〉，2014 年 5 月 2 日，載自香港浸會大學傳訊公關處網頁：http:// hkbuenews.hkbu.edu.hk/?t=enews_details/606（瀏覽日期：2014 年 10 月 8 日）；〈中醫藥學院舉辦「2014 首屆香江膏方節」　中港兩地專家學者聚首探討膏方知識與療效〉，2014 年 10 月 20 日，載自香港浸會大學傳訊公關處網頁：http://hkbuenews.hkbu.edu.hk/?t=enews_details/ 769&acm=22945_303（瀏覽日期：2014 年 10 月 20 日）。

28 〈簡介〉，載自孔憲紹博士伉儷中醫藥博物館網頁：http://cmmuseum.hkbu.edu.hk/intro.html
    （瀏覽日期：2014 年 10 月 8 日）。

29 音樂系林青華博士訪問。

30 〈邱建文博士分享「蛟龍號」下潛經驗〉，2013 年 7 月 19 日，載自香港浸會大學傳訊公關處
    電子新聞網：http://enews.hkbu.edu.hk/view_article.php?id=21893（瀏覽日期：2014 年 11 月 12
    日）；〈「蛟龍號」下潛　浸大學者取珍貴樣本〉，《星島日報》，2013 年 7 月 19 日，頁 F01；
    〈採得深海樣本　冀助研抗癌藥　邱建文：隨蛟龍號考察奇妙獲益〉，《香港商報》，2013 年
    7 月 19 日，頁 A14；〈「本地研究員可以貢獻國家」　浸大教授邱建文談南海深潛感受〉，《大
    公報》，2013 年 7 月 19 日，頁 A12。

31 黃子程：〈百花齊放：八九十年代香港雜文面貌〉，載黃維樑主編：《活潑紛繁的香港文學：
    一九九九年香港文學國際研討會論文集》，頁 293；〈文潔華〉，載自次文化堂網頁：http://
    www.subculture.com.hk/author.aspx?author=%E6%96%87%E6%BD%94%E8%8F%AF（瀏覽日
    期：2014 年 10 月 6 日）。

32 〈文采飛揚節目重溫〉，載自香港電台文教網頁：http://www.rthk.org.hk/culture/chineselit/（瀏
    覽日期：2016 年 3 月 10 日）；〈文化四合院 —— 文采飛揚〉，載自香港電台第五台網頁：
    http://programme.rthk.hk/channel/radio/programme.php? name=radio5/culturemanchoi&p=4448
    （瀏覽日期：2016 年 3 月 10 日）。

33 物理系謝國偉教授訪問。

34 周兆祥的世界網站：http://www.simonchau.hk/Chinese_B5/（瀏覽日期：2014 年 10 月 10 日）。

35 〈國際學院首辦「跑樓梯大賽」為「Go Green 環保校園」計劃揭開序幕〉，2012 年 11 月
    21 日，載自香港浸會大學傳訊公關處電子新聞網：http://enews.hkbu.edu.hk/view_article.
    php?id=19024（瀏覽日期：2014 年 10 月 11 日）；〈浸大推廣可再生能源　開放資訊坊並添置
    設備〉，2006 年 11 月 16 日，載自香港浸會大學傳訊公關處電子新聞網：http://cpro.hkbu.
    edu.hk/enews2006/20061116a.htm（瀏覽日期：2014 年 10 月 11 日）；〈LAMP 講座系 —— 由
    「減碳生活」到做拯救地球英雄〉，載自 HKBU Sustainability 網頁：https://www.lowcarbon.
    hkbu.edu.hk/live/images/lamp/greenlife.pdf（瀏覽日期：2014 年 10 月 11 日）。

36 地理系周全浩教授訪問，2014 年 7 月 3 日；〈Prof. Chow Chuen Ho, Larry（周全浩教授）〉，
    載自香港浸會大學地理學系網頁：http://geog.hkbu.edu.hk/staff/staff_larry.htm（瀏覽日期：
    2014 年 10 月 16 日）；〈浸大香港能源研究中心舉行第四屆亞洲能源會議〉，載自香港浸會大
    學傳訊公關處電子新聞網：http://enews.hkbu.edu.hk/view_article.php?id=11356（瀏覽日期：
    2014 年 10 月 16 日）；〈周全浩教授：永不言倦的能源研究學者〉，載自香港浸會大學傳訊
    公關處網頁：http://eyesonhkbu.hkbu.edu.hk/index.php/hk/people/425-professor-larry-chow-an-
    untiring-energy-researcher（瀏覽日期：2014 年 10 月 16 日）。

37 同註 16。

38 余達心：〈《吶喊》創刊詞：我們是敢於吶喊的一群〉，載余達心、蔡元雲等著：《吶喊文
    粹》（香港：學生福音團契，1989 年），頁 5-7；〈82 屆研經會講員 —— 余達心牧師〉，載自

港九培靈研經會網頁：http://www.hkbibleconference.org/previous-gathering/review-of-previous-meeting/117- 82th2010/ 307-82-session-1-speaker.html（瀏覽日期：2014 年 10 月 20 日）；〈余達心博士〉，載自中國神學研究院網頁：https://www.cgst.edu/hk/cht/Professors/index/871（瀏覽日期：2014 年 10 月 20 日）。

39 余達心：〈民族感情的再思〉，載余達心、蔡元雲等著：《吶喊文粹》，頁 210-215；〈八十年代前期香港教會社會參與 ——《信念書》的分析〉，載郭偉聯著：《自保與關懷 —— 香港教會的社會及政治參與》（香港：宣道出版社，2014 年），頁 84-124；〈公民社會與教會的復和及醫治功能〉，載郭偉聯著：《自保與關懷 —— 香港教會的社會及政治參與》，頁 134-138。

40 〈《2014 年婚姻（修訂）條例草案》委員會（會議議程），2014 年 4 月 23 日〉，載自立法會網頁：http://www.legco.gov.hk/yr13-14/chinese/bc/bc52/agenda/bc5220140423.htm（瀏覽日期：2014 年 10 月 17 日）；〈對《2014 年婚姻（修訂）條例草案》的意見 —— 兼論變性人婚姻的裁決〉，立法會 CB(2)1309/13-14(19) 號文件，載自立法會網頁：http://www.legco.gov.hk/yr13-14/chinese/bc/bc52/papers/bc520423cb2-1309-19-c.pdf（瀏覽日期：2014 年 10 月 17 日）；〈Prof. Kwan, Kai Man 關啟文教授〉，載自香港浸會大學宗教及哲學系網站：http://arts.hkbu.edu.hk/~rel/info_kmkwan.html（瀏覽日期：2014 年 10 月 17 日）。

41 羅秉祥：《繁星與道德》（香港：三聯書店，1993 年），頁 1-4；羅秉祥：《認識應用教義學》（台北：校園書房，1991 年），頁 7-9；羅秉祥：《黑白分明：基督教倫理縱橫談》（香港：宣道出版社，1992 年）；〈人類生殖科技管理局新任命〉，《香港政府新聞公報》，2014 年 4 月 17 日；〈CURRICULUM VITAE OF LO, PING-CHEUNG 羅秉祥〉，載自香港浸會大學宗教及哲學系網頁：http://arts.hkbu.edu.hk/stafflist/artd/PROF_LO.pdf（瀏覽日期：2014 年 10 月 17 日）。

42 羅秉祥教授撰寫的部分評論文章包括：〈公民抗命的聖經基礎〉，載自《時代論壇》網頁：http://christiantimes.org.hk/Common/Reader/News/ShowNews.jsp?Nid=78053&Pid=1&Version=0&Cid=837（瀏覽日期：2014 年 10 月 17 日）；〈教會應雍容大度對待同性戀者公民權〉，載自《時代論壇》網頁：http://christiantimes.org.hk/Common/Reader/News/ShowNews.jsp?Nid=76290&Pid= 6&Version=0&Cid=150&Charset=big5_hkscs（瀏覽日期：2014 年 10 月 17 日）；〈基督徒伸張公義與佔中〉，載基督徒關懷香港學會：《基關窗》，第 5 期（2013 年 11 月），頁 1-2；〈要求一七年落實普選 基督教領袖發起聯署〉，《公教報》，2013 年 9 月 8 日，02；〈反擊基督教保守派佔中違聖經論　宗教學者：耶穌也曾「擾亂秩序」〉，《明報》，2013 年 9 月 23 日，A15；〈愛、公義與「佔中」〉，《明報》，2013 年 9 月 23 日，A29。

43 丘延亮編：《運動作為社會自我教習：台社社會運動讀本》（台北：台灣社會研究雜誌社出版，2008 年），上冊，頁 II-III；〈專任研究人員 —— 丘延亮（Chiu, Y.L. Fred）〉，載自「中央研究院」民族學研究所網頁：http://www.ioe.sinica.edu.tw/Content/Researcher/content.aspx?&SiteID= 530167135246736660&MenuID=530167136406372131&Fid=0&MSID=530210537444545470（瀏覽日期：2014 年 10 月 17 日）。

第八章

敦厚崇禮
奮發圖強

浸會學生的校園生活

大學教育以人為本，也以培養人才為目的。前芝加哥大學校長赫鉄士（R. Hutchins）認為大學教育之目的不在訓練「人力」，而在培育「人之獨立性」。[1] 對學生而言，大學固然為探求知識、求學問之地，然而如何養成學生的品性、重視德行亦是教育者的任務之一。透過多元化的校園生活締造學生文化，文化又與生活息息相關，從而影響他們的氣質品性，也緊扣大學以「全人教育」作為辦學的理念及目標。正如 1980 年代前期，浸會學院歷史系系主任劉家駒先生所說：「盼望所有就讀高等學府的學子們，在將來的歲月裏，除了知識、學業的進展外，一定該培育出為社會、為大眾、為這一社會急需發展的需要而服務、而獻身的精神。」[2] 本章首先介紹近年學生背景概況，並記錄校園生活大概，最後描述學生向外拓闊眼界、自我增值及與社會之間的互動。

　　香港浸會書院在成立之初，學生多為官、私立中學的畢業生，並已領有畢業證書或會考證書。[3] 步入六七十年代，香港的經濟迅速增長，工商業發展蓬勃，加上人口增長穩定，促使香港高等教育得以進一步發展。1983 年，香港浸會學院成為大學及理工教育資助委員會的資助院校。1986 至 1987 年間，學院共提供兩個學士學位課程及十一個榮譽文憑課程，其後陸續開辦不同的學位課程。在 1986 年 9 月入讀第一年學位及榮譽文憑課程的新生共九百一十二名，男女生比例為 0.89：1。學生平均年齡為 20.18 歲，男生平均年齡為 20.45 歲，而女生則為 19.96 歲。[4] 及至 1989 年，港督有意擴充大學學位，在施政報告中提出把 1995 年大學首年學位的指標由適齡人口的 13% 增加至 18%，首年學位數字由原來的一萬零五十個提高至一萬五千個。[5] 同年，學院亦把所有榮譽文憑課程提升為榮譽學位課程，申請入讀的學生人數在 1990 年代穩步上升，

新生人數由 1986 年 12 月的九百三十八人增加至 1992 年 12 月的兩千一百四十七人。[6]

（上）1985 年 9 月開學禮後

（下）1990 年代初的畢業生

第一節　學生情況與校園生活

（一）近十年來學生的個人背景

近十年來，全日制本科生收生數字愈趨穩定，由 2004 至 2005 學年的一千四百四十四人增至 2013 至 2014 學年的一千八百五十七人，而在 2012 至 2013 學年，迎來在「3+3+4」新學制下兩批分別入讀三年制及四年制課程的本科生，收生人數激增至三千二百一十五人。[7] 為更瞭解新生的背景及需要，學院早於 1981 至 1982 學年已廣邀同學參加一項廣泛性的問卷調查，分別於學年的 9 月及 4、5 月進行兩次資料蒐集，問卷內容針對學生的背景資料、課外活動、未來發展、人生目標、自我認知等。透過收集問卷，並加以分析，令學院更明白學生的需要，從而作出改善及增補相應的輔導服務及活動。全人發展研究小組在 2012 年更進一步，設計了首個本地化的「全人發展量表（專上學生版）」，希望以一項適合華語學生作自我評估的量表，在該學年向三年制及四年制的新生進行問卷調查，以幫助他們瞭解自己，制訂個人成長計劃。[8]

根據新生入學時所填寫的問卷顯示，全日制本科生在 2014 至 2015 年度的男女生比例為 1：1.71，女生人數較男生多。男女生比例除了在 2013 至 2014 年度曾攀升至 1：1.99 外，近十年內的比例相距不遠。在學生平均年齡方面，問卷在 2012 至 2013 年度增添了十八歲或以下一欄，因四年制新生年齡平均比三年制新生較小，該年有 86.4% 的新生平均年齡在二十歲或以下，比往年上升 11.2%；2014 至 2015 年度，平均年齡在二十歲或以下的新生維持在 82.8%。在宗教

信仰上，大約六成學生沒有宗教信仰，而 22.7% 學生則信奉天主教或基督教。

學生家長的教育程度亦有一定的轉變，在 2004 至 2005 學年，新生父或母曾接受專上、大學教育的分別有 8.8% 及 4.8%；而在 2008 至 2009 學年則升至 14.3% 及 9.1%；在 2014 至 2015 學年更增至 16% 及 12.2%。新生家長並無接受正式教育的百分比，由 2004 至 2005 學年的 7.8% 及 9.1% 下降至 2014 至 2015 年度的 4.3% 及 4.9%。可見總體而言，學生家長的教育水平有所提升，這亦與香港的經濟、教育政策，及社會環境等因素有密切的關係。

就新生的居住環境而言，2004 至 2005 年度有 51.3% 居住在公營房屋，私人住宅為 43.5%；與 2014 至 2015 年度的 53.9% 及 40.3% 相若。近十年內，逾半數學生居住在新界，其次居於九龍，居於港島及其他的佔少數，除了居於九龍的學生，其他學生的上學時間均超過一小時。只有接近 20% 的新生認為無須為學費憂心，而大部分學生最重要的學費來源均來自家庭的經濟支持，少數則依賴政府的學費資助或貸款。[9]

（二）校園生活與文化活動

踏入 1990 年代，香港成為一個國際化城市，並奠下其金融、通訊、運輸中心的地位。邁進資訊發達又瞬息萬變的千禧年代，香港近年在政經、社會環境、文化視野等多方面也迭經嬗變，如何適應這個多變的社會，就成為青年人畢業後首要解決的課題。除了豐富的知識及技能外，個人價值觀及良好的心理質素也是不可或缺的條件，有助同學面對二十一世紀的各種挑戰與考驗。近代西方哲人布勃

（Martin Buber）認為「真正配稱為教育的，主要是品性的教育」。[10]中國傳統教育亦重德性培養，透過「禮」的實踐，正正可以讓學生言行能有所規範，進而加強個人的品德修為。多元化的校園生活及文化有助學生建立個人價值觀、適當的處世原則和生活態度，從而在往後的事業及人生發展上取得成功，亦正正與浸大所秉持的全人教育理念，及致力培育的七大畢業生特質（公民、知識、學習、技能、創意、溝通和群體）互相呼應。校園生活可分為四類，包括學生活動、舍堂生活、實習及海外交流計劃，以及參與校政。

校內所組織的學生活動可大致分為兩類，其一由校方主辦，其二則由學生組織所主辦，而學生組織又主要分為學生會、學術學會、興趣學會及宿生會。發展至今，浸大除了富宗教氣氛的活動外，更為學生另外開闢了豐富多彩又多樣化的活動，包括文娛、體育、公開比賽等。

秉承基督教辦學的傳統，加上首任校長林子豐亦強調「若在智力訓練外，又把基督觀念，充滿青年心中，使他們把觀念做成行為，以行為表現品格，這才能稱為完備的高等教育」[11]，故早年由校方主辦的活動多具有濃厚的宗教色彩，例如要求學生修讀基督教課程、出席每周兩次集會禮拜等，內容及活動多圍繞基督教觀點出發。[12]

現時校內的宗教信仰活動多由校牧處負責，校牧處自創校以來已服務整個大學群體，多年來致力發展校園的福音事工。其校園事工的層面及活動十分廣泛，對象涵蓋教職員、學生及校友，宗教活動仍保留自 1985 年 11 月起開展的周三午間崇拜，邀請校內外的嘉賓講員作分享；大型活動如每學期舉辦一次的「基督教周」，為期一個星期，每次設有特定主題，內容包括培靈會、午間崇拜、講座、佈道會等；每年四月又為應屆的畢業生舉辦畢業禮讚，為畢業

1970 至 1980 年代基督教周

同學送上祝福。

在校牧處轄下，由學生主導的基督徒組織包括在 1959 年秋成立的基督徒學生團契，歷史最為悠久，一直以團結校內的基督徒同學為宗旨，藉團契及相關活動讓同學獲得傳揚信仰、相交的機會。[13] 而校內有志於聖樂事奉的基督徒學生，可加入 1963 年 12 月成立的基督徒詩班。詩班每年在不同的校內活動中獻唱，例如開學禮、畢業禮、畢業禮讚、午間崇拜、教職員聚會等。近年詩班走出校園，在聖誕節期間於商場報佳音，又於教會佈道會中獻唱，希望透過聖樂詩歌傳揚福音，同時也讓同學接觸不同階層的人士，為他們服務。早於 1970 年代，詩班已遠赴澳門作佈道及聖樂交流。而在 1980 年代開始的暑期工作計劃中，多年來先後到訪不同地區，例如台灣、馬來西亞、加拿大、中國內地等，進行佈道、聖樂交流及學習，開創了暑期海外工作計劃的先河，亦令同學獲益良多。在 2008 年，詩班參加了香港學校音樂及朗誦協會舉辦的「第六十屆香港學校音樂節」，憑着精湛的歌藝從八間大專院校的參賽隊伍中脫穎而出，勇奪公開組合唱比賽冠軍。[14] 明白到副學士學位課程學生的需要，校牧處在 2002 年成立國際學院基督徒團契，旨在使國際學院的基督徒學生投入委身基督、以基督徒的生命影響生命及實踐佈道。[15]

有感校內對基督教福音樂隊音樂的需求日漸增加，幾位有志於以音樂事奉的基督徒同學及教授在 2000 年成立了讚美樂隊（即香港浸會大學基督徒樂隊前身），並於 2006 年正式註冊為校牧處轄下的學生組織，改名為「香港浸會大學基督徒樂隊」。樂隊亦以音樂服侍社區，又積極參與校內不同的聚會、舉辦不同主題的周年音樂會。[16] 其他相關的學生活動包括學系細胞小組、照顧內地學生需要的普通話團契、奉獻團契、領袖訓練營、基督徒學生交流團、不同

語言的會話班及查經班等，又在 2002 年 9 月開展了舍堂事工，在舍堂內實踐對宿生的全人關顧，更為學生提供個人輔導、小組輔導、工作坊、個人成長生活營等活動。[17]

自 2007 年起，校牧處一年一度舉行「篤信力行講座」。篤信者，即一種堅定相信的生命取向；力行者，即指竭力將信仰付諸實行。講座不單成為校內基督教徒學生和畢業生所期待的活動，更是香港基督教界的盛事，每年參加的人數都不下於三千人次。

表 8.1 「篤信力行講座」的主題和講者

屆次	主題	講者
第一屆	現實的顛覆： 舊約聖經文學與生命培育	李思敬教授
第二屆	古典靈修學與後現代的屬靈生活	溫偉耀教授
第三屆	亂世佳人	蔡元雲醫生
第四屆	信乎‧命乎	麥格夫教授 (Professor Alister McGrath)
第五屆	放下、自在： 與偉大心靈同行	余達心院長
第六屆	黎民的信仰告白	梁家麟院長
第七屆	永恆當下天地人： 約翰福音的時、空、人	孫寶玲院長
第八屆	兼愛、大同： 挑戰羅馬人的福音	鮑維均教授
第九屆	耶穌的比喻： 顛覆世界的信息	曾思瀚教授
第十屆	擄到巴比倫： 權勢‧歸回‧得釋放	邢福增院長

2015 年第九屆「篤信力行講座」在大學會堂舉行的盛況

音樂可以陶冶性情，寓教於樂有助道德教化，故為大學生活中不可缺少的元素。在六七十年代，各系會學會於每年舉辦民歌比賽晚會，也會在學生節中舉辦系際音樂比賽。[18] 及至現今，仍有不少學生組織在校園內推動音樂文化，例如樂社、學生會無伴奏合唱學會。於 1980 年成立的國樂會，以推廣國樂為主，並會定期舉辦各項中樂推廣活動、樂器班、籌辦中樂興趣小組等。[19] 大學在 2006 年成立本港唯一的巴羅克室樂團，由音樂系系主任潘明倫教授創辦及指揮，招募同學及校友為成員，旨在本地及內地推廣巴羅克音樂。樂團在 2007 年獲邀在「青春萬歲 —— 在國旗下」慶祝香港回歸十周年聯歡晚會演出，並在全國廣播，成為唯一一隊獲中國教育電視台邀請於晚會中代表香港的樂團。2009 年和北京中央音樂學院音樂教育系合唱團合作，聯合演出舉世知名的《彌賽亞》，在聖誕期間為樂迷帶來悠揚樂韻。[20]

2009 年成立的室樂合唱團（Cantoría Hong Kong），由音樂系文盛伯博士指揮，為新成立的混聲室樂合唱團，並由二十四位音樂系學生組成。合唱團表演的曲目非常廣泛，盡顯不同時期的音樂特色，也體現了香港獨有的多元文化及融合了多國語言，重點表演曲目有文藝復興時期及巴羅克時期的作品，例如意大利語及英語牧歌、拉丁語聖樂等。在成立之初，已於捷克舉行的「2010 年歐洛慕奇歌唱音樂節」中，以意大利文、法文、拉丁文、德文及中文表演不同曲目，最後更贏取金牌，揚威海外。[21] 在 2012 年 6 月 10 日，合唱團更應北京國家大劇院的邀請，首次在該劇院的周末音樂會「中外合唱新聲」上獻唱，成為首隊在該頂尖表演場地公演的香港高等院校學生合唱團。該音樂會全長九十分鐘，由浸大室樂合唱團獨力演出，吸引了逾一千六百名觀眾出席。[22] 2016 年 6 月 6 至 11 日，

（上）1965 年由葉惠康老師指揮的學院管弦樂團

（下）1967 年學院歌唱團在麗的映聲獻唱

學生會合唱團在 1979 年「學聯之夜」歌唱比賽中獻唱

大學的巴羅克室樂團與北京中央音樂學院教育系合唱團合演巴哈名曲

室樂合唱團遠赴劍橋大學，與帝皇學院的合唱團演出；及後又與倫敦大學皇家霍洛威學院的合唱團和倫敦的 Gresham Centre 與 National Youth Choir of Great Britain Fellowship Octet 聯合演出。合唱團又應邀在英國廣播公司的電台節目 "In Tune" 上即席演唱。[23]

　　第一屆學生聯會在 1967 年 11 月成立，定名為「香港浸會書院學生聯會」。翌年，聯會出版《浸會學生報》，並在 11 月改名為「香港浸會書院學生會」。經過多年的發展，學生會現為校內最大規模的學生組織，下設幹事會、評議會及編委會，在幹事會下設有福利合作社、社會事務委員會及大學事務委員會；評議會下則設有財政委員會、章則委員會、秘書處、大選委員會、行政委員會及監察委員會。根據學生會會章，其宗旨在於本着民主自治精神，促進同學德、智、體、群四育，鼓勵同學關心社會、認識世界、謀求同學福利、爭取同學應得權益、促進大學發展、提高大學聲譽、並與校方一道為爭取大學應得之地位而共同努力。[24] 學生會的內務工作包括提供電腦展銷優惠、舉辦迎新營、系際球類比賽、歌唱比賽、學生論壇等，其中每年的千人宴是重點活動之一，亦為同學所津津樂道。在千人宴中，師生聚首一堂，共享美味的盆菜宴，席間亦會邀請校內外組織及嘉賓作表演，並設有抽獎環節，為師生間留下美好的回憶。由於千人宴為學校的大型活動，學生會會邀請學生加入籌備委員會，讓他們有參與的機會，在籌備的過程中發揮所長。此外，學生會開設兩所福利合作社，在收支平衡的大前提下為同學提供服務，所出售的貨品普遍低於市場價格，也為弱勢社群提供自力更生的機會。其他設施包括學生會室、民主牆、借用物資等，藉此實踐為同學服務的精神。編輯委員會負責學生會刊物出版事宜，肩負會內的輿論監察責任，也為學生們提供發表意見的渠道。[25]

304

首次學生會會員大會

學術學會在校園生活中佔有重要的位置，多為以共同修讀所屬課程作基礎而組織的系會、聯會及各學院的學生會，服務對象為各學系、課程及學院的同學，提供具針對性又與其學科相應的活動。學術學會以相同背景基礎的同學為會員，活動內容多以凝聚及服務系內同學為主，故歸屬感較大。在新學制下，部分學系及學院採用聯合收生制，同學在第二個學期時才按個人興趣和成績，選擇主修科目，故不能即時成為學會系會的會員。有見及此，部分學會系會因此作出相應的轉變，例如組成學生聯會、十七個學會系會的幹事會任期作出更改等，以便四年制學生到海外交流及進行實習。同時，學術學會亦會因應學校新開辦的課程而有所增加，加入學術學會幹事會人數由 2006 至 2007 年度的三百六十六人，增至 2012 至 2013 年度的四百零九人。學術學會的活動可大致分為迎新、體育康樂、學術、聯校活動、對外交流、會議等。根據學生事務處 2012 至 2013 年度的報告，學術學會共四十一個，興趣學會共五十六個，所舉辦的活動較多以培養會員之間的團隊合作為主，佔 26.48%，加強溝通技巧的佔 21.02%，學習知識及技能的分別為 13.86% 及 13.52%，培養學生成為社會公民的活動相對較少。[26]

隨着社會不同大眾文化及科技發展，加上社會風氣的轉變，學生的興趣也變得更多元化，除了保留傳統的興趣學會外，很多新興的學會也隨之而興起。興趣學會可分類為文化綜藝型、康體運動型、社會事務型、宗教事務型及其他專門型，以首兩類型為主的興趣學會較多。[27] 劇社為校內歷史悠久的興趣學會之一，早在 1956 年就已成立，一直致力推廣戲劇文化及提高學生及公眾對戲劇的興趣和認識。劇社由學生創辦，香港話劇團桂冠導演毛俊輝先生、電視藝員楊英偉先生及戲劇藝術文化工作者盧偉力博士亦曾任劇社主席

（上）1959 年《西施》一劇的台前幕後

（下）1967 年劇社成員與導師鍾景輝（左四）合照，右三者為成員之一毛俊輝。

一職，並邀得鍾景輝先生擔任顧問，為劇社引入中外戲劇演繹手法的元素。劇社在 1959 年首演著名戲劇大師姚克先生的作品《西施》，師生們上下一心排演，並以該劇為興建永久校舍籌款，最後更籌得十萬元捐款。近年來，劇社專注於演出校內及校外劇、周年演出，又熱心於參與大專戲劇節舉辦的大專戲劇匯演。[28]

透過舞蹈的薰陶，也能讓學生欣賞到不同的藝術及文化特質。舞蹈學會在 1993 年成立，舞種主要以嘻哈舞及爵士舞為主，近年則加入現代舞、霹靂舞及其他街頭舞蹈的元素，擴闊同學對舞蹈的認知。浸大舞蹈學會於大專學界中享負盛名，曾於香港大專院校舞蹈比賽獲取佳績，例如先後憑演繹作品《美麗誘罪》及《命運遊戲》在 2011 年及 2012 年的「全港大專聯校舞蹈邀請賽」中奪得亞軍，2012 年更贏得「最佳排舞師」獎項。[29] 除此之外，體育舞蹈學會隊員亦在第六至第九屆的香港校際體育舞蹈錦標賽中表現超卓，並在探戈、華爾茲、牛仔舞、查查查、倫巴舞等舞蹈項目中獲獎無數。2012 年，更在「第九屆 ISTD 盃標準舞冠軍賽」中脫穎而出，贏得團體冠軍榮銜。[30]

根據學生事務處在 2012 至 2013 年度的相關紀錄，學生近年來的興趣較為分散，而且受時尚活動、文化及運動潮流所影響，由此建構多元化的學生組織及校園生活氛圍，培養學生不同的興趣。[31]

　　舍堂生活在學生的品德培育上也扮演重要的角色。校內宿舍在 2002 年 3 月建成，四幢學生宿舍提供約一千六百個宿位，並以中國近代名人命名，分別為楊振寧堂、蔡元培堂、周樹人堂及宋慶齡堂，並各自組成宿生會及舊生會。至 2009 至 2010 學年，宿位數目增至一千七百七十個。

　　宿舍儼然一個小型社區，讓學生在日常生活中感受更深刻的群體生活及環境，同時彰顯全人教育的果效 —— 培養與他人相處之道及溝通能力，塑造獨立、自律及互助互諒的品性。[32] 四所宿舍各有特色，例如楊振寧堂的舍堂精神為「修身養性，心及天下」，希望宿生能推己及人，關懷社群；蔡元培堂是「邁向卓越」，希望學生在與人相處中，能彼此學習和成長；周樹人堂以「跨越界限，關懷社稷」為格言，希望學生可以打破地域界限，服務社會；宋慶齡堂的格言為「學海人生，奉獻精神」，以回應大學全人教育的辦學理念。為了加深學生對四位名人及傳統中國文化的認識，宿生會每年均會籌辦甚具特色的楊振寧節、蔡元培節、魯迅節及宋慶齡節，一系列的活動既可加強同學對宿舍的歸屬感，又可以讓他們發揮個人才能，投入舍堂生活。當中蔡元培堂舊生會為了宣揚蔡元培先生的教育精神，與蔡元培堂合力擴建陽江市陽東縣的一所農村小學，並改名為「蔡元培學校」。學校在 2007 年 9 月正式成立，致力幫助內地有需要的學童，為他們提供教育的機會，而宿生會也會定期探訪該校的學生，把理念傳承下去。[33]

寓學習於生活的舍堂文化

蔡元培學校

第二節　挑戰自我和交流實習

（一）學生屢創佳績

面對社會上形形色色的機遇及挑戰，學生除了提升自己的學術水平外，亦需要鍛煉個人體能，以應付二十一世紀社會及未來在職業上的需要。透過參加體育競技及其他公開活動，既可以磨煉意志、改善身體機能，又可以培養體育精神，不斷挑戰技能與體能，訓練毅力及認識到團隊合作的重要性。

在五育教學中，着重培養學生的德、智、體、群、美，從中可見體育發展亦是重要的一環。在六七十年代，學校設有兩個排球場、一個足球場和一個籃球場，為學生提供體育活動空間；基督教

1984 年金城道運動場，現址為偉衡體育中心。

1985 年校慶活動之師生籃球友誼賽，謝志偉校長主持開球禮。

教育中心的地下康樂活動室自落成後，設置了小型桌球枱及乒乓球枱供學生使用；直至 1980 年代中，因校園擴建工程，學生唯有使用在聯福道臨時校舍一座由政府倉庫改裝而成的室內運動場。隨着大學的不斷發展，學生人數與日俱增，自 1990 年代起，偉衡體育中心、許士芬博士體育館及毗鄰校園的聯校運動中心相繼落成，大大增加了活動空間。另外，學校在 2007 年開展「校園總體規劃」，並在 2012 年 11 月落成啟用郭鍾寶芬女士康體文娛中心，為學生提供了更多運動場地。[34]

　　眾多體育競賽中，可分類為校內及校外比賽。周年水、陸運動會為校內大型的體育活動，同學均可以代表學系出賽。浸大歷屆的水運會多假九龍摩士公園游泳池舉行；自聯校運動中心落成後，周年陸運會均在中心舉行。其後各式各樣的體育學會組織也紛紛興起，初以校隊為主，例如田徑、游泳、各類球類運動等；後來發展

至不同的興趣學會，例如球類、精武武術、划艇、柔道、空手道、山藝歷奇、居合道、劍道、登山等，向同學推廣不同的體育康樂文化。為了表揚各學系、學會及同學在體育運動上的優秀表現，學校特在 1973 年設立林子豐博士紀念盃，每年在頒獎典禮上頒發多個獎項及多項體育獎學金，設有總團體、男女子團體、男女子全場冠軍獎等。[35]

除了參與校內的體育活動，各健兒更在學界比賽中大放異彩，在田徑、劍擊、跆拳道、空手道、划艇、游泳、球類等項目上均表現出色。[36] 2011 年，大學田徑隊在由香港大專體育協會舉辦的周年陸運會上取得優異成績，在單項賽事贏得兩金五銀四銅、男子團體季軍和總團體殿軍。[37] 大學越野隊在香港大專體育協會主辦的 2008-2009 大專越野賽中，分別贏得男子團體和男女子團體亞軍，個人方面則奪得男子組冠軍和亞軍，及女子組亞軍。2010 年，再次勇奪男子團體冠軍，又取得男女子全場總冠軍及女子團體冠軍。[38] 划艇會近年的收穫甚豐，2007 年曾代表香港出戰「2007 年中國大學賽艇公開賽」，並奪得季軍；又在「第十五屆全港大學賽艇錦標賽」中贏得七個獎項，包括團體全場總亞軍和男子全場總亞軍。2008 年，更擊敗十多間來自其他亞洲地區的大學划艇隊，在亞洲大學賽艇邀請賽 "Uniten Rowing Invitational 2008" 展示實力，贏得男子雙人雙槳艇金牌、男子室內賽艇 4×500 米接力金牌、女子四人無舵手艇金牌和女子室內賽艇 4×500 米接力銀牌。[39] 在搏擊運動方面，柔道學會隊員在 2013 年的「第二十四屆大專盃柔道賽」中表現出色，勇奪隊際賽冠軍，並囊括六項個人賽獎項。柔道隊已經連續第四年贏得全場總冠軍，成績斐然。跆拳道學會在「大學盃跆拳道錦標賽」中贏得五個獎項，包括女子色帶組雛量級冠軍、男子色帶組中量級亞

314

（上）2010 年浸大田徑隊參與大專陸運會，為校爭光。

（下）2013 年浸大健兒參與大專越野賽，為校爭光。

浸大健兒勇奪 2008 至 2009 年度大專跆拳道錦標賽女子組冠軍

軍、蠅量級季軍及團體季軍。另外，更在由大專體育協會主辦的大
專賽事中，贏得女子隊團體冠軍，及在個人賽共取得十三項獎牌。[40]
在球類運動中，大學乒乓球隊在 2012 年參加第十六屆成龍挑戰盃大
專乒乓球邀請賽，奪得男子組賽事季軍，女子組賽事則榮膺亞軍。
大學的手球和足球女子隊實力非凡，分別在 2010 年奪得大專比賽冠
軍，是兩隊歷來最佳成績。活木球隊在 2010 年大專體育協會主辦的
大專賽事中，囊括了男子團體、女子團體和總團體三項冠軍，以及
兩項個人冠軍和一項季軍；在 2011 年的大專盃賽中連續三年贏得團
體總冠軍、連奪四屆男子團體冠軍，女子隊亦獲頒團體亞軍，成績
彪炳。[41]

　　在國際賽事中，七位本校學生代表香港參加 2009 年的東亞運
動會，成績優異，分別在女子對練賽贏得金牌、賽艇輕量級男子四
人雙槳賽取得銀牌及男子四人無舵艇賽中取得銅牌。[42] 就讀運動及

康樂學副學士課程兼香港體操隊成員吳翹充同學，2010 年在第三屆國際體操聯盟世界盃比賽中，贏得男子吊環銅牌，為港增光。2013年，再次在湖北舉行的「2013 全國體操冠軍賽」吊環決賽中，奪得銅牌。除了多次贏取國際賽事的獎項外，2015 年更成功創出兩個新的吊環動作，經第四十五屆世界錦標賽評審，喜獲命名為「吳翹充—經背水平直臂拉上成銳角十字懸垂」及「吳翹充—前翻直臂壓上成水平支撐」。[43] 2010 年，浸大同學出戰在廣州舉行的第十六屆亞洲運動會，在二十一個項目的賽事當中力壓群雄，取得女子佩劍個人銀牌和團體銅牌、女子重劍個人銅牌及空手道男子七十五公斤級銅牌佳績。[44] 2016 年 6 月，中國研究課程何宛淇同學在杜拜舉行的硬地滾球世界公開賽中，勇奪 BC3 個人賽冠軍；[45] 2016 年 9 月，她作為香港代表隊成員出席巴西傷殘奧運會，參加硬地滾球的賽事。

踏入二十一世紀，學生更勇於面對挑戰，在各範疇的公開活動中成績驕人，為校爭光。在公開辯論比賽中，中文辯論隊可謂有口皆碑，在多場比賽中屢獲殊榮，曾連續四屆在「基本法多面體——全港大專生辯論賽」中贏得冠軍。2008 年，在香港電台與香港專上學生聯會合辦大專辯論賽決賽中稱霸，更同時奪得「最佳辯論員」獎項；同年，更先後贏得多個辯論賽事獎項，包括「九龍盃」冠軍和「自由盃」季軍，又連續第三年勇奪「菁英盃」冠軍。翌年，在由本港八所大專院校舉辦的香港高校「八角盃」大專普通話辯論賽中，憑着雄辯滔滔的口才取得勝利。2014 年，更在公民黨舉辦的「公民盃」大專辯論賽總決賽中衛冕冠軍。[46]

在文學創作、演講及徵文比賽方面，浸大的學生及畢業生在香港公共圖書館與香港藝術發展局合辦的「二○○八年度香港中文文學創作獎」中獲兒童文學組的冠軍及優異獎、小說組高級組亞軍。

2009 年，在第七屆「華都獅子盃」全港大學生演講比賽中，憑着個人出色的演講技巧及精彩的內容，力壓其他院校參賽者，榮獲全場總冠軍「華都獅子盃」。2010 年，個別同學在「城市文學創作獎 2010」中獲新詩組季軍。[47]

工商管理方面，浸大學生在由香港財經分析師學會主辦的「2007 至 2008 年度大學投資分析比賽」中勇奪冠軍。2007 年起，The Chartered Financial Analyst 開始舉辦全球投資分析比賽，吸引來自全球的大學生參加。在 2008 年，浸大工商管理學院的學生經過歷時七個多月的初賽及決賽，先後奪得大中華區冠軍及稱冠亞太區決賽，最後更擊敗多支歐美代表隊，贏得全球總冠軍，勝出的同學獲邀主持同年五月二日美國納斯達克市場的收市敲鐘儀式。[48] 2009 年，工商管理學院兩隊同學分別揚威香港財經分析師學會主辦的「2009 至 2010 年度大學投資分析比賽」及「IIBD 國際案例比賽」，雙雙贏得冠軍。2010 年，工商管理學士課程學生更組成浸大隊代表香港出戰 2010 年在菲律賓舉行的「2009 至 2010 年度 CFA 協會亞太區投資分析比賽」，結果贏得季軍。[49]

傳播媒體及公關廣告方面，2007 年傳播系公關廣告學十三位同學組成「公關廣告社」，參加國際廣告協會 Dentsu InterAd XI 全球學生廣告比賽，為聯合國開發計劃的滅貧工作設計宣傳活動，最後奪得南太平洋區域的亞軍，成為香港及亞洲區唯一的得獎隊伍。有「華語學界奧斯卡」之稱的「第六屆全球華語大學生影視獎」頒獎典禮在 2008 年舉行，當晚共頒發十二個獎項，浸大學生成績甚佳，五份成功入圍的學生作品共贏得五個獎項，再次成為大中華地區得獎最多的參賽院校。[50]

在科技發展上，計算機科學系的同學奪得首屆「全港大學 IBM

2008 年工商管理學院本科生在第二屆 CFA 贏得全球總冠軍

資料庫程式設計比賽」大學總冠軍及隊際亞軍，成績超卓。為了提高同學對化學的興趣，香港化學會和英國皇家化學學會舉辦第十九屆香港奧林匹克化學比賽，浸大化學系同學就解決指定的化學難題，榮獲亞軍。[51]

（二）交流實習和開闊眼界

隨着全球化的發展與衝擊，學生必須增強個人競爭力，不單要瞭解本地事務，也要認識不同國家的歷史文化及背景，以應付將來的需要。近十年來，香港浸會大學為進一步推動校園國際化，在校內籌辦豐富多彩的活動，同時也為學生提供到內地及海外遊歷及實習的機會，豐富人生閱歷。早於 1960 年代，因時局問題，每年均有不少來自東南亞地區的僑生入讀浸會學院，隨後在 1962 年成立南洋學生會，並興建海外生宿舍，聯誼活動包括迎新環島旅行、聖誕聚餐、春遊等。[52] 發展至 1998 年，大學着力推行國際學生交流計劃，希望把「國際化帶入校園」，來自二十二間夥伴大學的三十三名交流生，入住吳多泰博士國際中心，與本地生共同分享舍堂生活。交流生計劃主要由國際事務處統籌，截至 2013 年 5 月，大學與海外院校和機構簽訂了學生交換和海外進修協議共三百零四份。海外交流生數目持續增加，在 2004 至 2005 年度，有一百八十五名來自十五個國家和地區的國際學生來校修讀、一百二十九名本校學生到十七個國家和地區作交流；到 2013 至 2014 年度，共有三百五十八名海外交換生來到浸大修讀，而赴海外交流的學生則有三百一十三名。[53] 其中，於 1998 年由學生事務處轄下事業策劃中心推出的「大都會工作體驗計劃」，每年暑假約有二百位同學參加，分別遠赴各大城市

進行為期八星期的工作實習，透過舉辦不同公司機構的考察及專題講座，讓同學能實切地體驗生活、增廣見聞，又可以從工作中感受當地商業及社會發展。至 2014 年，約有一百二十間來自不同行業的公司及機構為同學提供實習機會，包括跨國企業、傳播媒介、政府部門、專業機構、慈善團體等，而實習的地點更遍佈全球，例如美國、英國、加拿大、德國、澳洲、中國內地等地的各大城市。[54]

　　除了積極與海外及內地院校合作外，大學經常舉辦不同類型的文化藝術活動，把不同文化引進校園。每年一度的國際文化節，是一個絕佳的機會讓同學親身感受多元文化薈萃。國際文化節由國際事務處、語文中心和學生事務處舉辦，於 2005 年 9 月 26 日首辦，起初細分為「意大利節」、「法國節」、「日本節」、「德國節」等，至今則透過一連串精彩的節目，例如地球村市場、日本花藝及茶道示範、國際攝影展、海外升學展覽、文化講座、懷舊香港遊戲、競飲涼茶比賽、民族服裝表演等，讓國際及內地生瞭解到本地文化之餘，也使本地學生認識到各國的文化風俗。[55]「駐校總領事計劃」在 2004 年開始，學校每年都會邀請不同國家的駐港總領事親臨校園與學生作交流，並主持駐校總領事講座，與學生探討各國的政治、經濟和文化風俗，讓學生瞭解世界事務，先後已有三十二個國家的駐港領事到訪本校。[56] 此外，浸大學生又踴躍參與享負盛名的「模擬聯合國會議」，並獲獎無數。2005 年十七位同學組成代表團，遠赴美國波士頓，學習從嶄新的角度認識世界，並從中體驗國際談判及協商的過程，更成為是次會議當中唯一一支來自香港的大學代表隊伍。2010 至 2011 學年，六名浸大學生代表模擬德國的與會代表，參加在北京大學舉辦的「國際模擬聯合國大會」，憑着出色的談判和外交才能，奪得四個獎項，包括兩個最佳團員獎、一個最佳立場

論文獎及一個最佳團隊獎。同年，大學推動了「浸大模擬聯合國會議」，由 2012 至 2013 年起更擴展成區內的大型活動，邀請了本地、海外中學及專上院校共一百五十名學生參加，透過為期四天的會議，讓學生可以在平台上發表對全球關注議題的感想及見解。[57]

除此以外，不少學會及學生組織也會籌辦一些較具針對性的海外考察活動，例如舉辦學術交流團，既可以與當地大學生交流，又與自己主修的科目相關，例如在 2012 至 2013 年度，傳理學會帶領同學到泰國領略當地文化及瞭解泰國傳播媒體的運作和生態；中國研究課程學會則讓同學實地瞭解中國湖北的社會文化；政治及國際關係學學會到馬來西亞認識當地政治、社會及企業的發展；地理學會則到馬來西亞沙巴考察天然海洋資源、高山及國家公園，瞭解當地的熱帶氣候、生物多樣性及地理環境；中藥學會則到北京瞭解傳統中藥的歷史、演變和發展。至於其他學生組織、大學同學則在 2007 年夏天參加了由青年會舉辦的「青年會海外實習計劃」，在美國、英國或青年會的服務單位實習八至十個星期，親身接觸外國文化，獲益良多。[58]

第三節　學生輔導和校政參與

（一）關懷學生成長

　　浸會大學除了提供高質素的教與學外，亦致力推動全人教育發展。培養學生知識及德性的過程，實與注重學生身心發展及個人成長有密不可分的關係。學生事務處早期以維持學生紀律操守、管理學生組織為主，及後發展學生心理輔導、成長發展等服務。近年來，學生主體更多元化，除了本科生外，還有海外交換生及內地學生。為了更瞭解學生的需要，學生事務處推出更多種類的活動及服務，例如服務之旅，希望以 "Train the trainer" 為目標，透過培訓同學，讓他們具備能力培訓新一批的學生，達到服務學習的目的。[59]

　　1970 年代初，大學聘請兩位專業學生輔導員，以兼職的形式為學生提供輔導服務。就業輔導中心及輔導中心於 1972 及 1973 年先後成立，又在 1988 年合併為職業及心理輔導處，及後又分為兩個獨立部門，與領袖素質中心同屬學生事務處管理。輔導中心以「人有其價值、有選擇的自由、有自己的獨特性、有一定的潛力、有改變的能力」為宗旨，希望為學生提供專業的輔導服務，透過舉辦實用的成長課程及豐富的成長教育資源，促進他們成長，並孕育關愛文化。在心理輔導上，同學可以尋求專業輔導員的協助，又可參加小組輔導，透過啟發性活動及與其他組員的交流，例如互相模仿、檢視現實、學習人際關係的技巧等，可以引發同學反思。同時，中心備有多種心理測驗及職業測驗，心理評估結果透過輔導主任解說及一些客觀、科學性的評估量表（例如在 1998 年取得中文翻譯權的

16PF 卡特十六種性格因子問卷、MBTI 職業性格測試、SII 職業興趣量表、WPDI 全人發展量表等），讓同學可以更加認識自己，有助改善自我及訂立未來路向，從而獲得均衡的發展。除了由專業的輔導員提供服務外，中心亦鼓勵朋輩輔導訓練計劃，例如 2007 年首辦的學長先鋒工程，旨在利用學生在日常生活中學到有關成長和精神健康的知識，加上主動聆聽及勇於面對問題的態度，去關懷同輩，藉此提升學生的關愛精神。中心又在國內舉辦「朋輩輔導冬令營」，並在 2007 及 2008 年，曾先後舉辦「韶關教學交流團」，參加同學運用他們學到的朋輩輔導知識及技巧，來訓練及培養國內一群小四至小六學生成為校園內的學長。[60]

　　中心在推動學生的個人成長方面不遺餘力。1990 年代，除了定期舉辦工作坊外，還提供專設培訓服務，讓同學自行組成小組，與中心磋商培訓題目、日期及時間，為其提供適切的服務，配合需要。在校園內設有流動服務站及展覽，配合不同主題，提供有關個人成長的資訊及書籍展覽，又藉各種遊戲如計算機心理測驗遊戲等，使同學關注個人成長的重要性。另外，在 1999 年 9 月推出了為期一年的「個人蛻變計劃」，同學在瞭解各自的成長狀況後，按自己的需要訂立培訓計劃，訓練內容可選擇中心及校內其他部門所舉辦的工作坊、技巧訓練、學術講座、國際交流、生活體驗計劃等，在一年內完成。為了讓同學提高心理效能及認識更多心理技巧，輔導中心提供全年成長課程，分為自我認識、情緒智商及正向心理系列，供同學自行報讀。除此之外，更在 1999 年開始了「浸大早晨」項目，起初每星期會藉電子郵件，向同學發放關於個人成長的簡短訊息，及後則改為收集發人深省的格言及座右銘，內容包括勵志及人生雋語，在校內廣播，藉此激勵同學思考人生，享受生活。[61]

對於新生及其他同學，大學也致力關注他們的需要。為了讓新生盡快適應校園生活，大學在 1996 年設立「大學生活」，一年級同學必須參與，三個組合分別包括「學習技巧工作坊」、「大學論壇」及「師友聚」。時至今天，「大學生活」為通識教育下的科目，一年級同樣必須參與，當中包括迎新活動及工作坊、聯通課程等。[62] 在 1997 年，輔導中心以一年級同學為主要對象，推出「浸大人」系列小冊子，圖文並茂地介紹有關個人成長及生活技巧方面的資訊。在 2003 年實行「學友計劃」，為每一位新生安排一位同系或學院的學長作「學友」。每位學友會帶領約十名新生，在大學的迎新活動中參加各項活動，其後又會組織活動，協助新生適應大學生活及學習環境，為他們提供意見及指導。鑒於在校的內地生人數日益增長，中心另外設有內地學生關顧服務組，服務包括生活指導、文化適應與融進活動及建立朋輩網絡，希望協助同學在面對陌生環境及文化差異時，盡快融入香港生活。小組每年均會舉辦不同類型的活動及講座，例如內地新生輔導日、廣東話會話班、香港法律法規講座等。中心更推出「親善家庭計劃」，針對獨自來港的內地生，以改善因言語不通及不同的生活文化，而產生的生活及社交方面的困難。計劃為期一年，由每年的九月至翌年七月，為內地來港學生安排接待家庭，讓他們在生活中體驗兩地文化異同，亦可感受到家庭的溫暖，獲得關懷及協助。[63]

　　領袖訓練亦是重點項目之一，故學生事務處在 2000 年成立領袖素質中心，以多方面的培訓活動，加強同學的領導才能、公民意識及社會責任，使同學兼具自我領導、審時度勢、以服務別人為目標及發揮團隊精神等素質。通群體驗計劃之領新部落在 2010 年展開，每年於學年的第一個學期，邀請同學成為「部頭」，與新生（即「部

員」）配對成個別的「部落」，圍繞三個主題參與不同的團隊活動、學習及培訓，為期約四個月，其後部員亦有機會參加第二個學期的進階領袖培訓活動 —— 領族培訓。根據中心統計數字，在 2013 至 2014 學年，共有一百四十七位新生參與是次計劃，由四十一位分別來自不同學系或學院的學長帶領，組成共十八個「部落」。對於新生而言，計劃可幫助他們更快適應新的大學生活，擴闊社交網絡，培養對大學的歸屬感；對於參與同學而言，既可從中學習到領導技巧，又可以建立團隊精神。[64] 為了培養學生的公民意識，中心又與其他學生組織合作，例如和富領袖網絡、大學青年會等，提供和富使命導航計劃、大學青年會社會觸覺小組、廉政公署學生大使計劃等活動。使命導航計劃分為四個單元：價值理念、體驗實踐、反思研討及策劃推動，從四個層面加強學生對本港及內地政制及社會事務的認識，例如舉辦「港政」「國情」研習之旅，瞭解內地不同城市的政經社會及文化歷史，曾到訪廈門、青海、山西、上海、南京、內蒙等地。[65]

有感事業規劃對於學生將來的發展有重大影響，學生事務處在 1972 年設立就業輔導中心，現改名為事業策劃中心，成立的主要目的為提供就業訊息、求職訓練及擔任大學與僱主間的橋樑，又致力提供實習機會，希望提高學生的求職技巧及讓他們瞭解更多就業市場資訊。中心提供職業輔導來幫助同學計劃及決定未來事業發展，就學生的興趣及專長，向他們提供勞動市場的資訊及就職要求等，訂立求職方向及計劃。中心會為學生設立綜合平台，同學可隨時更新自己的學生發展歷程紀錄及展才履歷，上面載有同學參與聯通課程、非學術活動及課外活動的紀錄，畢業時可用於製作簡歷，方便僱主瞭解學生在校的發展。此外，中心舉辦求職技巧工作坊及各類

職業講座，並在工作坊中訓練同學各種考試、筆試、面試、求職信及履歷寫作等的技巧，提供職業性向測試、履歷諮詢，又會邀請各政府及私人機構中的精英及專業人士來與學生分享工作心得，例如舉辦僱主午餐會，讓學生瞭解各行各業的最新情況。中心推動事業導師計劃，為學生安排專業人士作事業上的導師，為期約一年半，導師會讓同學瞭解公司的運作，又會為他們提供模擬面試，加強同學的自信心。在 2012 至 2013 學年，共有一百四十七位導師及二百零六位同學參與計劃。[66]

（二）學生參與校政的情況

大學的發展及政策與同學的大學生活有莫大關連，在作育英才的過程中，大學亦鼓勵同學就不同方面提供意見，甚或參與學校的決策及管理。除了關心校園的發展、有助推進民主化教育外，更希望學生把其延伸至社會、國家，甚至放諸四海，透過所學服務社群，更為將來社會發展及改革社會承擔責任，回應時代的挑戰。

學生在大學不乏參與校政的機會，他們可循多個途徑提出意見，例如師生諮詢委員會、師友學術指導計劃及各層面的委員會等。近年來，學生事務處也會安排茶敍等，增加學生與校長及其他行政部門的溝通渠道。隨着大學發展更多元化，在很多事務上都會邀請學生發表意見，所以都讓學生參與諮詢小組、聚焦小組等。大學在各層級的委員會中，包括校董會、教務議會，以及所有院務委員會和學系或課程管理委員會，都廣設學生代表，在 2015 年 9 月，這些委員會中共設有二百八十四個學生議席。教務議會屬校內處理學術事務的最高權力機構，例如課程設計與發展、學術研究、教

學、學位頒發、學生紀律等，在議會中設有九位學生代表，除學生會會長為當然代表外，其餘八位會於每年舉行學生代表選舉，分別由所屬的學院及研究院的同學投票選出。[67]

除了在委員會上發聲，學生亦以行動關注學校的校園規劃及發展，甚至引發大大小小的學生運動。在過往，就曾因增加學費、《高中及專上教育綠皮書》、停辦土木工程系等風波，引起學生的抗議。[68]

近年來，大學的發展仍然面臨不同程度的挑戰。2012 年 1 月，有消息指香港浸會大學啟德校園將於同年被政府收回，校方在 3 月回應表示，租用啟德校園的合約將於 8 月 31 日屆滿，政府產業署提出租金由原來的每月約五萬港元提升至三十萬港元，大學根據原定計劃，預算於 2013 年 9 月把視覺藝術院遷回九龍塘校園新建成的傳理視藝大樓。此消息傳出後，引起視覺藝術院學生極大迴響，同學分別在校內貼大字報及擺放藝術品。2012 年 4 月，學生成立「浸大視藝校園發展關注組」，一方面約見校長及校董會，另一方面去信有關政府部門，希望收回加租決定。關注組又派發特刊、發起聯署簽名聲明、舉行「啟德校園開放日」、發起遊行收集五千多名市民簽名等，促請政府繼續以特惠租金讓大學承租啟德校園。事件在 2012 年 8 月出現轉機，教育局表示會以每月五萬港元租金讓大學續租啟德校園一年，大學更在同年 12 月向教育局提交建議書，最後在 2013 年 7 月獲以象徵式租金成功續租啟德校園至 2023 年。[69]

學生更在九龍塘前香港專業教育學院李惠利分校校舍更改土地用途一事上，與大學積極打破沉默，促使政府改變政策。前李惠利校舍為香港專業教育學院（李惠利分校）的舊校舍，浸大自 2005 年起一直致力向政府爭取，希望把前李惠利用地撥作大學長遠發展用

途，並於《2020 年願景》十年發展策略綱領中，計劃把前李惠利整幅用地用作興建有一千七百個宿位的學生宿舍、二百個床位的中醫教學醫院及全人發展綜合大樓。但 2012 年 12 月，政府卻公佈並建議把本為「政府、機構或社區」用途的前李惠利舊校舍南部用地，改為「住宅」用途。事件引發大學社群的抗議和反對，學生亦積極響應學校的呼籲，以「一人一信」的方式，於城市規劃委員會公眾諮詢期內表達反對意見。同時，學生會在爭取前李惠利用地上也扮演重要的角色，例如曾去信予時任教育局局長孫明揚、與校方代表舉辦論壇「呼籲同學團結爭取李惠利用地」、與教務議會學生代表及近二百多名同學發起到政府總部通宵靜坐集會，又聯同數百名師生、校友到北角政府合署城規會都市規劃小組委員會抗議等。四堂宿生會則聯合組成「香港浸會大學本科生舍堂發展關注小組」，並發起校內聯署行動，又出版刊物《號外 —— 說好的李惠利呢？》，及去信予發展局局長陳茂波。最後，政府把前李惠利北部用地交由大學作長遠發展用途，而在 2014 年 3 月表示前李惠利南部用地則用作特殊教育用途，事件始告一段落。[70]

　　作為一個具公民意識的年輕知識分子，需關心身邊的環境，肩負起服務社會及國家的責任。故此，歷年來的學生運動不只停留在校園事務上，而是擴展至社會事務的層面。1980 年代末的「五四罷課」、「六四事件」，及至 1990 年代的「保釣運動」，均影響深遠。香港浸會大學的學生一直保持關注社會事務的傳統，而在過去十年，最引人關注而又由學生主導的運動包括「反國民教育」運動及「雨傘運動」。[71]

　　在 2010 至 2011 年度的施政報告中，建議檢視中、小學的德育及公民教育課程架構，希望進一步加強國民教育，並成立獨立的

（上）學生在旺角街站爭取市民簽名，反對李惠利用地興建豪宅。

（下）1996 年學生參與「保釣」遊行

「德育及國民教育科」（簡稱「國教科」）。2012 年 4 月，課程發展議會編訂及推出《德育及國民教育科課程指引（小一至中六）》，並建議學校採用，惟當中有關「當代國情」的部分引起社會群眾憂慮及關注，認為教材偏頗。當時浸大有學生成立「香港浸會大學反洗腦國民教育關注組」，又於 9 月出席「反國民教育科大聯盟」的集會，到政府總部公民廣場示威，又在校園內發起「反洗腦國民教育」聯署行動、張貼海報及標語，以黑衣、黑絲帶表示抗議。與此同時，學生又響應香港專上學生聯會的號召，在 9 月 11 日罷課。在一片反對及爭議聲中，教育局在 10 月 8 日宣佈正式擱置《德育及國民教育科課程指引》，事件才得以稍為平息。[72]

2014 年 9 月，因全國人大常委會決議在 2017 年舉行的行政長官選舉中，將由四大界別一千二百人組成的提名委員會擁有提名權，而每名候選人均須獲得半數以上的提委會委員支持，即產生二至三名行政長官候選人，再由市民一人一票投票選出。事件引起學生不滿，以「爭取真普選」為口號發起抗議，至 9 月 7 日，共十四間大專院校宣佈將於 9 月 22 日發動全港罷課。香港浸會大學學生會隨即舉辦連串的罷課師生大會及宣傳活動，及後在 9 月 29 日召開罷課大會，與同學一起商討參與「佔領」運動及協調工作，罷課約持續一個星期。「佔領」運動陸續開始，學生及民眾在中環、金鐘、銅鑼灣、旺角等地區集結，以抗議普選行政長官的方法。佔領為期約兩個多月，在警方開始清理中環、金鐘、旺角等場地時結束。2015 年 6 月 18 日，政改方案未獲立法會通過，事情終告一段落。[73]

義工服務是讓學生體驗社群的另一個絕佳機會，亦有助培育全人。在 2003 至 2004 學年，學生事務處推出了「EQ 工程」活動，透過學習有關 EQ 的知識及溝通技巧，來促進同學的 EQ 發展及精神

學生參與心理服務交流團，向內地小學生講解情緒智商的概念。

健康。同時，擴而充之，藉服務國內小學生，教導及提升他們的情緒智商。活動中，同學首先需要參加為期二十三小時的 EQ 冬令營作為預習，以鞏固他們的 EQ 知識、熟習 EQ 課程，並掌握教授技巧。然後在為期七天的心理服務交流團中，透過互動式教學，與國內小學生及當地大學交流。由開始至今，活動多次到訪國內不同市鎮的小學，例如韶關、桂林、贛州、賀州等。[74] 2008 年發生四川汶川大地震後，大學在 9 月成立了「愛‧川‧行動」義務工作計劃，以協調師生支援當地災民。有感災民對心靈治療創傷的需要，師生於年內組成了四支義工隊伍，分別以體育和遊戲、音樂與正向心理為主題，為災民提供心靈支援。2010 年 1 月、4 月及 6 月，亦組織了三次服務團，逾一百位同學赴北川探訪受災居民，為他們提供心靈支援。[75] 在 2013 至 2014 學年，又開展了「轉‧營」世界計劃，旨在裝備學生適應全球大環境、成為具社會責任感的世界公民及社會領袖。計劃首年以「無家者」為主題，參加的同學到訪印度德里，進行為期八天的探訪和交流，並親身幫助當地居民興建簡單樸實的房屋。回港後，又參加在校園內籌辦的「無家者體驗活動」，使同學更加認識無家者的生活情況，亦能提升他們對該議題的關注。[76]

領袖素質中心及和富領袖網絡亦為學生提供不少參與義工服務的機會，例如和富義工領袖計劃，以實際的行動，瞭解內地的社會狀況，幫助有需要的人士，以及加深同學對祖國的認識。2007 至 2008 學年，學生義工前往廣西、安徽及貴州省，探訪當地農民，教導當地學生及認識幫助貧民的政策。自 2011 年起，已先後到訪過內地不同城市，包括湖北、雲南等地的城市。而在 2013 年 4 月四川雅安發生地震後，有二十多位學生自發組成「雅安災後救援小組」，進行義務工作，服務受災的居民，包括照顧及探訪當地小學生及老人

家。[77] 隸屬中心的義工組織還有「燃希行動」，於 2002 年成立，以「燃點愛心·創造希望」為宗旨，是大學最早成立的學生義務工作組織。最初舉辦以「浸大義務特工隊」為名的內地學習考察團為主，在 2007 至 2008 學年停辦後，逐漸集中在本地義工服務上，服務對象有少數族裔兒童、老人等。[78]

學生在參與環保事務上亦不遺餘力。香港浸會大學是全港第一所以建設低碳校園為目標的大學，致力推動各項措施，並向全校推廣綠色生活。大學早於 2009 年成立「可持續發展校園專責小組」，統籌各項環保工作。2011 年 9 月推行「校園低碳先鋒計劃」，每年招募約六十位同學，學習有關環保、領導技巧及項目管理的知識，負責宣揚低碳文化。學生亦策劃了多項環保活動，包括於 2011 年 2 月在校內舉行校園環保節、二手市場、推廣低碳飲食文化、舊物回收等。在「恒生銀行綠色生活文化計劃」中，逾千名同學承諾過低碳生活，學生舍堂更舉辦了環保講座、節能比賽、綠色煮食示範等。2013 年 9 月，成立了由大學發起的首支全港大專院校環保義工隊「浸大綠動力」，進行多項的環保工作，例如到屯門龍鼓灘清潔沙灘，師生共收集到一千零三十磅垃圾；在大嶼山梅窩舉行「零廢減碳植樹日」，種植超過五百株樹苗；帶領天保民特殊學校的輕、中度智障兒童及其家人到北潭涌郊野公園，教導他們認識環境生態。[79]

「浸大綠動力」將環保和可持續發展實踐於社區，於 2013 年協助清理屯門龍鼓灘。

第四節　校友關懷母校的珍貴情誼

香港浸會大學一向重視與校友之間的聯繫，校友事務處亦積極發展校友事務及籌備校友活動。早於 1961 年 4 月，已成立了香港浸會書院校友會，旨在為本港及海外的畢業同學提供一個平台，既能保持緊密的聯繫，又能掌握母校的最新資訊及發展。校友會定期舉辦不同的文化、教育及聯誼活動，校友又可藉此向母校反映意見，亦可拉近校友與學校的距離。[80] 1976 年，另一校友組織 —— 香港浸會學院尚志會成立，希望透過捐獻及參與大學事務，回饋母校，並利用校友的專業知識、人脈網絡等協助大學發展。尚志會於 2008 年首度推行「尚志會贊助計劃」，以支援大學在學術、培育學生、校園國際化方面的發展。

校友人數由 2004 至 2005 年度的四萬一千人，上升至 2013 至 2014 年度的七萬九千多人。校友會數目亦相應增加，在本港及海外成立的校友會由 2004 至 2005 年的四十二個增至 2013 至 2014 年的六十五個。大學於 2004 年推出了「校友會資助計劃」，透過資助鼓勵更多校友會成立。當時吸引了八個新的校友會相繼成立，而十二個校友會隨即展開了會員招募工作。大學在 2006 年舉辦首次「校友會選舉」，以表揚別具意義、創意及增長的校友團體，獎項包括「最成功招募會員獎」、「最傑出籌款獎」、「最具創意校友活動獎」等，反應熱烈。在印刷及電子通訊上，校友可每月取得電子通訊刊物《浸大訊》及印刷通訊刊物《浸大人》（2012 年以前名為《浸會人》），內容包括大學、校友及校友會的最新活動資訊。[81]

校友日為年度內重要的校友活動之一。校友日的一連串活動

包括校友足球賽、嘉年華會、校友茶敍、「校友加冕禮」及聯歡晚宴等。大學設有「校友加冕禮」及「傑出校友獎」,以表揚在不同行業及崗位上表現出色及對大學和社會服務有特殊貢獻的校友。在2007年,大學舉行了首屆校友足球賽,參賽隊伍分別由各校友會、教職員及學生組成,在綠茵球場上爭奪殊榮。2010年,大學特別為於1960年畢業的第一屆畢業生舉辦「金禧團聚」活動,讓二十二位在香港及海外的校友帶同其家人回校,懷緬當年情。大學又於2012年4月推出「班代表制度」,委任逾百名本科生幫助大學及校友建立長遠的緊密聯繫。[82]

2016年1月30日,超過百位來自六個年代的校友參與「我們都是浸大的」綜藝匯演,以慶祝浸大創校六十周年紀念。這是一項大型多媒體藝術表演,其中的環節包括有話劇、管弦樂、合唱、朗誦、舞蹈、魔術及歌唱等,籌備時間超過一年。整個演出以話劇為主幹,道出五位校長先後帶領大學發展的種種曲折和起伏。當日演出成功而感人。這可從報刊專欄有所反映:「作為觀眾,自然被粒粒巨星的真情表現吸引,有地產界強人、電視台與電台總監、主播及專業歌手等,大家無分你我,將浸大不同階段的里程碑,用話劇、音樂和舞蹈展現在觀眾眼前,並透過互聯網作全球同步直播,讓更多人可以分享,為母校留下光輝回憶。」[83]

浸大社群的同仁均認同大學教育是人生中十分重要的歷程。正如現任校長錢大康教授在接受傳媒訪問時指出:「大學四年是幫助學生從中學過渡到社會的成長階段。如果只是給他們製造一個虛擬片場,用防火牆圍住他們,只埋頭苦讀而不接觸外面世界,等到畢業才開門,那學生對社會就沒有真正的適應能力。外面世界如何,校園也應該如何,社會變複雜,學生的思想也應該複雜起來。如果學

生完全不關心社會民生，大學要負責任。」[84] 為達到校歌「敦厚崇禮」、「奮發圖強」的理想境界，師友積極提供機會予在學同學，讓六十年以來的浸大學生不但可以享受校園生活，留下珍貴的青葱回憶，更可以在各範疇上發掘個人潛能，在投身社會前積極裝備自己。

（上）慶祝六十周年校慶的綜藝匯演——
　　　「我們都是浸大的」

（下）校友通訊刊物《浸大人》

註釋

1　金耀基：〈大學之理念、性格及其問題〉，載郭康健、陳城禮主編：《香港教育七十年》（香港：香港教師會，2004 年），頁 176。

2　《劉健先生遺文輯錄》（香港：聖神修院神哲學院，1990 年），頁 266。劉家駒在本校任教二十二年，克盡己職；雖抱病，但仍勉力教學，鞠躬盡瘁。他的典範和見地，深受推崇。

3　在 1956 年共有一百九十二名學生參加學院的入學試，取錄約一百五十三名學生，直至 10 月，註冊入學的則有一百三十多名。《香港浸會學院校刊》，1957 年 12 月，頁 36。黃嫣梨編著：《香港浸會大學校史》，頁 27。

4　詳見黃嫣梨編著：《香港浸會大學校史》，頁 407-408。

5　楊奇主編：《香港概論》下卷（香港：三聯書店，1993 年），頁 222-223。

6　詳見《香港浸會學院年報》，1992-1993 年，頁 58。

7　《香港浸會大學年報》，2004-2005 年，頁 9；2012-2013 年，頁 43；2013-2014 年，頁 45。

8　〈浸大發展首個本地化大學生全人發展量表〉，2012 年 10 月 25 日，載自香港浸會大學傳訊公關處電子新聞網：http://enews.hkbu.edu.hk/view_article.php?id=18532（瀏覽日期：2015 年 2 月 10 日）。Ho, Eddie Kang-wai, *Maturity and Life Purpose of Hong Kong Baptist College Students: A Descriptive Study* (Athens, Ga.: University of Georgia, 1982), pp. 157-184.

9　*First-Year Student Survey in Capsule*, 2001-2007; *New Student Survey in Capsule*, 2007-2015, 載自香港浸會大學資訊及科技處網頁：http://ito.hkbu.edu.hk/eng/publication/index.html（瀏覽日期：2015 年 2 月 10 日）。

10　金耀基：〈大學之理念、性格及其問題〉，頁 179。

11　林子豐：〈浸會學院開學禮致詞〉，載林子豐著、李景新主編：《林子豐博士言論集》，頁 197。

12　黃嫣梨、黃文江編著：《篤信力行：香港浸會大學五十年》，頁 45。

13　香港浸會大學基督徒學生團契網頁：http://www.hkbu.edu.hk/~sachsu（瀏覽日期：2015 年 2 月 12 日）。

14　香港浸會大學基督徒詩班網頁：http://www.hkbu.edu.hk/~sachcr/（瀏覽日期：2015 年 2 月 12 日）。〈基督徒詩班勇奪香港學校音樂節冠軍〉，2008 年 2 月 26 日，載自香港浸會大學傳訊公關處電子新聞網：http://enews.hkbu.edu.hk/view_article.php?id=1730（瀏覽日期：2015 年 2 月 12 日）。

15　國際學院基督徒團契網頁：http://www.chap.hkbu.edu.hk/CIECF/（瀏覽日期：2015 年 2 月 12 日）。

16　香港浸會大學基督徒樂隊網頁：http://net4.hkbu.edu.hk/~sa-chba/index.html（瀏覽日期：2015 年 2 月 12 日）。

17 詳見香港浸會大學校牧處網頁：http://www.chap.hkbu.edu.hk/index.php（瀏覽日期：2015 年 2 月 12 日）。

18 黃嫣梨、黃文江編著：《篤信力行：香港浸會大學五十年》，頁 50。

19 香港浸會大學國樂會網頁：http://net4.hkbu.edu.hk/~sa-cmus/（瀏覽日期：2015 年 2 月 27 日）。

20 音樂系系主任潘明倫教授訪問，2014 年 7 月 25 日。〈浸大、北京中央音樂學院合作演出韓德爾《彌賽亞》〉，2009 年 1 月 2 日，載自香港浸會大學傳訊公關處電子新聞網：http://enews.hkbu.edu.hk/view_article.php?id=4371（瀏覽日期：2015 年 2 月 23 日）；〈浸大室樂合唱團 "Cantoría Hong Kong" 呈獻 "Aurora Sings" 免費音樂會與眾同賞中外名曲〉，2010 年 4 月 26 日，載自香港浸會大學傳訊公關處電子新聞網：http://enews.hkbu.edu.hk/view_article.php?id=8862（瀏覽日期：2015 年 2 月 27 日）。

21 《香港浸會大學年報》，2009-2010 年，頁 18。〈浸大新成立室樂合唱團首次出賽揚威海外　捷克國際合唱團音樂節奪金〉，2010 年 6 月 25 日，載自香港浸會大學傳訊公關處電子新聞網：http://enews.hkbu.edu.hk/view_article.php?id=9507（瀏覽日期：2015 年 2 月 23 日）。

22 〈浸大室樂合唱團北京國家大劇院獻唱備受讚譽〉，2012 年 6 月 15 日，載自香港浸會大學傳訊公關處電子新聞網：http://enews.hkbu.edu.hk/view_article.php?id=17304（瀏覽日期：2015 年 2 月 23 日）。

23 〈浸大室樂合唱團為倫敦樂迷獻唱〉，2016 年 6 月 22 日，載自香港浸會大學傳訊公關處電子新聞網：http://hkbuenews.hkbu.edu.hk/?t=enews_details/1438（瀏覽日期：2015 年 8 月 23 日）。

24 《香港浸會大學學生會會章》，2005 年 3 月 1 日，頁 3。

25 2004 年，學生會架構改為設幹事會、評議會及仲議會，並於同年籌備成立獨立的編委會，以便更有效地發揮傳媒的監察功能，最後在 2005 年正式完成架構重組，又脫離學生事務處向政府註冊為法人。詳見香港浸會大學學生會網頁：http://www.busu.org/（瀏覽日期：2015 年 2 月 12 日）。

26 Office of Student Affairs, *Annual Report to SECO, 2006-2007*, p. 4; *2012-2013*, p. 5.

27 Office of Student Affairs, *Annual Report to SECO, 2012-2013*, Appendix 6.

28 詳見香港浸會大學劇社網頁：http://net4.hkbu.edu.hk/~sa-drama/intro.html（瀏覽日期：2015 年 2 月 13 日）；〈「五光 × 拾昔」回顧戲劇成果〉，《大公報》，2007 年 2 月 27 日；黃嫣梨、黃文江編著：《篤信力行：香港浸會大學五十年》，頁 51；〈闊別五十載 大師兄回校撫今追昔〉，*Eyes On HKBU*，第三期（2010 年 12 月），載自香港浸會大學傳訊公關處網頁：http://buenews.hkbu.edu.hk/tch/issue/news.do?newsId=87（瀏覽日期：2015 年 2 月 13 日）。

29 詳自香港浸會大學舞蹈學會會網頁：http://student.hkbu.edu.hk/~sa-dance/（瀏覽日期：2015 年 2 月 13 日）；〈舞蹈學會淋漓演繹盡顯舞台風範　勇奪大專聯校舞蹈賽亞軍及最佳排舞師兩獎〉，2012 年 2 月 10 日，載自香港浸會大學傳訊公關處電子新聞網：http://enews.hkbu.edu.hk/view_article.php?id=15850（瀏覽日期：2015 年 2 月 13 日）；〈舞蹈學會非凡舞藝獲肯定　全港大專聯校舞蹈賽亞軍〉，2008 年 2 月 28 日，載自香港浸會大學傳訊公關處電子新聞網：http://enews.hkbu.edu.hk/view_article.php?id=1776（瀏覽日期：2015 年 2 月 13 日）；〈中大舞

者〉，載自香港中文大學傳訊及公共關係處網頁：http://www.cpr.cuhk.edu.hk/emotion/19/ indexc.html（瀏覽日期：2015 年 2 月 13 日）；〈90 後追尋夢想「舞」莊起義〉，《香港經濟日報》，2013 年 11 月 23 日，頁 D03。

30 體育舞蹈隊員在第四屆的香港校際體育舞蹈錦標賽中，贏得大學女子混合組（拉丁舞）五個獎項；第六屆在探戈、華爾茲、牛仔舞、查查查、倫巴舞等項目中連奪十二個獎項；第七屆取得二十六項個人獎項及大學組隊際冠軍；在第八屆贏取了二十九個獎項；以及在第九屆的大專組賽事中贏得共三十四面獎牌，突破往年紀錄。〈大舞林高手校際賽奪拉丁舞五個獎項〉，2008 年 1 月 28 日，載自香港浸會大學傳訊公關處電子新聞網：http://enews.hkbu.edu. hk/view_article.php?id=1438（瀏覽日期：2015 年 2 月 18 日）；〈浸大同學舞出我天地 奪校際體育舞蹈錦標賽十二獎項〉，2010 年 3 月 31 日，載自香港浸會大學傳訊公關處電子新聞網：http://enews.hkbu.edu.hk/view_article.php?id=8604（瀏覽日期：2015 年 2 月 17 日）；〈浸大成校際體育舞蹈錦標賽大贏家〉，2011 年 3 月 11 日，載自香港浸會大學傳訊公關處電子新聞網：http://enews.hkbu.edu.hk/view_article.php?id=12287（瀏覽日期：2015 年 2 月 17 日）；〈浸大同學揚威校際體育舞蹈錦標賽〉，2012 年 4 月 18 日，載自香港浸會大學傳訊公關處電子新聞網：http://enews.hkbu.edu.hk/view_article.php?id=16338（瀏覽日期：2015 年 2 月 17 日）；〈浸大生校際體育舞蹈錦標賽奪三十四面獎牌〉，2013 年 3 月 20 日，載自香港浸會大學理學院新聞稿：http://www.sci.hkbu.edu.hk/tch/news/press-releases/199n（瀏覽日期：2015 年 2 月 17 日）；〈浸大學生揚威學界 體適能、標準舞摘冠〉，2012 年 4 月 26 日，載自香港浸會大學傳訊公關處電子新聞網：http://enews.hkbu.edu.hk/view_article.php?id=16519（瀏覽日期：2015 年 2 月 23 日）。

31 其他新興的興趣學會包括學生會國際四合一防衛拳系學會、學生會棒壘學會、學生會亞洲商略研究學會、學生會創行學會、學生會觀鳥學會及紅酒分享協會。詳見 Office of Student Affairs, *Annual Report to SECO, 2012-2013*, Appendix 6。

32 《香港浸會大學年報》，2001-2002 年，頁 48；2008-2009 年，頁 35；2011-2012 年，頁 38。

33 詳見香港浸會大學楊振寧堂網頁：http://yanghall.com/a-yang.html（瀏覽日期：2015 年 2 月 16 日）；香港浸會大學蔡元培堂網頁：http://cai-hall.hkbu.edu.hk/main.php?rootdir=home（瀏覽日期：2015 年 2 月 16 日）；香港浸會大學周樹人堂網頁：http://zhou-hall.hkbu.edu.hk/index.html（瀏覽日期：2015 年 2 月 16 日）；香港浸會大學宋慶齡堂網頁：http://clsoongsoongergy.wix.com/soong-hall（瀏覽日期：2015 年 2 月 16 日）。〈浸大生紀念中國一代教育家誕生一百四十周年 「蔡元培節」連串精彩活動下周揭序幕〉，2008 年 3 月 13 日，載自香港浸會大學傳訊公關處電子新聞網：http://enews.hkbu.edu.hk/view_article.php?id=1863（瀏覽日期：2015 年 2 月 16 日）；〈浸大蔡元培節連串活動揭序幕 蔡氏長女蔡睟盎由滬來港主禮〉，2005 年 3 月 9 日，載自香港浸會大學傳訊公關處電子新聞網：http://cpro.hkbu.edu.hk/enews2005/20050309a. htm（瀏覽日期：2015 年 2 月 16 日）；香港浸會大學蔡元培堂舊生會蔡元培學校專責小組：《年度報告：蔡元培教育基金》（2008 年，無出版資料及頁碼）。

34 《香港浸會大學年報》，2012-2013 年，頁 2；黃嫣梨、黃文江編著：《篤信力行：香港浸會大

學五十年》，頁 55。

35 〈副學士同學首度奪得林子豐博士紀念盃〉，2005 年 4 月 26 日，載自香港浸會大學傳訊公關
處電子新聞網：http://cpro.hkbu.edu.hk/enews2005/20050426b.htm（瀏覽日期：2015 年 2 月
16 日）。

36 〈浸大精英再次揚威大專運動賽事〉，2012 年 3 月 29 日，載自香港浸會大學傳訊公關處電子
新聞網：http://enews.hkbu.edu.hk/view_article.php?id=16169（瀏覽日期：2015 年 2 月 17 日）；
〈籃球隊旗開得勝　奪成龍挑戰盃亞軍〉，2007 年 10 月 26 日，載自香港浸會大學傳訊公關
處電子新聞網：http://enews.hkbu.edu.hk/view_article.php?id=727（瀏覽日期：2015 年 2 月 18
日）；〈浸大女子籃球隊榮登大專決賽冠軍寶座〉，2008 年 4 月 9 日，載自香港浸會大學傳訊
公關處電子新聞網：http://enews.hkbu.edu.hk/view_article.php?id=2196（瀏覽日期：2015 年 2
月 18 日）；〈合球校隊錦標賽奪冠〉，2008 年 10 月 28 日，載自香港浸會大學傳訊公關處電
子新聞網：http://enews.hkbu.edu.hk/view_article.php?id=3817（瀏覽日期：2015 年 2 月 18 日）；
《香港浸會大學年報》，2008-2009 年，頁 29。大學男女子泳隊在 2008 至 2009 年度共奪十九
項獎牌，在 2010 年更打破四項大會紀錄，男女子隊共取得十項金牌、四項銀牌及五項銅
牌。詳見〈游泳隊大學四角賽創佳績〉，2010 年 10 月 21 日，載自香港浸會大學傳訊公關處
電子新聞網：http://enews.hkbu.edu.hk/view_article.php?id=10504（瀏覽日期：2015 年 2 月 17
日）；《浸大領域》2008-2009 年第 2 期，頁 31；《浸大領域》2010-2011 年第 1 期，頁 41。

37 〈浸大田徑隊勇奪大專陸運會十三獎項〉，2011 年 3 月 10 日，載自香港浸會大學傳訊公關
處電子新聞網：http://enews.hkbu.edu.hk/view_article.php?id=12272（瀏覽日期：2015 年 2 月
17 日）；〈浸大田徑隊大專陸運會展實力　奪十四獎項〉，2010 年 3 月 19 日，載自香港浸會
大學傳訊公關處電子新聞網：http://enews.hkbu.edu.hk/view_article.php?id=8407（瀏覽日期：
2015 年 2 月 23 日）。

38 《浸大領域》2008-2009 年第 2 期，頁 32；〈浸大健兒揚威大專體壇　勇奪越野賽四獎項〉，
2007 年 11 月 15 日，載自香港浸會大學傳訊公關處電子新聞網：http://enews.hkbu.edu.hk/
view_article.php?id=894（瀏覽日期：2015 年 2 月 18 日）；〈浸大健兒揚威越野賽〉，2008 年 11
月 11 日，載自香港浸會大學傳訊公關處電子新聞網：http://enews.hkbu.edu.hk/view_article.
php?id=3954（瀏覽日期：2015 年 2 月 18 日）；〈浸大越野隊囊括大專越野賽三大冠軍獎項〉，
2010 年 11 月 9 日，載自香港浸會大學傳訊公關處電子新聞網：http://enews.hkbu.edu.hk/
view_article.php?id=10769（瀏覽日期：2015 年 2 月 23 日）；〈浸大越野隊再顯實力〉，2011
年 11 月 23 日，載自香港浸會大學傳訊公關處電子新聞網：http://enews.hkbu.edu.hk/view_
article.php?id=15099（瀏覽日期：2015 年 2 月 23 日）。

39 划艇隊更在「全港大學賽艇錦標賽 2010」中共獲得七個獎項；在「全港大學賽艇錦標賽
2011」中勇奪全場總亞軍，男子組榮膺全場總冠軍，而女子組則贏得全場總季軍；在「全
港大學賽艇錦標賽 2012」中共贏得全場團體季軍、男子團體全場季軍、男子雙人雙槳艇金
牌、男子單人雙槳艇金銀牌、男子四人單槳無舵艇銀牌、女子八人單槳有舵艇及四人單槳無
舵艇銅牌。詳見〈浸大划艇會奪全港大學賽艇錦標賽八獎項〉，2012 年 8 月 15 日，載自香

港浸會大學傳訊公關處電子新聞網：http://enews.hkbu.edu.hk/view_article.php?id=17915（瀏覽日期：2015 年 2 月 17 日）；〈浸大划艇隊在全港大學賽事摘銀〉，2011 年 8 月 25 日，載自香港浸會大學傳訊公關處電子新聞網：http://enews.hkbu.edu.hk/view_article.php?id=13983（瀏覽日期：2015 年 2 月 17 日）；〈浸大划艇會於全港大學賽艇錦標賽奪佳績〉，2010 年 9 月 15 日，載自香港浸會大學傳訊公關處電子新聞網：http://enews.hkbu.edu.hk/view_article.php?id=10097（瀏覽日期：2015 年 2 月 17 日）；〈全港大學賽艇錦標賽　浸大同學勇奪總亞軍〉，2009 年 8 月 27 日，載自香港浸會大學傳訊公關處電子新聞網：http://enews.hkbu.edu.hk/view_article.php?id=6384（瀏覽日期：2015 年 2 月 17 日）；〈浸大划艇隊蟬聯學界室內賽艇賽總冠軍〉，2010 年 4 月 28 日，載自香港浸會大學傳訊公關處電子新聞網：http://enews.hkbu.edu.hk/view_article.php?id=8881（瀏覽日期：2015 年 2 月 17 日）；〈浸大划艇隊代表香港出賽　勇奪「中國大學賽艇公開賽」季軍〉，2007 年 11 月 16 日，載自香港浸會大學傳訊公關處電子新聞網：http://enews.hkbu.edu.hk/view_article.php?id=925（瀏覽日期：2015 年 2 月 18 日）；〈迸發奧林匹克體育精神　浸大划艇隊揚威亞洲大學邀請賽〉，2008 年 8 月 21 日，載自香港浸會大學傳訊公關處電子新聞網：http://enews.hkbu.edu.hk/view_article.php?id=3305（瀏覽日期：2015 年 2 月 18 日）。

40 〈跆拳五健將　勇奪大學盃五殊榮〉，2005 年 7 月 20 日，載自香港浸會大學傳訊公關處電子新聞網：http://cpro.hkbu.edu.hk/enews2005/20050720b.htm（瀏覽日期：2015 年 2 月 17 日）；〈浸大活木球與跆拳道健兒揚威大專賽〉，2010 年 3 月 12 日，載自香港浸會大學傳訊公關處電子新聞網：http://enews.hkbu.edu.hk/view_article.php?id=8360（瀏覽日期：2015 年 2 月 17 日）；〈浸大柔道隊勇奪大專盃四連冠〉，2013 年 4 月 18 日，載自香港浸會大學傳訊公關處電子新聞網：http://enews.hkbu.edu.hk/view_article.php?id=20711（瀏覽日期：2015 年 2 月 17 日）；〈浸大柔道隊大專盃摘冠〉，2010 年 4 月 29 日，載自香港浸會大學傳訊公關處電子新聞網：http://enews.hkbu.edu.hk/view_article.php?id=8891（瀏覽日期：2015 年 2 月 17 日）。

41 〈浸大健兒大專乒乓球及游泳比賽奪標〉，2012 年 11 月 7 日，載自香港浸會大學傳訊公關處電子新聞網：http://enews.hkbu.edu.hk/view_article.php?id=18713（瀏覽日期：2015 年 2 月 17 日）；〈手球足球英雌奪冠而回〉，2010 年 3 月 26 日，載自香港浸會大學傳訊公關處電子新聞網：http://enews.hkbu.edu.hk/view_article.php?id=8497（瀏覽日期：2015 年 2 月 17 日）；〈浸大活木球與跆拳道健兒揚威大專賽〉，2010 年 3 月 12 日，載自香港浸會大學傳訊公關處電子新聞網：http://enews.hkbu.edu.hk/view_article.php?id=8360（瀏覽日期：2015 年 2 月 17 日）；〈活木球隊稱霸大專盃賽〉，2011 年 4 月 6 日，載自香港浸會大學傳訊公關處電子新聞網：http://enews.hkbu.edu.hk/view_article.php?id=12593（瀏覽日期：2015 年 2 月 17 日）。

42 〈浸大運動健將參與東亞運成績優異〉，2009 年 12 月 30 日，載自香港浸會大學傳訊公關處電子新聞網：http://enews.hkbu.edu.hk/view_article.php?id=7639（瀏覽日期：2015 年 2 月 23 日）。

43 〈浸大生為港增光　體操世界盃摘銅〉，2010 年 4 月 1 日，載自香港浸會大學傳訊公關處電子新聞網：http://enews.hkbu.edu.hk/view_article.php?id=8630（瀏覽日期：2015 年 3 月 23 日）；

〈體育學系吳翹充同學全國吊環比賽再奪銅牌〉，2013 年 11 月 12 日，載自香港浸會大學傳訊公關處電子新聞網：http://hkbuenews.hkbu.edu.hk/?t=enews_details/373（瀏覽日期：2015 年 2 月 23 日）。〈浸大健兒名留青史　創新吊環動作以吳翹充命名〉，2015 年 3 月 11 日，載自香港浸會大學傳訊公關處電子新聞網：http://hkbuenews.hkbu.edu.hk/?t=enews_details/899（瀏覽日期：2015 年 2 月 24 日）。

44 〈浸大祝捷會賀運動員亞運奪一銀四銅佳績〉，2010 年 12 月 1 日，載自香港浸會大學傳訊公關處電子新聞網：http://enews.hkbu.edu.hk/view_article.php?id=11141（瀏覽日期：2015 年 2 月 23 日）。

45 〈浸大運動員勇奪世界硬地滾球賽冠軍〉，2016 年 6 月 13 日，載自香港浸會大學傳訊公關處電子新聞網：http://hkbuenews.hkbu.edu.hk/?t=enews_details/1424（瀏覽日期：2016 年 8 月 23 日）。

46 《香港浸會大學年報》，2008-2009 年，頁 28；2009-2010 年，頁 57。〈中文辯論隊旗開得勝　勇奪大專辯論賽冠軍〉，2008 年 5 月 5 日，載自香港浸會大學傳訊公關處電子新聞網：http://enews.hkbu.edu.hk/view_article.php?id=2498（瀏覽日期：2015 年 2 月 18 日）；〈中文辯論隊再度奪魁成「菁英盃」三年冠〉，2008 年 12 月 1 日，載自香港浸會大學傳訊公關處電子新聞網：http://enews.hkbu.edu.hk/view_article.php?id=4107（瀏覽日期：2015 年 2 月 18 日）；〈辯論隊員口才出眾為校爭光〉，2009 年 4 月 6 日，載自香港浸會大學傳訊公關處電子新聞網：http://enews.hkbu.edu.hk/view_article.php?id=5323（瀏覽日期：2015 年 2 月 23 日）；〈浸大辯論隊喜奪「九龍盃」〉，2010 年 3 月 10 日，載自香港浸會大學傳訊公關處電子新聞網：http://enews.hkbu.edu.hk/view_article.php?id=8281（瀏覽日期：2015 年 2 月 23 日）；〈中文辯論隊衛冕公民盃大專辯論賽冠軍〉，2014 年 8 月 14 日，載自香港浸會大學傳訊公關處電子新聞網：http://hkbuenews.hkbu.edu.hk/?t=enews_details/723（瀏覽日期：2015 年 2 月 24 日）。

47 《香港浸會大學年報》，2010-2011 年，頁 56；〈文學院師生校友創作才華揚威港台兩地〉，2008 年 12 月 15 日，載自香港浸會大學傳訊公關處電子新聞網：http://enews.hkbu.edu.hk/view_article.php?id=4236（瀏覽日期：2015 年 2 月 23 日）；〈浸大榮獲全港大學生演講比賽總冠軍〉，2009 年 4 月 3 日，載自香港浸會大學傳訊公關處電子新聞網：http://enews.hkbu.edu.hk/view_article.php?id=5273（瀏覽日期：2015 年 2 月 23 日）；〈浸大生物系同學獲文學創作比賽新詩組季軍〉，2010 年 7 月 22 日，載自香港浸會大學傳訊公關處電子新聞網：http://enews.hkbu.edu.hk/view_article.php?id=9756（瀏覽日期：2015 年 2 月 23 日）。

48 《香港浸會大學年報》，2007-2008 年，頁 58；〈參與大型地區性投資分析比賽　工商管理學院同學摘冠〉，2007 年 11 月 30 日，載自香港浸會大學傳訊公關處電子新聞網：http://enews.hkbu.edu.hk/view_article.php?id=1061（瀏覽日期：2015 年 2 月 18 日）；〈浸大學生為港爭光 勇奪投資分析比賽全球總冠軍〉，2008 年 5 月 6 日，載自香港浸會大學傳訊公關處電子新聞網：http://enews.hkbu.edu.hk/view_article.php?id=2519（瀏覽日期：2015 年 2 月 18 日）。

49 〈工商管理學院學生勇奪兩項大賽冠軍〉，2009 年 11 月 17 日，載自香港浸會大學傳訊公關處電子新聞網：http://enews.hkbu.edu.hk/view_article.php?id=7202（瀏覽日期：2015 年 2 月 23

344

日）;〈浸大隊在亞太區投資分析比賽奪得季軍〉,2010 年 3 月 11 日,載自香港浸會大學傳訊公關處電子新聞網:http://enews.hkbu.edu.hk/view_article.php?id=8320（瀏覽日期:2015 年 2 月 23 日）。

50 《香港浸會大學年報》,2007-2008 年,頁 59;〈傳播系同學宣傳活動揚威國際　奪國際廣告協會 Dentsu InterAd XI 全球學生廣告獎〉,2007 年 10 月 17 日,載自香港浸會大學傳訊公關處電子新聞網:http://enews.hkbu.edu.hk/view_article.php?id=649（瀏覽日期:2015 年 2 月 18 日）;〈浸大生在學界奧斯卡迸發光芒　奪全球華語大學生影視獎五獎項〉,2008 年 4 月 25 日,載自香港浸會大學傳訊公關處電子新聞網:http://enews.hkbu.edu.hk/view_article.php?id=2403（瀏覽日期:2015 年 2 月 18 日）。

51 〈計算機科學系學生揚威全港大學資料庫程式設計比賽〉,2008 年 2 月 25 日,載自香港浸會大學傳訊公關處電子新聞網:http://enews.hkbu.edu.hk/view_article.php?id=1693（瀏覽日期:2015 年 2 月 18 日）;〈化學系學生榮獲香港奧林匹克化學比賽亞軍〉,2008 年 2 月 29 日,載自香港浸會大學傳訊公關處電子新聞網:http://enews.hkbu.edu.hk/view_article.php?id=1793（瀏覽日期:2015 年 2 月 18 日）。

52 《香港浸會學院同學錄》,1967 年;1968 年。

53 〈浸會大學邁向國際化　國際學生交流計劃正式展開〉,《校園天地》1998-1999 年第 1 期,頁 2-3;〈悠悠浸會情　迎接新使命　專訪國際學生中心主任彭秉理先生〉,《校園天地》1998-1999 年第 1 期,頁 5;《香港浸會大學年報》,2004-2005 年,頁 36;2013-2014 年,頁 25。

54 《香港浸會大學年報》,2012-2013 年,頁 20;2011-2012 年,頁 16;2006-2007 年,頁 35。

55 〈多元文化薈萃國際文化節〉,2014 年 10 月 31 日,載自香港浸會大學傳訊公關處電子新聞網:http://hkbuenews.hkbu.edu.hk/?t=enews_details/788（瀏覽日期:2015 年 2 月 24 日）;《香港浸會大學年報》,2007-2008 年,頁 32;〈國際文化節擴闊學生視野〉,《浸大領域》2011-2012 年第 1 期,頁 6。

56 當中包括比利時、瑞典、菲律賓、羅馬尼亞、智利、芬蘭、俄羅斯、荷蘭、韓國等地的駐港領事。

57 《香港浸會大學年報》,2013-2014 年,頁 25;2012-2013 年,頁 19-20;2011-2012 年,頁 15-16;2010-2011 年,頁 24-27;2008-2009 年,頁 32-33;2004-2005 年,頁 36-38。〈浸大代表隊勇奪北京大學國際模擬聯合國大會四獎項〉,2010 年 4 月 7 日,載自香港浸會大學傳訊公關處電子新聞網:http://enews.hkbu.edu.hk/view_article.php?id=8677（瀏覽日期:2015 年 2 月 23 日）。

58 Office of Student Affairs, *Annual Report to SECO, 2012-2013*, p. 5;《香港浸會大學年報》,2007-2008 年,頁 33。

59 學生事務處行政事務主管沈黃素蓮女士訪問,2015 年 2 月 10 日。

60 樊富瑉、陳啟芳、何鏡煒主編:《香港高校學生輔導》（北京:清華大學出版社,2001 年）,頁 77;黃嫣梨、黃文江編著:《篤信力行:香港浸會大學五十年》,頁 47;香港浸會大學學生事務處輔導中心網頁:http://sa.hkbu.edu.hk/cdc/（瀏覽日期:2015 年 2 月 24 日）;香港浸

會大學學生事務處輔導中心學長先鋒工程網頁：http://sa.hkbu.edu.hk/cdc/pce.htm（瀏覽日期：2015 年 2 月 24 日）；香港浸會大學學生事務處輔導中心：《2008 年 1 月 2-9 日韶關教學交流團 —— 學長先鋒工程》，頁 2-6；香港浸會大學學生事務處輔導中心：《2007 年 1 月 3-10 日韶關教學交流團 —— 學長先鋒工程》，頁 1。

61 樊富珉、陳啟芳、何鏡煒主編：《香港高校學生輔導》，頁 202-208；香港浸會大學學生事務處輔導中心網頁：http://sa.hkbu.edu.hk/cdc/（瀏覽日期：2015 年 2 月 24 日）。

62 參見 Dr. Tse, Daniel C. W., "Future Role and Opportunities of Christian Universities in Hong Kong", in *Proceeding and International Conference on the Challenges of Asian Christian Universities in the 21st Century* (Hong Kong: Chung Chi College, Chinese University of Hong Kong, 2001), p.8。聯通課程是本科同學必須修讀的大學生活課程之一，屬於畢業條件之一，旨在讓同學接觸本科以外不同領域的知識，擴闊他們的知識層面，以達到全人發展的目的。內容包括講座、工作坊、體驗式學習及校園活動，當中以講座較多，校園活動較少。本科生需於入學後首四個學期內完成八個聯通課程項目，否則會影響其畢業。詳見 Office of Student Affairs, *Annual Report to SECO, 2012-2013*, pp. 14-15；香港浸會大學聯通課程網頁：http://sa-secure.hkbu.edu.hk/ccl/（瀏覽日期：2015 年 2 月 24 日）。

63 樊富珉、陳啟芳、何鏡煒主編：《香港高校學生輔導》，頁 205；香港浸會大學學生事務處輔導中心網頁：http://sa.hkbu.edu.hk/cdc/（瀏覽日期：2015 年 2 月 24 日）。

64 三個主題分別為團體及個人挑戰、社會服務體驗及社政關懷，詳見〈通群體驗計劃 Freshman Experience Programme (FEP) 部頭招募〉，載自香港浸會大學學生事務處領袖素質中心網頁：http://sa.hkbu.edu.hk/lqc/fep/2013/CA_recruit/CA_recruit.pdf（瀏覽日期：2015 年 2 月 25 日）；香港浸會大學學生事務處領袖素質中心：《通群體驗計劃之領新部落年度報告》，2013-2014 年，頁 8。

65 和富使命導航計劃網頁：http://sa.hkbu.edu.hk/lqc/wclp/（瀏覽日期：2015 年 2 月 25 日）。

66 樊富珉、陳啟芳、何鏡煒主編：《香港高校學生輔導》，頁 209-220；Office of Student Affairs, *Annual Report to SECO, 2012-2013*, Appendix 2.《香港浸會大學年報》，2009-2010 年，頁 39。

67 大學教育資助委員會質素保證局：《香港浸會大學質素核證報告》，2009 年 9 月，頁 27-28；香港浸會大學學生事務處網頁：http://sa.hkbu.edu.hk/home/home/（瀏覽日期：2015 年 2 月 25 日）。

68 黃嫣梨編著：《香港浸會大學校史》，頁 103-109；頁 331-337。黃嫣梨、黃文江編著：《篤信力行：香港浸會大學五十年》，頁 59-61；《高中及專上教育綠皮書》，1977 年 11 月，頁 30。

69 詳見香港浸會大學視藝校園發展關注組網頁：http://cargocollective.com/avaconcern/3516265 / http://vakaitak.blogspot.hk/（瀏覽日期：2015 年 2 月 25 日）；香港浸會大學視藝校園發展關注組：《遷變‧萬化 —— 啟德校園搬遷事件特刊》，2012 年 4 月，頁 2-3；頁 16-19。〈棲身前空軍基地　政府拒續租　浸大藝術生發動學院捍衛戰〉，《頭條日報》，2012 年 4 月 5 日，頁 P22；〈視藝搬校園風波　浸大生千人聯署求保留〉，《明報》，2012 年 4 月 29 日，頁 A09；〈浸大啟德視藝園　月租五萬續一年〉，《星島日報》，2012 年 8 月 9 日，頁 F01；〈浸大視藝院

拍賣籌 68 萬〉,《星島日報》,2012 年 8 月 13 日,頁 F01;〈浸大視藝院　申 400 萬打造啟德校園〉,《星島日報》,2012 年 12 月 5 日,頁 F01;〈浸大續租啟德校園〉,《蘋果日報》,2013 年 7 月 27 日,頁 A12。

70 香港浸會大學前李惠利校舍用地網頁:http://lwlsite.hkbu.edu.hk/(瀏覽日期:2015 年 2 月 26 日);陳新滋:〈歡迎城規會保留前李惠利用地為「政府、機構」〉(未輯印,致校內社群電子郵件),2014 年 3 月 26 日;陳新滋:〈有關城規會就前李惠利南部用地改劃建議申述會的安排〉(未輯印,致校內社群電子郵件),2014 年 1 月 27 日;香港浸會大學:〈香港浸會大學對政府聲明的回應〉(未輯印,新聞稿),2013 年 3 月 4 日;陳新滋:〈強烈不滿政府把前李惠利校舍南部土地列入賣地表〉(未輯印,致校內社群電子郵件),2013 年 3 月 1 日;陳新滋:〈有關爭取前李惠利校舍土地事宜〉(未輯印,致校內社群電子郵件),2013 年 1 月 25 日;香港浸會大學:〈香港浸會大學聲明〉(未輯印,聲明),2012 年 12 月 21 日;香港浸會大學本科生舍堂發展關注小組:《號外 —— 說好的李惠利呢?》,2012 年 4 月,無出版資料及頁碼;〈香港浸會大學爭取李惠利校舍用地 —— 由學生團體發起的對外行動〉,載自香港浸會大學前李惠利校舍用地網頁:http://lwlsite.hkbu.edu.hk/wp-content/uploads/sites/8/2014/08/ACTION_Student-Action-External-timeline.pdf(瀏覽日期:2015 年 2 月 26 日)。

71 黃嫣梨、黃文江編著:《篤信力行:香港浸會大學五十年》,頁 61-62。

72 教育局:《「德育及國民教育科」課程諮詢及修訂報告》,2012 年 10 月,頁 1-3;課程發展議會編訂:《德育及國民教育科課程指引(小一至中六)》,2012 年 4 月,頁 26-27;香港浸會大學學生會:《反國教・九一一浸大全人撐罷課》(未輯印,學生會通訊),2012 年 9 月 7 日;香港特別行政區政府新聞公報:〈德育及國民教育科課程指引正式擱置〉,2012 年 10 月 8 日,載自政府新聞網:http://www.info.gov.hk/gia/general/201210/08/P201210080618.htm(瀏覽日期:2015 年 2 月 26 日);〈8000 大專生罷課促撤國教　不滿梁振英回應　行動擴展中小學〉,《成報》,2012 年 9 月 12 日,頁 A06。

73 香港浸會大學學生會第四十七屆編輯委員會「今言」:《雨傘運動特刊》,2014 年 11 月,頁 2-5;香港浸會大學學生會第四十七屆編輯委員會「今言」:《Jumbo》47.2,2014 年 11 月,頁 13-17。

74 何鏡煒:〈序言〉,載香港浸會大學學生事務處輔導中心:《EQ 工程:韶關服務交流團 2003-2004》;李慧明:〈序言〉,載香港浸會大學學生事務處輔導中心:《EQ 工程:桂林心理服務交流團 2013-2014》,頁 2。

75 《香港浸會大學年報》,2008-2009 年,頁 38;2009-2010 年,頁 34。

76 《香港浸會大學年報》,2013-2014 年,頁 40。

77 詳見和富義工領袖計劃網頁:http://sa.hkbu.edu.hk/lqc/wslp/(瀏覽日期:2015 年 2 月 26 日);和富義工領袖計劃:《雅安災後援助小組 2013-2014 工作報告》,頁 1-2;《香港浸會大學年報》,2007-2008 年,頁 35。

78 「燃希行動」網頁:http://sa.hkbu.edu.hk/lqc/lha/(瀏覽日期:2015 年 2 月 26 日);《香港浸會大學年報》,2009-2010 年,頁 34。

79 《香港浸會大學年報》，2009-2010 年，頁 32；2010-2011 年，頁 30；2011-2012 年，頁 33-34；2012-2013 年，頁 35；2013-2014 年，頁 41-42。

80 詳見香港浸會大學校友會網頁：http://www.hkbuaa.hk/（瀏覽日期：2015 年 2 月 26 日）。

81 《香港浸會大學年報》，2004-2005 年，頁 20-21；2006-2007 年，頁 17-18；2013-2014 年，頁 42-43。香港浸會大學校友事務處網頁：http://aao.hkbu.edu.hk/tc/home/index.php（瀏覽日期：2015 年 2 月 26 日）。

82 《香港浸會大學年報》，2004-2005 年，頁 21；2006-2007 年，頁 17；2010-2011 年，頁 14；2011-2012 年，頁 39；2013-2014 年，頁 43。

83 莊偉茵：〈我們都是浸大的〉，《晴報》，2016 年 2 月 12 日，頁 39。

84 〈錢大康：大學勿設政治防火牆〉，《信報月刊》，2016 年 2 月。

香港浸會大學
大事年表

1955

香港浸信會聯會議決通過創辦香港浸會學院，按照《1952 年教育條例》註冊，稱為「香港浸信會書院」。

1956

3 月 5 日，香港浸會書院校董會成立，黃汝光博士為校董會主席，林子豐博士為校長，晏務理博士為副校長。

開辦四年制文憑課程，有學生一百五十三人，借用九龍何文田培正中學部分課室作為校舍。

1959

全校學生共有六百二十三人。

1960

首屆畢業生六十六人。

1961

設立文、理兩學院。

1963

為開展建校工程，定本年為「募捐年」。

1965

成立商學院。

1966

第一座校舍落成。

1967

擴設「五年制」，招收預科生，並改良學系組織。

1970

獲教育司署核准為香港第一間政府承認的私立四年制專上學院。

1971

林子豐博士逝世。

董事會任命謝志偉博士、陳彥民博士為校長及副校長。

1972

獲香港政府許可，改名為「香港浸會學院」。

東南亞高等教育協會評定學院畢業生的學術水平與大學學士的學歷相等。

1973

國際教育協會發表證明香港浸會學院學術水平的《國際教育協會報告》。

美南浸信會大學聯會一致通過，香港浸會學院所頒發的文憑，與美南浸信會所有大學和學院的學士學位相等。

1975

謝再生紀念館啟用。

成立校外課程部。

1977

香港政府發表《高中及專上教育綠皮書》，學院將12月19日定為「《綠皮書》日」，舉行集會，師生就《綠皮書》作評論。

1978

大專會堂舉行開幕典禮。

香港政府發表《高中及專上教育發展白皮書》，普遍受到教育界歡迎。

1979

學院開始獲政府資助，推行「2+2+1」學制，首兩年為院制基礎課程，其後為兩年的系制文憑課程和一年的榮譽文憑課程。

1980

紹邦樓、校園正門牌樓及區樹洪花園相繼落成。

1981

英國國家學歷評審局到香港浸會學院進行學術評審。

港督麥理浩爵士成為學院的首任監督。

1982

教務議會建議通過停辦土木工程學系，引起該系學生不滿和抗議。

星島傳理中心舉行揭幕典禮。

1983

立法局通過《香港浸會學院條例》，使學院成為獨立的高等教育機構，具備開辦學位課程和頒授學位的資格。

方樹泉圖書館落成。

原有的「2+2+1」學制轉為「2+3」學制。

1984

《香港浸會學院條例》生效。

港督尤德爵士主持第二十五屆畢業典禮授憑儀式。

1985

學院借用聯福道政府物料供應處五個貯藏庫，改作臨時校舍，稱為「聯福道校舍」。

1986

開辦首批學士學位課程。

1987

文學院和社會科學院遷往聯福道地段的臨時校舍。

1988

立法局通過《香港浸會學院（修訂）條例 1988》，明確規定浸會學院頒授的學銜及榮譽學銜，包括學位及榮譽學位。

商學院易名為工商管理學院。

楊瑞生紀念館舉行開幕典禮。

1989

邵逸夫大樓和查濟民科學大樓舉行開幕典禮。

招收首批 1989-1990 年度哲學碩士研究生。

1990

校外課程部升格為校外進修學院。

1991

傳理學系升格為傳理學院。

1994

11 月 16 日，立法局三讀通過香港浸會學院正名為「香港浸會大學」。

1996

區樹洪紀念圖書館舉行開幕禮。

本年起，設立「大學生活」作為一年級新生必須參與的科目。

1997

新校園命名為「浸會大學道校園」。

1998

開始招收外地交流生。

1999

中醫藥學院成立。

「浸大橋」落成啟用。

2000

香港浸會大學附屬幼稚園正式招收學生。

2001

第二任校長謝志偉博士退休。

吳清輝教授出任第三任校長。

2002

成立研究院。

學生宿舍落成入伙。

2003

獲政府撥出沙田石門的三幅相連土地，興建持續教育學院轄下的國際學院校舍，以及浸會大學附屬學校王錦輝中小學。

2005

北京師範大學—香港浸會大學聯合國際學院招收首批學生。

2006

成立視覺藝術院。

大學慶祝創校五十周年。

大學圖書館藏書突破一百萬冊。

2007

公佈為期五年的校園擴建計劃，以「創意校園，培育全人」為主題，以配合大學的長遠發展和大學四年制的推行。

孔憲紹博士伉儷中醫藥博物館開幕。

2008

聯合國際學院位於珠海的校舍落成。

2009

成立香港浸會大學基金。

2010

第三任校長吳清輝教授退休。

陳新滋教授出任香港浸會大學第四任校長。

2011

舉行五十五周年校慶活動。

成立創意研究院。

成立通識教育處。

2012

實施大學四年新學制。

教學及行政大樓開幕。

2013

創辦饒宗頤國學院。

2014

「爭取李惠利用地行動組」向城規會遞交四千多張願望心意咭。

2015

第四任校長陳新滋教授榮休。

錢大康教授出任第五任校長。

2016

大學舉行六十周年校慶活動。

浸大校史展覽廳開幕。

| 責任編輯 | 陳多寶 |
| 書籍設計 | 吳丹娜 |

書　　名	**香港浸會大學六十年發展史**
著　　者	周佳榮　黃文江　麥勁生
出　　版	三聯書店（香港）有限公司
	香港北角英皇道 499 號北角工業大廈 20 樓
	Joint Publishing (H.K.) Co., Ltd.
	20/F., North Point Industrial Building,
	499 King's Road, North Point, Hong Kong
香港發行	香港聯合書刊物流有限公司
	香港新界大埔汀麗路 36 號 3 字樓
印　　刷	中華商務彩色印刷有限公司
	香港新界大埔汀麗路 36 號 14 字樓
版　　次	2016 年 12 月香港第一版第一次印刷
規　　格	16 開（170 × 250 mm）376 面
國際書號	ISBN 978-962-04-4046-5
	© 2016 Joint Publishing (H.K.) Co., Ltd.
	Published in Hong Kong

鳴謝：本書蒙校友湯文亮博士支持製作及印刷費用，特此致謝。